TEXTBOOKS

TSUKAMU

マーケティングをつかむ

【第3版】

黒岩健一郎・水越康介——著

有斐閣
YUHIKAKU

はしがき

本書のねらい

みなさんは，テレビを見ているときや買い物をしているときに，ふと，次のような疑問をもったことはないだろうか。「なぜ，このテレビ・コマーシャルには，このタレントが起用されたのだろう」「なぜ，このスーパーマーケットには，特売日がないのだろう」。これらはいずれも，マーケティング活動に関する疑問である。われわれの日常生活は，たくさんのマーケティング活動に囲まれており，よく考えると不思議に思うことが少なくない。

本書の目的は，みなさんにマーケティングの基礎的な概念や理論を理解してもらうことである。ここに書かれた内容を十分に理解すれば，マーケティング活動に関する疑問の多くを解くことができる。一見，不思議に思うことでも，概念や理論を通して見れば，その企業が意図していることを推測することができる。本書を読み終えた頃には，テレビ・コマーシャルを見ても，買い物に行っても，「この企業は，こんなことを狙っているのだな」と，企業の目的が見通せるようになっているだろう。

なぜマーケティングを学ぶのか

みなさんが企業で働く場合，マーケティングの概念や理論を理解していることは，効果的に仕事を進めるうえでとても役に立つ。マーケティングの関連部門に配属された場合は，仕事の大部分で使うことになるだろう。マーケティングとは関連がないようにみえる部門に配属されたとしても，マーケティングの知識は必要である。たとえば，人事の担当者は，自社のマーケティング活動を理解していなければ，どのような人材を採用し，どのような研修を行えばよいかを決めることができない。財務の担当者であっても，長期的なマーケティング活動をふまえて資金調達することが求められる。つまり，どのような部門に配属されても，マーケティングの概念や理論を理解しておかなければならないのである。

企業で働かない場合は，マーケティングは必要ないだろうか。そんなことはない。国や地方自治体，NPO で働く場合でも，マーケティングの概念や理論は役に立つ。なぜなら，こういった組織でも，マーケティング活動は行われているからである。たとえば，市町村の商工業の振興やまちづくりは，マーケティング活動そのものである。

では，組織で働かない場合は，マーケティングの知識は役に立たないか。答えは NO である。税理士や作家，ミュージシャンのように個人で仕事をしている人でも，マーケティング概念や理論が必要であることには変わりない。税理士は，顧問先の開拓をしなければならないし，作家もミュージシャンも，読者やファンのニーズにあったものを提供しなければ作品はヒットしない。

マーケティングとは，どのような職業に就こうとも，必ず必要になる学問なのである。ある人は，恋愛にすら，マーケティングの知識が役に立つと言っている。

本書の特徴

本書は，上記の狙いを達成するために，いくつかの工夫を施した。

第 1 に，ショートケースを使って，討論しながら学べるようにした。文章を読むだけでは，概念や理論を理解するのは難しい。具体的な場面に自分をおいて考えてみると，概念や理論が深く理解できる。

第 2 に，マーケティングの基礎的な概念や理論に絞って記述した。あまり欲張らずに，最低限理解してほしいことを詳しく説明した。したがって，本書の内容はすべて吸収してほしい。

第 3 に，企業のマーケティング行動を理解するための概念や理論は説明するが，マーケティング学説の歴史やマーケティング研究については，できるだけ少なくした。概念や理論を生み出した研究者の名前などはほとんど記載せず，概念や理論そのものの説明に紙幅を割いている。

本書の構成

本書は，10 章，28 unit で構成されている。

まず，**unit 1** でマーケティングとは何かを理解したうえで，第 1 章では，マーケティングで最も重要な顧客の分析について学習する。顧客の行動を理解するための方法や概念・理論の吸収を目的としている。

第2章では，マーケティング戦略の策定手法を理解する。何をどのような手順で決めていくとマーケティング戦略ができあがるのかが整理されている。

第3章から第6章までは，マーケティング戦略の4つの要素を詳細にみていく。製品に関する知識，価格に関する知識，プロモーションに関する知識，流通に関する知識を学ぶ。

第7章では，上記の4つの要素を統合したマーケティング戦略のパターンを確認する。戦略にはいくつかの定石があるので，それらを吸収する。

第8章では，複数の事業を営む企業に必要な戦略的マーケティングについて学ぶ。

第9章は，マーケティング戦略を長期的に維持するために必要な市場資源について理解する。

最後に第10章では，マーケティングのなかで重要となってきているテーマを取り上げて，詳しく学ぶ。

基本的には，unit 1から順番に読み進めるのが効果的な学習法であるが，特定のテーマを学びたい場合は，それぞれのunitを個別に読んでも構わない。

本書での学び方

本書は，2種類の学び方を想定して書いている。それぞれの学び方の利点を理解し，うまく組み合わせて，効果的に学習してもらいたい。

第1の学び方は，読書と講義である。その目的は，概念や理論の体系的な理解にある。各unitでは，過去の研究から得られた知見を体系的に紹介している。ここでは，それらの概念や理論を理解することに集中してほしい。本書が大学の講義で使用される場合は，教員の講義が理解を促進するだろう。

第2の学び方は，他者との討議である。その目的は，概念や理論を深いレベルで理解し，応用力をつけることにある。各unit冒頭に掲載している討議用のケースは，みなさんにマーケティング担当者の立場になって，マーケティングの問題に対する具体策を考えてもらうようになっている。もちろん，そのunitに記載されてある概念や理論が，具体策の立案の鍵になる。唯一の正解があるわけではないので，正解を導き出そうと考える必要はない。ここでは，当事者意識をもって真剣に考えることが大切である。「あなたがマーケティング担当者だったらどうする」と問われたときに，きちんと答えられるようになるまで考え続けるようにしてほしい。そうすれば概念や理論を深く理解することができ，それらを実際に使いこなす能力も養われるだろう。

余力があるならば，各 unit 末にある「考えてみよう」にも取り組んでほしい。その unit で取り上げた概念や理論を使って現実に行われているマーケティング活動を分析する問いかけをしている。概念や理論をうまく使いこなせば，一見，複雑に見える現実の世界がシンプルに見えることを感じてもらえるだろう。

「読んでみよう」では，みなさんが読んで楽しめる本を選んで紹介している。読み始めたら，おもしろくて一気に読んでしまうような本が並んでいる。さらに「やってみよう」では，企業のマーケティング活動を体験できるような提案をしている。友だちと一緒に取り組んでみてはどうだろうか。楽しみながら，学べるはずである。

＊　＊　＊

みなさんが本書を読破したとき，企業のマーケティング活動の意図がわかるようになっていれば，本書の目的は達成である。それに加えて，マーケティングに対する興味をそそり，さらなるマーケティング学習のきっかけとなれば幸いである。そして，みなさんが，将来ここで得たマーケティングの概念や理論を使う側の立場になってくれることを期待している。

さあ，マーケティングの世界への第一歩を踏み出してみよう。

本書を教科書としてご採用いただいた先生方に，ケースを用いた授業運営のための「ティーチング・マニュアル」，本書の内容に準拠したパワーポイントの「スライド素材」を提供します。ぜひご利用ください。

ご希望の方は，以下の QR コード，もしくは URL からアクセスして下さい。

https://www.yuhikaku.co.jp/books/detail/9784641177321/

著 者 紹 介

黒岩　健一郎（くろいわ・けんいちろう）

【担当：第2章，第4章，第5章，unit **17**，unit **19**，第8章，unit **24**，unit **25**，unit **26**】

2003年，慶應義塾大学大学院経営管理研究科後期博士課程単位取得退学

現　在　青山学院大学大学院国際マネジメント研究科教授，博士（経営学）

主要著作

『マーケティング科学の方法論』（共編著）白桃書房，2009年

『1からのサービス経営』（分担執筆）碩学舎，2010年

『なぜ，あの会社は顧客満足が高いのか――オーナーシップによる顧客価値の創造』（共編著）同友館，2012年

『顧客ロイヤルティ戦略 ケースブック』（共編著）同文舘出版，2015年

『1からの戦略論（第2版）』（共編著）碩学舎，2016年

『サービス・マーケティング――コンサル会社のプロジェクト・ファイルから学ぶ』（共著）有斐閣，2021年

『ジャパニーズ・ポップカルチャーのマーケティング戦略――世界を制した日本アニメ・マンガ・コスプレの強さの秘密』（分担執筆）千倉書房，2022年

『1からのマーケティング分析（第2版）』（分担執筆）碩学舎，2022年

『ケースメソッドの教科書――これさえ読めば授業・研修ができる』（共著）碩学舎，2022年

水越　康介（みずこし・こうすけ）

【担当：unit **1**，第1章，第3章，第6章，unit **18**，第9章，unit **27**，unit **28**】

2005年，神戸大学大学院経営学研究科博士後期課程修了

現　在　東京都立大学経済経営学部教授，博士（商学）

主要著作

『マーケティング優良企業の条件』（共著）日本経済新聞出版社，2008年

『ビジネス三國志』（共著）プレジデント社，2009年

『企業と市場と観察者――マーケティング方法論研究の新地平』有斐閣，2011年

『マーケティング・リフレーミング――視点が変わると価値が生まれる』（共編）有斐閣，2012年

『ネット・リテラシー――ソーシャルメディア利用の規定因』（共著）白桃書房，2013年

『新しい公共・非営利のマーケティング――関係性にもとづくマネジメント』（共編著）碩学舎，2013年

『本質直観のすすめ。――普通の人が，平凡な環境で，人と違う結果を出す』東洋経済新報社，2014年

『ソーシャルメディア・マーケティング』日本経済新聞出版社，2018年

『応援消費――社会を動かす力』岩波書店，2022年

目　次

unit 1

マーケティングとは何か

Case 岩佐製薬：ジェネリック薬品の販売

医薬品市場では，新薬の開発が重要である。このプロセスは十数年に及ぶこともある一大プロジェクトであり，大きな開発費用がかかる。創薬研究とよばれる新規物質の発見と創製に始まり，臨床試験を行い，さらには厚生労働省への申請，審査を経て，ようやく発売が可能になる。新規物質の発見と創製が難しいことはもちろんだが，長いプロセスの途中で駄目になってしまう新薬もある。主要な顧客は医師であり，製薬会社よりも専門的知識を有し，新薬の価値と重要性を十分に認識している。製薬会社は，個別の営業はもちろん学会にも参加する。

一方で，近年になり，新薬の開発とは別に，特許切れの薬品を用いたより安価なジェネリック薬品が市場を拡大しつつある。新薬の開発と比べれば，開発そのものにかかる投資やリスクは小さくてすみ，安く販売することができる。医療費を抑制したい国の指針もあり，今後も，ジェネリック薬品の市場は拡大していくと予想されている。主要な顧客は，保険薬局や，最終顧客になるだろう。

岩佐製薬は，これまでは新薬の開発のみを行ってきたが，岩佐社長の判断により，この春からジェネリック薬品を扱う事業部を新設する予定である。社長より新事業部のマーケティング担当を打診された日高氏は，この新しい事業について考えを巡らせていた。

＊　＊　＊

日高氏は，ジェネリック薬品の事業部でどのようなマーケティングを展開するべきであろうか。新薬の事業部と対比しながら考えよう。

Keywords
マーケティング・コンセプト　生産コンセプト　製品コンセプト　販売コンセプト　ソーシャル・マーケティング・コンセプト　ホリスティック・マーケティング・コンセプト　マーケティング 3.0　価値共創　コンシューマリズム

マーケティング・コンセプト

マーケティングとは，顧客のニーズに応えるための企業の諸活動の総称である。企業は，顧客のニーズに応えるべく，日々，彼らのニーズを考え続けなければならない。顧客至上主義ともよべるこの発想は，**マーケティング・コンセプト**といわれる。

マーケティング・コンセプトを理解するにあたっては，他の考え方と比較するとわかりやすい。これらは，企業の活動において，どれか 1 つしか選択できないというわけではないが，重視する点がそれぞれ異なっている。

まず考えられるのは，生産の段階に注目して，企業の活動を捉えるという考え方である。これは，**生産コンセプト**とよぶことができるだろう。生産コンセプトは，もっと古い時代に重要だった考え方であり，絶対的なものの不足を前にして生み出された。何よりも，生産力を向上させて生産量を増やすこと，同時に，たくさん作ることでコストを引き下げていくことが求められる。

これに対して，製品の品質に注目する**製品コンセプト**や，**販売コンセプト**とよばれる，生産の段階だけではなく販売の段階に注目する考え方もある。製品コンセプトでは，ただ大量に安く生産するのではなく，品質や性能の向上が求められる。販売コンセプトでは，ただ製品の品質や性能の向上を求めるだけではなく，具体的な販売活動までを含めて，企業は行う必要があると考えられる。これらは，いずれも絶対的なものの不足が解消し，モノ余りの時代になって生まれてきた考え方である。

製品コンセプトや販売コンセプトには，マーケティングの萌芽を見て取ることができる。しかし一方で，いずれもまだ売り手側の必要に従って物事が考えられている。製品コンセプトでは，よいものさえ作れば，顧客は必ず買ってくれると思っている。顧客への働きかけを重視する販売コンセプトにしても，すでに大量に作ってしまった製品やサービスを前提にした活動である。

売り手の都合ではなく，買い手の都合をふまえた活動を考えたとき，マーケティング・コンセプトが生まれる。モノ余りの時代において，それでも顧客が必要とするものを見つけ出し，作り出すことこそが，マーケティングには求められているわけである。作ったものを売るのではなく，売れるものを作るのだという発想が，マーケティング・コンセプトをうまく言い表している。売れるものとは，顧客が必要としているものということである。また，マーケティング・コンセプトでは，ハンティング（顧客を狩る）ではなく，ガーデニング（顧客を育てる）が重要になるともいわれる。

マーケティング 3.0

マーケティング・コンセプトは，1950 年半ばに生まれた考え方である。その重要性は今も失われていないが，その誕生からすでに半世紀以上が経ち，マーケティング・コンセプトはさらに社会的な発展をとげている。すなわち，顧客とは，ただ 1 人のそこにいる個人を指しているわけではない。むしろ，その背後にある社会全体の期待に応えることが求められるというわけである。こうした考え方は，**ソーシャル・マーケティング・コンセプト**や**ホリスティック・マーケティング・コンセプト**とよばれる。とくにソーシャル・マーケティング・コンセプトについては，unit **27** のソーシャル・マーケティングでも紹介する。

今日では，マーケティングが応えるべき人々は，顧客に限られるというわけでもない。社会という広い対象を相手にして，ステークホルダーとよばれる株主や取引先はもちろん，社内の従業員ですら，マーケティングは対象として捉えることができる。マーケティングは思想として広がりをみせ，企業活動はもちろん，社会的にも不可欠になってきている。営利企業だけではなく，公共組織や非営利組織にとっても，マーケティングは利用されるようになっている。

マーケティング・コンセプトの今日の形は，インターネットの発達とも相まって，**マーケティング 3.0** と形容されることもある。マーケティング 1.0 は，販売コンセプトまでの時代，マーケティング 2.0 はマーケティング・コンセプトの時代である。そして，今や，社会のために，そして社会とともに新しい価値の創造をめざすマーケティング 3.0 以降の時代に至っている。

ソーシャル・マーケティング・コンセプトやホリスティック・マーケティング・コンセプトと比べて，マーケティング 3.0 以降の考え方では，インターネットやソーシャルメディアが推進する「参加の時代」が強調される。これまで，製品やサービスを受け取るだけの存在だった消費者は，インターネットやソーシャルメディアの登場に伴い，自ら情報を発信し，相互に情報を共有し，製品やサービスを支援したり，あるいは逆に批判することができるようになった。

たとえば，われわれは，パソコンやスマホを買うために，ネットで情報を集める。その際には，企業サイトの情報よりも，実際にその製品を用いている人々の感想や，口コミを参考にするだろう。消費者の声が，販売促進の役割を果たしているのである。さらに，そうした消費者の声が製品開発にまで影響を与え，新しい製品が生まれることもある。マーケティング 3.0 以降の時代では，企業は顧客と協働し，製品やサービスの価値を作り出していくことが重要になる。これを**価値共創**とよぶ。

社会現象としてのマーケティング

企業と顧客の協働を説くマーケティング 3.0 以降の考え方は，マーケティング活動の歴史的な発展からみれば，驚くに値する。かつての時代にあっては，マーケティングは，むしろ社会的に問題のある企業活動とみなされることもあったからである。

たとえば，生産コンセプトが生まれた背景には，生きていくことがままならないほどに食糧に逼迫する時代があった。それは，今日にあっても決して十全に解消されたとは言い難いが，少なくとも，そうした時代にあっては，顧客のニーズをわざわざ考える必要はなかった。考えなくとも，顧客が必要なものはわかっていたからである。とにかく生産量を大きくすれば，供給することができる財の量も増え，価格も十分に下がるだろうと考えられていた。

製品コンセプトや販売コンセプトが登場するためには，第二次産業革命を経て，モノ余りの状態が恒常的になるまで待たなければならなかった。もう少し専門的にいえば，財の供給過剰という社会現象があって初めて，顧客のニーズを考える必要性が生まれた。

しかも，ただ供給過剰になればすぐにマーケティングが必要となるというわけではない。供給過剰は，通常は，市場での価格調整を通じて，最終的に需要と釣り合うと考えられるからである。作りすぎてしまったリンゴは，市場を通じて価格が下がり，その価格ならば買いたいと思う新たな需要を作り出す。新しい需要が生まれれば，供給過剰はいずれ解消される。

供給過剰が恒常化するためには，この市場の価格調整がうまく働かない世界を考える必要がある。すなわち，経済学でなじみ深い完全競争の世界ではなく，独占・寡占競争の世界を考えなくてはならないのである。

完全競争では，たくさんの企業が同質的な財を提供することができると考えるため，市場の価格調整メカニズムが働いて供給と需要が調整される。これに対して，独占・寡占競争では，市場の価格調整がうまく働かない。むしろ，企業は独自に価格を設定し，完全競争では得ることのできなかった利潤を獲得できるようになる。獲得された利潤は，企業の個性を作り出す原資となり，いわゆる製品差別化が当たり前になる。また，その利潤をもとに，さまざまな販売促進活動も行われる。これまでは製造だけに専念すればよかったメーカーは，供給過剰を解消するために自らが流通を含め販売に関わるようになる。マーケティングとは，こうしたさまざまな活動の総称なのであり，こうした活動によって，ますます独占・寡占競争は強固に維持されることになる。

考えてみれば，今日の多くの市場において見ることができるのは，完全競争というよりは独占・寡占競争である。パソコン市場，自動車市場，製薬市場，飲料市場，市場の数は多数あるが，そのなかで大きく活躍できる企業の数は限られている。こういった独占・寡占競争段階にあって，顧客のニーズを常に考えるというマーケティングが必要になった。

高圧的マーケティングから顧客至上主義へ

最初にマーケティングという考え方が具体的な形をとり始めたのは，20 世紀初頭のアメリカであるとされる。この時代，アメリカは多くの市場が独占・寡占競争への移行期だった。供給過剰を解決する市場による自動的な価格調整とは別に，マーケティングは求められることになった。

一方，日本では，第二次世界大戦以降，1950 年代に入ってからマーケティングが広まるようになる。もちろん，それ以前にも，マーケティングのような活動は存在していた。たとえば，江戸時代には越後屋が正札現金売りを行うとともに，巧みな宣伝広告で評判を集めたといわれる。しかし，マーケティングという言葉そのものが普及していくのは，当時，日本生産性本部によって行われたアメリカへのトップマネジメント視察団の派遣から後のことである。

こうしてマーケティングが恒常的な供給過剰を前提として必要とされた活動や考え方である以上，マーケティングは常に不必要と隣合せにある。今日でも，マーケティングには，顧客に要らないものを売りつけるような，社会正義に劣る活動がまったくないとはいえない。本来は価値がないものを，誇大広告を通じて価値があるようにみせかけ，高値で販売しているというわけである。インターネット上でも，ステマ（ステルス・マーケティング）といった言葉が話題にもなっている。しかし一方で，だからこそ，マーケティングの意味や必要性は常に考え直され，刷新されてきた。

アメリカでは，マーケティングの成立初期に問題として顕在化した高圧的マーケティングは，その後の急速な**コンシューマリズム**の高まりもあって変容をみせた。コンシューマリズムの大きな契機としては，1960年代半ばに出版されたレイチェル・カーソンの『沈黙の春』や，ラルフ・ネーダーによる直接的な消費者運動を挙げることができる。これらの活動は，やがて時のアメリカ大統領ケネディによって提唱された消費者の4つの権利として結実していく。すなわち，消費者には，安全である権利，知らされる権利，選択できる権利，そして意見を反映させる権利が認められていった。

企業の都合として供給過剰を解消するのではなく，何よりも顧客のニーズに応えることこそが第1の課題だというマーケティング・コンセプトは，こうした社会活動のなかで歴史的に形成されていった。作ったものを売るのではなく，売れるものを作るという今では当たり前のマーケティング発想は，当たり前の考え方として昔からあったわけではない。その実現は，独占・寡占競争下における供給過剰問題を解決するために不可欠であるとともに，マーケティングが社会にとって意味があり必要なものであるための条件であった。だからこそ，企業と顧客が協働するという今日のマーケティングは画期的なのである。

マーケティング論の成立

現実の社会でマーケティングという活動が生まれ，発展していくことに合わせて，研究としてのマーケティング論もまた生まれ，発展してきた。マーケティング研究をどこまでさかのぼるのかについても複数の議論があるが，20世紀初頭に大学でマーケティングの授業が開設されたことは間違いない。その意味するところも具体性もそれぞれ異なっていたが，しかしながら，旧来的な経済学の枠組みでは捉えきれないような新しい現象が生じていたと考えられたのだろう。

当初，マーケティングは「流通産業」を取り扱う授業から始まった。このことは，顧客のニーズに応えるという活動は，顧客と直接に触れ合う流通段階で問題になったということを意味している。その頃はマーケティングという用語は用いられておらず，商取引（trade）や商業（commerce），あるいは流通（distribution）という名称が用いられていた。それから徐々に，流通だけではなく，販売やさらには経営を含む諸要因の組合せとして，マーケティングという1つのまとまりが形作られていく。

学会でも，マーケティングに関する報告が行われるようになる。1914年，アメリカ経済学会における「市場流通」と題された報告（Louis D. H. Weld）が最初のものであったという。その後，1924年には「全国マーケティング・広告論教職者学会」が結成され，一方で30年には実務家の関心をもとに「アメリカ・マーケティング・ソサエティ」が成立し，経済学領域の一テーマとしてではなく，独自の研究関心のもとに人々が集まるようになる。そして，これらは1937年に統合し，今日まで続く「アメリカ・マーケティング協会」が結成された。

マーケティングという1つの研究領域が形作られ，実務においてもマーケティングの重要性が増すなかで，やがてマーケティング・コンセプトが形作られ，マーケティングの諸原理が示されるようになった。これから本書で説明することになるマーケティング・マネジメントの体系がはっきりとテキストに示されるようになるのは，この頃である。

1960年代以降はマーケティングの多様性が問われて分化の時代となり，さらには企業の社会的責任までを含む社会化の時代へと移っていく。そして，こ

表 1-1　マーケティングの定義の変遷（主にアメリカ・マーケティング協会）

1935 年	マーケティングとは，生産者から消費者への商品やサービスの流れを導く事業活動の成果である。
1985 年	マーケティングとは，個人や組織の目的を満たすような交換を生み出すために，アイデア，商品やサービスの構想，価格設定，プロモーション，および流通を計画および実行するプロセスである。
2004 年	マーケティングとは，組織とそのステークホルダーに利益をもたらす方法であり，顧客に価値を創造，伝達，提供し，顧客との関係を管理するための組織的機能および一連のプロセスのことである。
2007 年	マーケティングとは，カスタマー，クライアント，パートナー，そして社会全体にとって，価値のある提供物を創造・伝達・配達・交換するための活動であり，一連の制度，プロセスである。

れまでもみてきたように，われわれはさらにマーケティングの新しい時代に足を踏み入れている。アメリカ・マーケティング協会の定義は 2007 年以降変わっていないが（表 1-1），インターネットやソーシャルメディアといった技術に支えられ，企業と顧客の協働による価値の創造が求められるようになっている。

考えてみよう

□　企業や製品を取り上げ，時代のなかでコンセプトがどのように変化しているかを調べ，その変化の理由を考えてみよう。

□　価値共創という言葉を検索し，企業の具体的な活動と成果を考えてみよう。

読んでみよう

□　レイチェル・カーソン（青樹簗一訳）［1974］『沈黙の春』新潮文庫
　＊今日にも通じる社会問題について読んでみよう。

□　フィリップ・コトラー＝ヘルマワン・カルタジャヤ＝イワン・セティアワン（恩藏直人監訳，藤井清美訳）［2022］『コトラーのマーケティング 5.0――デジタル・テクノロジー時代の革新戦略』朝日新聞出版
　＊新しいマーケティングを知ろう。

やってみよう

□　日本マーケティング協会の「マーケティング検定 3 級」を受験してみよう。
　＊この教科書で学んだことが，どのくらい定着しているか確認してみよう。

第1章

顧客の理解

（Sipa USA/ 時事通信フォト提供）

◆Instagram や Twitter，Facebook など各 SNS のアイコン。これら SNS は情報収集や発信のツールとして広く利用されている。

Introduction 1

この章の位置づけ

本章では，すべてのマーケティング活動の起点となる顧客に焦点を当てる。顧客のことを理解せずして，マーケティングはありえない。顧客とはそもそもどういう存在なのか，顧客のニーズはいかにして形成されるのか，そしてどのようにして購買に関する意思決定を行うのかを確認していく。

この章で学ぶこと

unit 2　消費者の行動

消費者として製品やサービスを購入するときの意思決定の流れを学ぶ。大きく3つの考え方が登場することになる。

unit 3　購買意思決定の影響要因

消費者の基本的な購買意思決定の流れを学んだうえで，今度は，購買意思決定に影響を与える要因を学ぶ。友人／知人の影響，文化や社会の影響，それから自分の心の欲求を取り上げる。

unit 4　マーケティング・リサーチ

最後に，顧客を理解するためのマーケティング・リサーチについて学ぶ。事前に仮説を立てる重要性や，多様な調査手法やデータソースがあることを理解する。

unit 2

消費者の行動

Case キノコ社（A）：反復購買の促進

今回キノコ社から新発売されたチョコレート菓子「ショコラ・ドゥ・ミハル」が好調な売れ行きをみせている。商品の入れ替わりが激しいコンビニの棚にも残っているようだ。

開発担当だったユリコ氏は，その理由を大きく2つの製品特徴に求めていた。1つは，ポリフェノールの含有量を増やしたことであり，地味ながら健康性，機能性チョコレートをうたうことができた。もう1つは，これまでにない奇抜なパッケージ・デザインを採用したことであり，長方形の箱型が当たり前だったチョコレート菓子において，曲線フォルムを採用していた。

ユリコ氏にとって，次の課題は，反復購買をどのように促進していくかであるといえた。意外と30代男性の購買層が多いことはコンビニからのデータでわかったが，彼らがどのような購買意思決定をしたのか，判断がつかないところがあった。

＊　＊　＊

ユリコ氏の立場になって，チョコレート菓子を購入した際の消費者の購買意思決定プロセスを確認したうえで，反復購買をさせる方法を考えてみよう。

Keywords
刺激－反応型モデル　定型的問題解決　限定的問題解決　発展的問題解決　消費者情報処理モデル　知識カテゴリー　関与　精緻化見込みモデル　バラエティー・シーキング　分析的関与　感情的関与　購買関与　製品関与

刺激－反応型モデル

マーケティングでは，顧客のニーズを考える。どこまで顧客のことを深く考えることができるか，マーケターは日々問われている。以下では，消費者とよばれる顧客の行動を捉える論理を確認していくことにしよう。

消費者がどの製品・サービスを購入するかを決めることを購買意思決定とよぶ。たとえば，自動販売機の前に立って，何か飲料を購入するという場合，消費者はとても短い時間で何かを考え，1つの飲料を選び出すことになる。逆に，新規にパソコンを購入するという場合はどうだろう。自動販売機の前とは違い，もっと真剣にさまざまなことを考えるはずである。インターネットや雑誌で調べることはもちろん，たくさんの友人に話を聞いて，何を買うかを決めるかもしれない。これを買おうと思ってお店に行って，店頭で改めて迷うこともあるだろう。結局，最初に決めたものとは別のものを買うことになるかもしれない。

購買意思決定のプロセスを理解できるようになれば，顧客のニーズに応えるマーケティング活動をより効果的に実施できるようになる。消費者行動を捉えるうえで，最初に発展したのは刺激－反応型モデルである。**刺激－反応型モデル**は，心理学分野における行動主義や新行動主義の研究成果をもとに，1960年代に提案された。このモデルでは，人は，外部からの刺激を与えると何らかの反応を返す存在だと考えられている。

ただし，刺激－反応型モデルでは，刺激に対してただ反射のように直接反応が導かれるというわけではない。与えられた刺激は，消費者のなかで学習されるからである。たとえば，たくさんのテレビCMが提供される。すると，最初はCMの意味がわからず反応がにぶいかもしれないが，徐々に消費者は学び，興味をもち購買しようという気持ちになる。

刺激－反応型モデルでは，消費者の行動パターンの変化の理由として，問題解決の難しさに焦点が当てられる。たとえば，日常的によく知った製品であれば，われわれは複雑に考えることなく即座に反応できる。これを**定型的問題解決**という。しかし，あまり日常的になじみのない製品を購買しなくてはならないという場合，われわれの意思決定は複雑にならざるをえない。すでに知られている製品カテゴリーにおける新製品の登場の場合など，既存の知識である程度対応可能な場合を**限定的問題解決**，既知の製品カテゴリーが存在しないより

図 2-1　刺激－反応型モデル

（出所）清水［1999］，74 頁。

難しい意思決定が必要になる場合を**発展的問題解決**とよぶ。

刺激－反応型モデルを通じて，消費者行動のさまざまな側面を捉えることができる。実際，われわれは，日々の生活のなかで，刺激－反応型モデルに当てはまるような形で購買意思決定を行っていることがある。たとえば，電車内での吊り広告を見て購買を決定するという場合や，実際に店頭での販売員の説明を受けて，意思決定するという場合である。

消費者情報処理モデル

刺激－反応型モデルは消費者の購買意思決定プロセスの多くの部分を説明するものの，1970 年代になるともう 1 つの新たな消費者像が想定されるようになる。その代表的なモデルが，**消費者情報処理モデル**である。たとえば，自動車を購入するという場合を考えてみよう。この場合には，外部から与えられるテレビ CM のような刺激だけに頼っているわけにはいかない。むしろ積極的に，購入に際して必要な情報を集める必要がある。あるいは，スマホやタブレット好きな人を考えてみよう。彼らは，刺激の有無にかかわらず，日常的に，自ら積極的にスマホやタブレットに関する情報を探すだろう。

刺激－反応型モデルと消費者情報処理モデルは，消費者を受動的な存在として捉えるのか，それとも能動的な存在として捉えるのかという点で大きく異なっている。刺激－反応型モデルでは，消費者は外部から刺激を与えられることによって，その情報に対応して何らかの反応を返す存在であると考えられる。定型的問題解決や発展的問題解決も，外部から与えられる刺激としての製品情報が起点となって，製品の特徴に応じて反応が変化する。これに対して，消費者情報処理モデルでは，消費者の購買意思決定は，外部からの刺激によってではなく，自らの情報処理能力によって決まると考えられる。

図 2-2　消費者情報処理モデル

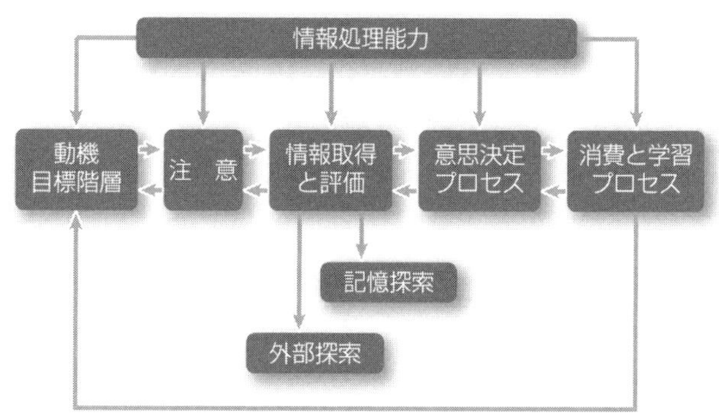

（出所）　清水［1999］，82 頁。

消費者情報処理モデルでは，消費者は，購買に関して最初に動機や目標をもつ。そして，その動機や目標に従って，特定の製品やサービスに注意を向け，必要な情報を取得して自ら評価を行う。取得に関しては，**知識カテゴリー**とよばれる階層化された自分の記憶を探ることもあれば（記憶探索），外部から情報を収集することもある（外部探索）。そして，取得された情報の評価を通じて，意思決定が行われる。その結果は学習を通じてフィードバックされ，次回の購買意思決定に際して利用される。

知識カテゴリーからの情報と外部から得られる新たな情報を用いて，消費者は評価を行う。その方法はおおよそ 2 段階に分かれる。第 1 段階では，情報や選択肢を大まかにふるいにかける。自動車の購入であれば，まずは 200 万円以下で，4 人乗り以上といった絶対に必要な条件を挙げる。このとき，トヨタかホンダといったように，ブランドをもとに絞り込む場合もある。そのうえで，第 2 段階として，残った情報や選択肢について，詳細に検討していく。デザインは好みではないが，国産車で安心できるから足し引きするとなかなかいい自動車であるといったふうにである。

このとき，第 1 段階は，特定の属性が絶対的であることから非代償型，第 2 段階は，それぞれの属性が補完的な関係になるため代償型の分析方法とよばれる。もちろん，最初から代償型で選定が行われることもあれば，逆に，最後まで非代償型で意思決定が進むこともある。

図 2-3　精緻化見込みモデル

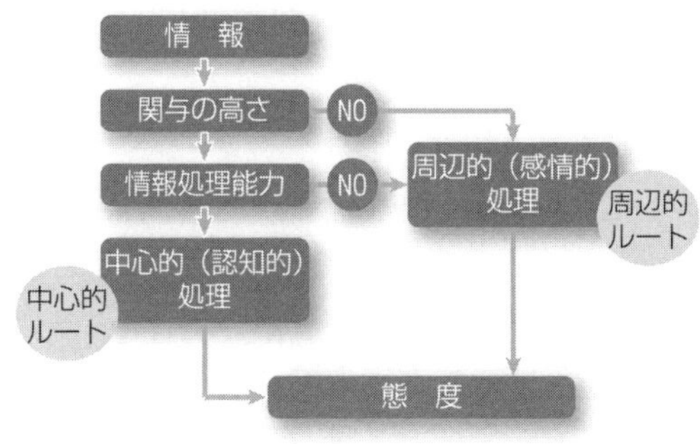

（出所）田中・清水［2006］，8 頁を一部改訂して作成。

精緻化見込みモデル

消費者情報処理モデルでは，消費者自身の情報処理能力に応じて，情報の取得や評価の内容が変化すると考えられる。このとき，もう 1 つ考えるべき重要な要素として，**関与**とよばれる概念がある。

もともと，消費者情報処理モデルは，優れて分析的なモデルである。その名前のとおり，消費者をコンピュータの一種と見立てている。したがって，消費者情報処理モデルでは，消費者は常に合理的に意思決定を行っているものとみなされる。しかし，現実としては，そうそう合理的な意思決定はできないことも事実であり，そもそも常に合理的に意思決定する必要もない。自動販売機の前に立てば，その日の気分で適当に缶ジュースを購入するだろう。

そこで，消費者情報処理モデルを発展させた**精緻化見込みモデル**が考えられるようになった。精緻化見込みモデルでは，消費者はしっかりと分析する場合と，そうではなく比較的簡易に意思決定を行う場合があると考える。前者は中心的ルートとよばれ，後者は周辺的ルートとよばれる。

2 つのルートのどちらを選択するのかという点について，関与の高さが問題となる。関与の高さとは，平たくいえば，その製品・サービスの購買についてどの程度興味があるのかということを意味している。缶ジュースを買うという場合と，自動車を買うという場合では，通常は後者のほうが真剣に検討を行うはずである。缶ジュースの購買については関与が低く，自動車の場合には関与が高い。この結果，缶ジュースの購買に関しては，周辺的ルートとよばれる簡易な形で意思決定が行われる。これに対して，自動車の購買の場合には，中心的ルートとよばれる消費者情報処理モデルが最初に想定していた形で意思決定が行われることになる。

関与の高さは，こうして消費者がどのレベルで情報処理を行うのかを決定する。とくに低関与の場合には，消費者はあまり本質的ではない情報をもとにして意思決定を行うことが多い。印象に残ったテレビCMの影響だけで購買してしまうといった場合や，店頭でのパッケージのインパクトで購買をしてしまう。菓子や飲料などで毎回違う製品を購入してしまうような**バラエティー・シーキング**とよばれる行動を引き起こしやすいのも，低関与の特徴である。

関与の存在と動機の獲得

関与は複雑な概念であり，さまざまなタイプの関与が考えられている。単純に関与が高いか低いかというだけではなく，何に対しての関与なのか，そしてどういうタイプの関与なのかによって分類され，購買意思決定に影響を与える。

たとえば，関与と知識カテゴリーの結びつきを意識して，**分析的関与**と**感情的関与**を分けることができる。分析的関与の場合には，消費者は比較的体系だった形で知識をカテゴリー化する。スマホであれば，メーカー，液晶画面の大きさ，性能の高さ，バッテリーの持ち，といった形である。これに対して，感情的関与が高い消費者の場合には，より主観的な性向をもとにして知識がカテゴリー化される。同じスマホであっても，かっこよさ，手触り，頑丈さといった属性が挙がってくることになる。

また，関与は**購買関与**と**製品関与**を分けて考えることもできる。購買関与と製品関与は，消費者の情報探索に影響を与えると考えられている。購買関与とは，主にこれまでみてきたとおり，購買に際して生じる関与である。これに対して製品関与とは，製品自体に対する関与を意味している。これらの区分は，情報探索を行うタイミングや内容に影響を与える。購買関与の程度は，購買する必要があるときに初めて行われる情報探索に影響を与える。一方で製品関与は，製品自体に対する興味の程度を示し，製品関与が高い消費者は，購買の有無にかかわらず，情報探索を行う。

購買意思決定という局面に関していえば，製品関与の高さは直接的には重要ではない。しかし，製品関与の高さは，そもそも購買しようという動機をもつきっかけに関係している。最初は買う気がなかったとしても，パソコン自体に興味があり，また実際にパソコンに関する情報を集めていれば，そのうちパソコンが欲しくなり購買にいたるかもしれない。

このことは，消費者情報処理モデルでは十分に説明されていない購買動機の解明につながるものと考えられる。消費者行動研究では，ひとたび購買動機をもった消費者が，どのように情報を取得し，評価するのかについてはさまざまに研究がなされている。その一方で，当の購買動機がどのようにして得られるのかについては，多分に偶然的な影響によるからである。

考えてみよう

- □ 定型的問題解決，限定的問題解決，発展的問題解決それぞれについて，自分の経験を当てはめ，なぜそのような行動をとるのかを考えてみよう。
- □ 中心的ルートと周辺的ルートを通る購買意思決定を想定し，特定の製品やサービスを取り上げながら，具体的な対応方法を考えてみよう。

読んでみよう

- □ 宇佐見りん［2020］『推し，燃ゆ』河出書房新社
  ＊推しのための購買行動を考えてみよう。
- □ 久住昌之・谷口ジロー［2008］『孤独のグルメ（新装版）』扶桑社
  ＊主人公の購買意思決定の機微を知ろう。

やってみよう

- □ 『お買いもの中毒な私！』（映画，ウォルト・ディズニー・ジャパン）を観てみよう。
  ＊なぜそれを買ってしまうのか，分析しよう。

unit 3

購買意思決定の影響要因

Case ブラックロック社：レギュラー・コーヒーの広告塔

家庭用のレギュラー・コーヒー市場で国内トップシェアを誇るブラックロック社の石田宣伝部長は，今年の理想の母親像ランキングの記事を眺めていた。今年は，全国のママから広く支持を集めて，広末涼子が1位だという。数年前は辻希美が1位，その前は長らく黒木瞳か山口百恵が1位だったように記憶している。

広末涼子をレギュラー・コーヒーのテレビCMや広告ポスターに起用してみてはどうだろうか。同社では，長らく年配の女優を起用してきたが，イメージを一新したほうがいいかもしれないと考えるようになった。

翌朝，自宅での食事の際に，石田は妻にそのことを聞いてみた。すると，ここは人気のある芸能人よりも，コーヒーに詳しいであろう料理家がいいのではないかという。たとえば，料理研究家の栗原はるみであれば，料理好きな主婦友だちの自宅に関連本も置いてあるらしい。

レギュラー・コーヒー市場は，長期的に緩やかな縮小傾向にある。劇的な効果を見込むというよりは，中長期的に市場の回復を狙いたいところである。

＊　＊　＊

あなたが石田宣伝部長の立場ならば，誰を広告に起用するだろうか。考えてみよう。

Keywords
口コミ　準拠集団　トリクルダウン・セオリー　弱いつながりの強さ理論　欲求段階説　消費社会

他者の影響

消費者の購買意思決定に対して，企業は広告活動などを通じてアプローチする。刺激－反応型モデルにせよ，消費者情報処理モデルにせよ，消費者はこうした企業からの情報に対応する。その一方で，企業から消費者への伝達だけではなく，消費者と消費者の間においても，同じように情報の伝達が行われている。とくに最近では，インターネットやソーシャルメディアで**口コミ**が拡散することが多い。

口コミに注目が集まるのは，こうした消費者間の情報のやりとりが，消費者の購買意思決定に大きな影響を与えると考えられているからである。パソコンを買おうと思っているときに，信頼している友人からお勧めの製品を教えてもらえば，その製品に興味がわくに違いない。同じ情報が企業から提供されているとしても，その影響力には違いがある。

当然，同じ消費者といっても，見ず知らずの人からの情報をそのまま鵜呑みにするというわけではない。消費者間のコミュニケーションでは，すべての人々が等しくコミュニケーションをとるわけではない。日本という限られた範囲で考えてみても，1億を超える人々が等しくお互いにコミュニケーションをとることは，インターネットをもってしても困難だろう。消費者間のコミュニケーションでは，それぞれが一定規模の範囲のなかで，濃度の濃いコミュニケーションの場を維持している。

購買意思決定にあたって意識する特定の集団のことを**準拠集団**とよぶ。準拠集団は，消費者間のコミュニケーションを考えるうえで重要な意味をもっている。たとえば，特定の大学に所属する学生は，その大学の校風にいつの間にか染まっていることが多い。国公立大学の学生は服装がシックだが，都心の私立大学の学生はファッショナブルなことが多いといったふうにである。これらの傾向は，個人の嗜好というだけではなく，大学という準拠集団の影響を受けた結果であるといえる。

準拠集団は，大きく3つの点で個人の意思決定に影響を及ぼす。直接的に有益な情報による情報的影響，集団の規範やルールに従うように圧力をかける功利的影響，そして最後に，自己イメージの強化を促進させる価値表出的影響である。情報的影響では，情報の専門性や信用性が重要になる。受け手が知らない情報を集団側がもっている場合，受け手である個人は準拠集団の影響を受けやすくなる。功利的影響では，集団側から報酬や罰則が科せられる。たとえば，スポーツで服装を統一しないといけないという場合には，情報的影響というよりは功利的影響が強いといえるだろう。ユニフォームを着なければ，おそらく試合に参加することができなくなるからである。また，ユニフォームには，価値表出的影響も強くあると考えられる。あこがれている準拠集団の人々と似た服装をまとうことや，あるいは自分が所属する大学の校風にあった消費行動を通じて，自身が何者であり，どういう準拠集団に所属しているのかを示すことになるわけである。

あらゆる集団や個人が準拠集団となりうる。典型的には，集団の公式性や接触頻度，さらには集団に対する肯定的・否定的な願望によって準拠集団を捉えることができる。職場，学校などの公式な集団，サークル活動のような非公式な集団，家族，友人といった毎日のように接触する一次集団，同窓会のようにときどきしか接触しない二次集団，さらには，あこがれているスポーツチームのような願望集団や逆に嫌いな有名タレントといった拒絶集団など，数多く存在している。

準拠集団の存在は，今日ではとても広い範囲に形成されるようになっている。それは，人々の生活範囲自体が大きく広がったからである。かつては，人々の生活範囲は限られていた。接する人の数も限られており，得られる情報の量も限られていた。しかし今では，インターネットを利用して，世界中の多くの人々に接することができ，またそこから得られる情報の量も膨大なものとなっている。そのため，かつては準拠集団としては機能しにくかった集団であっても，われわれの意思決定に大きな影響を与えるようになっている。海外の流行に敏感になることは言うに及ばず，ネット上での匿名の集団であっても準拠集団として機能する。時に映像で目にするガイ・フォークスの仮面を好む人々は，匿名のハッカー集団として知られるアノニマスの影響を受けているかもしれない。

文化的な影響

準拠集団による影響が人を中心にした社会的要因であるとすれば，われわれ

図 3-1　職層別に見た 3 つの音楽作品の選好

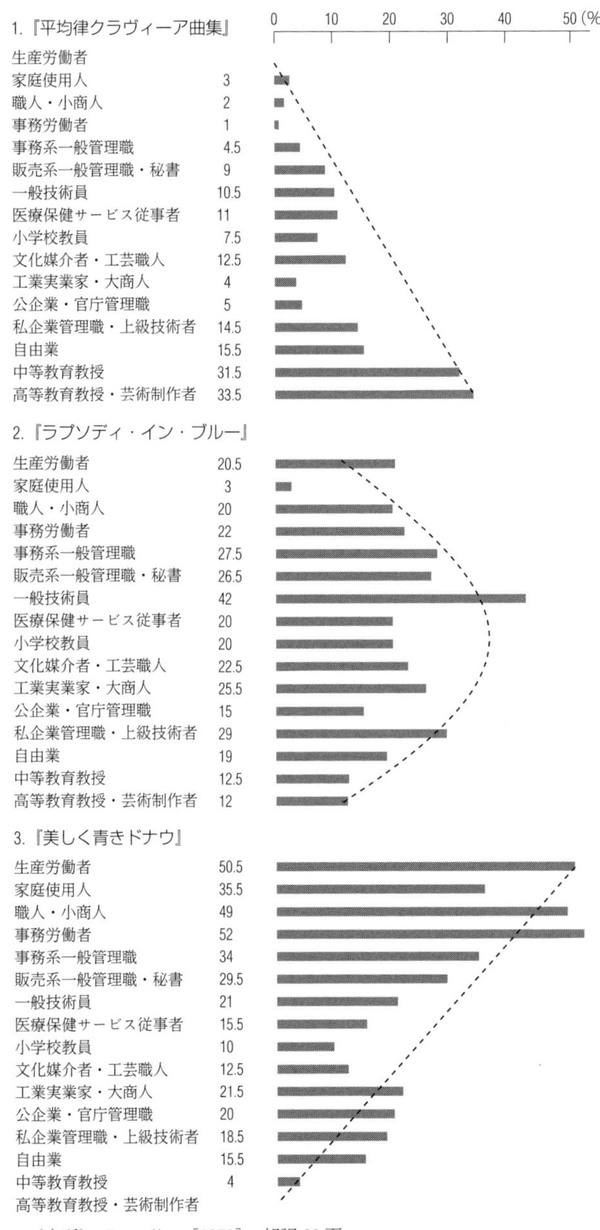

（出所）　Bourdieu［1979］，邦訳 28 頁。

の意思決定には，文化的要因も大きな影響を与える。文化的要因では，アメリカの文化，日本の文化といった国や地域に特有の要因や，規模の小さいサブカルチャーを考える必要がある。ただし，ポップカルチャーとの関係で指摘される漫画やアニメ，音楽といったサブカルチャーの多くは，社会的影響としての準拠集団に近い。ここでいうサブカルチャーを考えるにあたっては，むしろ，社会階層を考えることができる。社会階層とは，いわゆる階級のことである。かつて一億総中流とよばれた日本でも，近年では2世議員に代表されるように職業の非流動化が進んでいるといわれている。二極化や下流化とよばれる現象も，こうした傾向を示す言葉である。

社会階層では，それぞれに独自の消費パターンが形成されていることが多い。たとえば，アメリカの高所得者層として知られるWASPs（White Anglo-Saxon Protestant）は，食事のエチケットに始まり，ブルックス・ブラザーズやバーバリーに代表される服装，そしてゴルフやヨットといったレジャー活動，さらには住居の造りまでが似通っているという。社会階層に独自の消費パターンは，自らの社会階層の存在を可視化させ，自分たちの存在を社会に示すとともに，他の階層からの安易な流入を防ぐ役割を果たす。

こうした傾向は上位階層でなくとも，それぞれの階層において見ることができ，独自の消費パターンが形成されている。たとえば，階級意識が根強く残るといわれるヨーロッパでは，各階層に応じて娯楽のたしなみ方が変わり，好みの音楽も異なるとされている。図3-1をみると，階層に関係する職層ごとに，好みの音楽が異なることがよくわかる。

もちろん，今日の社会階層は一義的に決められているわけではない。社会階層を分類するためには，職業や所得だけではなく，財産や教育水準など，さまざまな分類軸を考慮する必要がある。これらの社会階層は，マーケティングの基本的な枠組みであるセグメンテーション（unit 7）に関わる。

トリクルダウン・セオリー

社会階層の存在は，われわれが漠然と他者の影響を受けるだけではなく，階層内と階層間から影響を受けるということを示している。このことは，流行のメカニズムを説明する**トリクルダウン・セオリー**として古くから知られている。

図3-2　トリクルダウン・セオリー

下位階層が上位階層を模倣　　上位階層が下位階層と差異化　　流行とその終焉が繰り返される

上位階層

下位階層

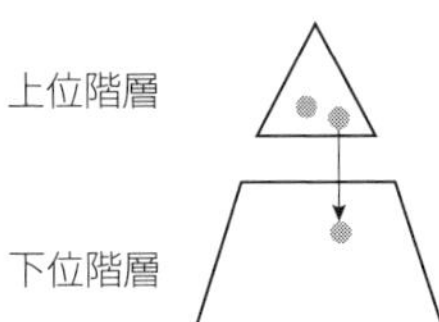

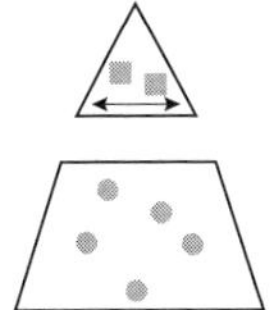

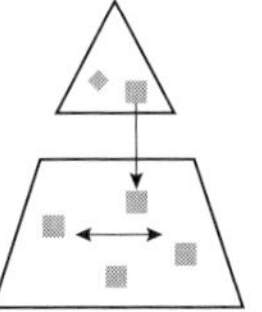

トリクルダウン・セオリーでは，どうして流行が発生するのか，そしてどうして流行が移り変わっていくのかということについて，貴族と一般庶民という階層区分のもとで，階層間の模倣プロセスと差異化プロセスに注目する。すなわち，上位階層を形成する貴族の消費パターンを下位階層が徐々に模倣していくことで，流行が発生する（図3-2左）。その一方で，下位階層の模倣を嫌う上位階層が差異化を行い，上位階層が新しい消費パターンに移っていく（図3-2中央）。この結果，新しい流行への変遷が再び起こるというわけである（図3-2右）。トリクルダウンとは，上位階層から下位階層へと消費パターンが模倣されていく流れを，あたかも滴が上から下に落ちていくように捉えたものである。

トリクルダウン・セオリーによる流行の発生と変遷は，今日では多層化・多様化していると考えられている。すなわち，必ずしも上位階層から下位階層へと消費パターンが伝播していくのではなく，階層内の小さな集団間や，下位階層から上位階層へと，流行していくという場合もありうる。たとえば，古くは労働者が着ていたというジーンズは，映画俳優などに受け入れられるなかで大きな流行を作り出し，1つのスタイルとして確立されていった。あるいは近年の多くのファッション雑誌は，モデルたちが先鋭的なファッションを着こなすことを通じて，同質的な階層内でも断続的に流行を作り出すことに成功している。そしてそうした流行は，モデルたちの差異化を通じて，常に更新される。

トリクルダウン・セオリーに従えば，階層や準拠集団で同質化していく消費パターンは，一方で他の階層や準拠集団に伝播していくということになる。すなわち，階層や準拠集団は閉じているというわけではなく，緩やかに他の階層や準拠集団とつながっている。

緩やかなつながりは，細いつながりにすぎない。しかしその一方で，このつながりは，新しい情報を伝えることがあるという意味において重要である。たとえば，転職の情報は，日々会っている同じ会社の同僚からよりも，ときどきしか会わない昔の友人から得られることがある。**弱いつながりの強さ理論**によれば，親しい集団では情報の同質化が進むのに対し，それほど親しくないつながりからは新しい情報がもたらされる。

心の影響

他人や文化の影響だけではなく，そもそもの個人の心のあり方もまた，購買意思決定に大きな影響をもつ。それは，動機に関係していると考えられている。深層心理や無意識とまではいわないものの，たとえばアブラハム・マズローは，消費者が根本的に有する欲求を5段階に階層化して捉えている。いわゆる**欲求段階説**である。マズローによれば，消費パターンを規定する欲求は，ただ漠然と際限なく広がっているわけではなく，その重要性に応じて階層化されており，下位の欲求が満たされることで初めて，上位の欲求が新たに生じる。

5段階に階層化される欲求において，最も基礎となる欲求は生理的欲求とよばれている。人は水がなければ生きていけない，食べなければ生きていけない。このような，人が生存するためにそもそも必要となる欲求がこれに該当する。生理的欲求が満たされることで，2段階目の欲求として安全欲求が生じる。これは生理的欲求とも結びつくものであり，ただ水や食べ物があれば人は生きていけるというわけではなく，さまざまな危険から守られていなければ生き続けることはできない。

生理的欲求と安全欲求は，どちらかというと人が生きていくうえで必要になる最低限の欲求である。こうした低次の欲求が満たされることで，より社会的な欲求が芽生えてくる。1人で孤独に生きるのではなく，社会のなかで生きたい，愛されたいという所属と愛の欲求，ただ社会のなかで生きたいのではなく，その社会において尊厳をもって認められたいという尊厳欲求，そして最後に，そうした社会において自らが求める道を追求していきたいという自己実現欲求が生じる。

さらにマズローは，5つの階層をなす欲求とは別に，後に2つの欲求の存在も主張している。好奇心を意味する認知的欲求と，美しさを求めるという審美的欲求である。この2つの欲求は，階層のなかに含まれて生じることもあるが，それとは別に独自に生じることもある。

心と社会の相互作用

欲求段階説の階層性については，例外的な事象も当然起こると考えられている。たとえば，日本をはじめとする集団主義の強い文化圏では，自己実現欲求はあまり強くなく，所属欲求や尊厳欲求のほうが高い次元として認識されている。逆に，欧米諸国では，欲求段階説のとおり，自己実現欲求が最後の欲求として認識されやすい。また，もっと例外的な事例では，生理的欲求が満たされていないにもかかわらず，自己実現を追い求める人々も存在する。

欲求階層の多様性は，われわれの心のあり方が，社会や文化と不可分に結びついていることを示している。誰かに認められたいという欲求は，結局のところ階層や準拠集団の存在と不可分であろうし，何を最も重要な欲求として考えるのかは，国や地域の文化性に依存しているのである。心だけを分析しようとしても，消費者の購買意思決定を知ることはできない。同様に，社会や文化だけに注目しても，やはり消費者の購買意思決定はわからないままになるだろう。

さらに興味深いことに，**消費社会**とよばれる今日にあっては，自己実現を含む高次の欲求までがおおむね満たされてしまい，欲求が階層性を失ってしまうという状況も生じている。たとえば，グルメやダイエットをみてみればわかりやすい。本来であれば最初にくるべき生理的欲求に対して，おおむねすべての欲求が満たされた後で，再び欲求が生じている。よりよいものを食べたいというグルメはいざ知らず，よりやせたい，より食べないようにしたいという欲求になると，いかにそれが尊厳や自己実現のためであろうとも，生理的欲求の抑制にもつながり複雑である。こうした複雑な事態も，心と社会が相互に影響を与え合うことによって生じている。どうしてわれわれが購買の動機を得るのか，その答えはこうした相互影響のなかにある。

考えてみよう

- □ あなたが最近購入したものを思い浮かべ，どのような準拠集団や階層の消費パターンに影響を受けたのかを考えてみよう。
- □ トリクルダウン・セオリーをもとに，最近の流行を考えてみよう。

読んでみよう

- □ 真鍋昌平［2004］『闇金ウシジマくん』小学館
  ＊さまざまな人々の消費行動を知ろう。
- □ 原田曜平［2020］『Z世代——若者はなぜインスタ・TikTokにハマるのか？』光文社新書
  ＊Z世代の特徴を考えよう。

やってみよう

- □ 『夜行観覧車』（TVドラマ，TBS）を観てみよう。
  ＊ライフスタイルと消費の関係を観てみよう。

unit 4

マーケティング・リサーチ

Case ミュージシャン寺田氏：新曲開発

アイドル・ミュージシャンのためにたくさんの楽曲を提供してきた寺田氏は，最近行き詰まりを感じていた。何かと暗いこのご時世を吹き飛ばすような明るいメロディが求められているとは思っていたが，どういう曲を作ればよいか迷っていたからであった。そこで，彼は，これまで一度も実施したことがなかったマーケティング・リサーチを調査会社に委託して行うことにした。

幸いなことに，今度ファンを集めた3000人規模のコンサートがある。調査会社からは，そこで実験的に1曲聴いてもらい全員にアンケートに答えてもらうという方法と，同じコンサートの際に10～20名程度ピックアップして，後でゆっくりと話を聞くという方法が提案された。両方すればいいのだろうが，時間と予算に限界がある。まずどちらを行うべきか，検討する必要があった。

＊　＊　＊

あなたが寺田氏であれば，どのようなリサーチを実施するだろうか。アンケートとインタビューの長所と短所を確認したうえで，ヒットする楽曲を探るためのマーケティング・リサーチを立案してみよう。

Keywords

マーケティング・リサーチ　仮説　観察調査　インタビュー調査　サーベイ調査　行動データ　実験調査　一次データ　二次データ　定量的データ　定性的データ

調査の意義

マーケティングという言葉は，しばしばリサーチ（調査）を連想させる。顧客のニーズを調査する，競合の動向を調査する，製品・サービスの販売動向を調査するというわけである。これらは，総称して**マーケティング・リサーチ**とよばれる。マーケティング・リサーチは，マーケティング活動のすべてではないが，マーケティング活動のなかで重要な位置を占めている。たとえば，顧客のニーズがわからなければ，マーケティング活動の多くを実施することはできない。同様に，競合の動向や販売の動向がわからなければ，効果的なマーケティング活動は困難であろう。

ノンアルコール・ビールの先駆けとしてヒットした「キリンフリー」は，その開発にあたって実に入念な調査を繰り返したという。ノンアルコール・ビールは，以前から存在していたものの，市場規模はきわめて小さかった。これに対して，キリンはノンアルコール・ビールには可能性があることを入念な調査を通じて見つけ出した。アルコールが「0%」なのではなく，「0.00%」であることを強調したパッケージ・デザインも，完全なノンアルコール・ビールにこそニーズがあるという調査の結果であった。旧来のノンアルコール・ビールは，「0%」を謳（うた）いながらも微量のアルコールが含まれていることが多く，このために消費者から敬遠されていたのである。

ただし，マーケティング・リサーチは，目に見えない何かを見つけ出し，マーケティング活動を成功に導く「魔法の杖」というわけではない。何のために調査を行うのか，どのように調査を行うのか，そして，その結果をどのように利用するのかが明確でなければ，調査は非生産的で，マーケティング活動の阻害要因にさえなってしまう。マーケティング・リサーチには，その調査を行う意味や位置づけの理解を欠かすことができない。

たとえば，今日ではリアルタイムの販売動向を知るうえで重要なPOS（Point of Sales：販売時点情報管理）データは，導入当初にあっては，その内容の多くが分析不可能であった。なぜならば，購買時点の情報が次々と集められるPOSの情報量はあまりに膨大だったからである。インターネット上で集められるようになった膨大なデータもまた，同様の場合がある。明確な目的の存在がなければ，貴重な情報も生かされることのないままとなる。

図 4-1　マーケティング・リサーチの基本的な手順

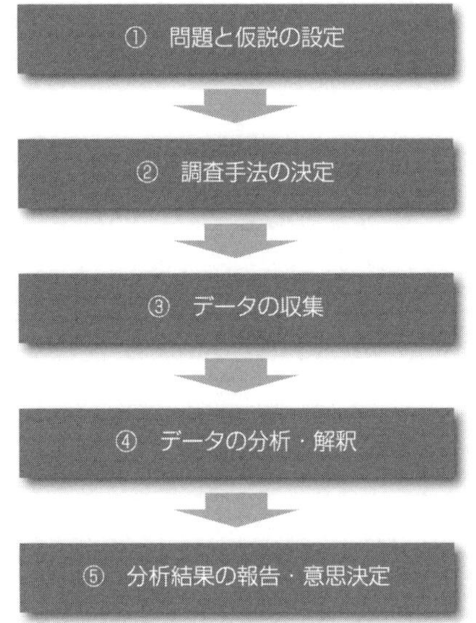

仮説設定と調査手順

マーケティング・リサーチにおいて重要な位置を占めるのは，**仮説**の存在である。仮説は，調査を通じて明らかにしたいことを意味しているとともに，自らの仮の答えをすでに含んでいることに注意する必要がある。

たとえば，新しいお菓子を開発する場合を考えてみよう。この場合には，消費者がどういったお菓子を求めているのか，調査を通じて知りたいということになる。しかし，消費者はどういったお菓子を求めているのかという問いは，問いであって仮説ではない。消費者に，「あなたはどういったお菓子を求めていますか」と聞いて回ったところで，多種多様な答えが返ってくるだけである。

そもそも，消費者に聞くだけでことがすむのであれば，およそマーケティング活動など必要がない。現実は，そのように素朴に問うただけでは優れた価値を生み出すことができないからこそ，マーケティング・リサーチやマーケティング活動が必要になる。

仮説とは，繰り返していえば，問いに対する自らの仮の答えである。マーケティング・リサーチは，この仮の答えが正しいのか，それとも間違っているのかを判断するための手段として利用される。先の新しいお菓子であれば，たとえば，「お菓子を食べることで，疲れたときにほっと一息」したい消費者が一定数存在していると仮説を立てることができる。このように仮説を立てれば，お菓子を食べることで，疲れたときにほっと一息したい消費者が具体的にどの程度いるのか，いるとすれば，彼らの属性的な特徴は何であるのか，さらに，彼らは今現在こうした問題をどのように解決しているのか，など具体的に質問しなくてはならない項目がみえてくることになる。

仮説の確からしさを調べるためにみえてきた質問項目に関する情報は，実際に調査を通じて集められ，分析されることになる。この分析にはさまざまな方法が考えられるが，とくにマーケティング・リサーチという場合には，統計的な手法を用いながら仮説の正しさを確認することが多い。

マーケティング・リサーチの基本的な手順をまとめておこう。まず最初に，そもそも調査を行う理由がなければならない。何か問題があるからこそ，調査が必要になり，具体的な仮説を考えることができる。仮説が固まれば，その仮説の正しさを確認すべく，調査手法を決定する。調査手法は，仮説をどのような手段で確かめるのかということを意味している。消費者調査を行うとしても，質問票を配ることもできれば，インタビューを行うこともできる。最もうまく仮説の正しさを問うことができる方法を選択しなくてはならない。

こうして，調査手法が決まれば，さらにデータを収集する方法やその形式が検討される。サンプルの確定や，質問票を用いて調査を行うという場合には，対象者が的確に答えることができるような質問項目を作成しなくてはならない。調査方法が定まれば，データが収集され，その分析や解釈が行われる。分析や解釈の結果は，報告書などにまとめられ，意思決定に利用されることになる。

当然のことながら，実際のマーケティング・リサーチでは，試行錯誤があるだろう。分析や解釈の結果，改めて問題と仮説の変更が必要になるかもしれない。問題と仮説が変われば，費用を鑑みながら，もう一度最初からのやりなおしとなる。

多様な調査手法

具体的な調査手法では，大きく分けて，観察調査，インタビュー調査，サーベイ調査，行動データ，実験調査の5つを考えることができる。

観察調査とは，顧客の消費行動を実際に追いかけながら調べる方法である。たとえば，買い物中の顧客について回り，彼らがどの製品を選び，また具体的にどのように製品を選ぶのかなどを詳細に記述していく。顧客と製品・サービスの何気ない関わりを捉えることができ，顧客の内面を捉える契機があるという点で，近年つとに注目を集める調査手法である。顧客自身に，自分の行動を回顧して記述してもらい，その内容を解釈するという選択肢もある。

インタビュー調査は，1対1で行うデプス・インタビュー調査と，複数人を相手にモデレーター（司会役）を通じて行うフォーカス・グループ調査が考えられる。前者のデプス・インタビューの場合には，1人に対してじっくりと話を聞くことができる。後者のフォーカス・グループの場合には，顧客間のやりとりなども聞くことができる。目的に応じて使い分ければよい。

サーベイ調査では，質問票を用いて調査を行う。また，街頭で直接消費者に質問するという方法も含まれる。多くの場合，数量的なデータとして情報を収集するため，はっきりと仮説の正しさを確認しやすい傾向がある。

行動データとは，POSデータに残される実購買の記録や，インターネット上での移動履歴，さらに最近では脳波の測定なども含まれる。プライバシーの問題に注意する必要があるが，顧客の気持ちや考えといった抽象物を取り扱うことの多いインタビューやサーベイとは異なり，顧客が実際に行動したり反応した結果をデータとして用いるため，客観性に優れている。

最後に，**実験調査**とは，より科学的な形ではっきりとした分析を行いたい場合に用いられる方法である。一般的には，目的に合致する複数のグループを明確に分割する。これらのグループごとに異なる刺激を与えることで，特定の刺激の効果が他の刺激の効果と異なっているということを明らかにする。たとえば，アマゾンをはじめとするネット企業でよく行われる，A/Bテストがわかりやすい。これらのサイトでは，デザインの異なるAパターンとBパターンの画面が用意され，閲覧者がランダムに割り当てられる。結果，どちらのデザインが売上に寄与するのかをすぐに判断することができる。

これらの調査手法を実施するうえでは，具体的に誰を調査しているのかという点にも注意する必要がある。サーベイ調査であれば，調査対象者に偏りが生じないようにサンプリングに注意する必要がある。観察調査やインタビュー調査であれば，調査対象者は少なくなることが多い。彼らがどのような人々を代表しているのかということがより重要になる。

多様なデータソース

具体的な調査手法が決まり，形式も整えば，実際にデータを収集することになる。一般的には，消費者への調査であれば当事者となる消費者から新しくデータを収集することになるが，それ以外の方法でデータを収集することも可能である。つまり，すでに存在するデータから，仮説の正しさを確認することもできる。前者の当事者から集められるデータのことをとくに**一次データ**とよび，後者の別の調査などで集められた既存のデータのことを**二次データ**とよぶ。

多くの場合は，何かしらの一次データが収集されることになるが，それは二次データが一次データに劣るからだというわけではない。むしろ，データ収集のコストや，新たに収集可能なデータの量から考えれば，二次データは大きな価値を有している。また，すでに存在するデータでもあるため，これらのデータをもとにしながら，最初に仮説を考えていくということも可能である。類似の消費者調査で収集されたデータはもちろん，近年であればインターネット上に掲載されている資料や，あるいは国勢調査に代表される国や行政によって収集され公開されているデータもある。これらのデータを有効に利用することは，効率的な調査にとって欠かすことができない。ただし，二次データの場合には，自らが当事者にあたって直接集めたものではない以上，その信憑性（しんぴょうせい）については改めて確認しておく必要がある。

集められるデータは，定量的データと定性的データという形で区分して考えることもできる。**定量的データ**とは数量的なデータであり，売上高や費用といったデータもあれば，消費者調査の設計上，数量化されて集められたデータも含まれる。とくに後者の場合には，質問票の設計などにおいて工夫が必要になる。たとえば，甘いものが好きかどうかを問う質問票を設計する場合を考えてみよう。このとき，甘いものが好きかとだけ尋ねるのであれば，得られる値は「はい」を意味する1か，「いいえ」を意味する0の2値となる。これでも定量的データとして取り扱うことができるが，さらに，甘いものがどのくらい好きかと尋ねるのであれば，たとえば，とても好きであれば5，好きであれば4，どちらでもなければ3，嫌いであれば2，とても嫌いであれば1を割り当てることができ，より詳細に分析可能な定量的データが得られることになる。マーケティング・リサーチでは，定量的データを収集することに主眼が置かれることが多い。これは，数量的であることのわかりやすさや客観性に由来する。

これに対して，**定性的データ**とは，定量的データではないその他のデータを指し示している。具体的には，インタビューを通じて得たデータや非定型のテキストデータが該当する。定性的データは，定量的データほどの客観性を有しておらず，さまざまに解釈できる場合が多い。このため，定性的データは分析や利用が困難だとも考えられる。しかし，このことは，逆に定性的データは情報量が豊富であるということも意味している。先の甘いものがどのくらい好きかという質問でいえば，定性的データの場合には，当事者にインタビューし，具体的にどういうものが好きなのか，なぜ好きなのか，いつ食べるのか，どののように食べるのかといったたくさんの情報を入手することができる。

定量的データを収集すべきか，定性的データを収集すべきか，あるいはその両方を収集すべきかは，一概に決めることはできない。一般的には，はっきりとした仮説ができあがっており，明確な結果を得たいという場合には定量的データでの収集が向いており，逆に，仮説の構築が弱めの状態で，仮説に関わる情報を少し広めに集めたい場合には，定性的データが向いているといえる。

客観性の確保

マーケティング・リサーチでは，調査を行う目的や仮説が最も重要である。そして，実施される具体的な調査は，仮説を明らかにするという目的に対する手段として位置づけられることになる。この目的と手段の関係は正しいが，しかし一方で，実際には別の問題が生じる契機となる。

たとえば，新製品を開発することになった開発担当者を考えてみよう。彼を中心にして新しいコンセプトが創出され，その有効性を仮説として構築し，仮説の正しさをマーケティング・リサーチによって明らかにしたいとする。このとき，仮説が明確に構築されていればいるほど，それが先入観や期待として働き，マーケティング・リサーチの結果を歪めてしまうかもしれない。

こうした問題を解決するために，たとえば，花王では仮説の設定を行うマーケティング担当部門と，実際に調査を企画し実施する調査部（グローバルリサーチセンター）が分離されている。両者の分離は，マーケティング・リサーチの客観性を確保し，マーケティング・リサーチの本来的な役割に貢献する。

さらにもう1つ，仮説と調査のためのデータの間には，大きな問題がある。すなわち，開発担当者が考える仮説の巧拙によって，せっかくの調査や集められた膨大なデータが生かされないままに終わる可能性がある。この点について，インターネット時代に注目されるようになったビッグデータは，新しい可能性を示しつつある。人工知能を用いた分析である。

グーグルの検索技術では人工知能が利用されているといわれる。彼らは，検索結果をはじめとするビッグデータを用いて人工知能に学習させるとともに，その人工知能を用いてデータの特徴を見出すようになっている。今は仮説の構築こそがマーケティングの実務者にとって重要な仕事であるが，その役割が機械に取って代わられる日が来るかもしれない。

マーケティング・リサーチとは，少なくとも，単なる手法のことではない。明確な目的と仮説を構築するという創造的なプロセスを含むとともに，その実現にあたっては組織としての対応も必要になる。

考えてみよう

- □ 実際に行われた定量的調査を探し，その内容を評価しよう。
- □ 実際に行われた定性的調査を探し，その内容を評価しよう。

読んでみよう

- □ 青山剛昌［1994］『名探偵コナン』小学館
  ＊リサーチと推理の関係に注目して読んでみよう。
- □ 森岡毅［2016］『USJのジェットコースターはなぜ後ろ向きに走ったのか？』角川文庫　＊実務におけるリサーチの重要性を考えよう。

やってみよう

- □ 『マネーボール』（映画，ソニー・ピクチャーズエンタテインメント）を観てみよう。＊チームを立て直したリサーチの妙を学ぼう。

第2章

マーケティング戦略の策定

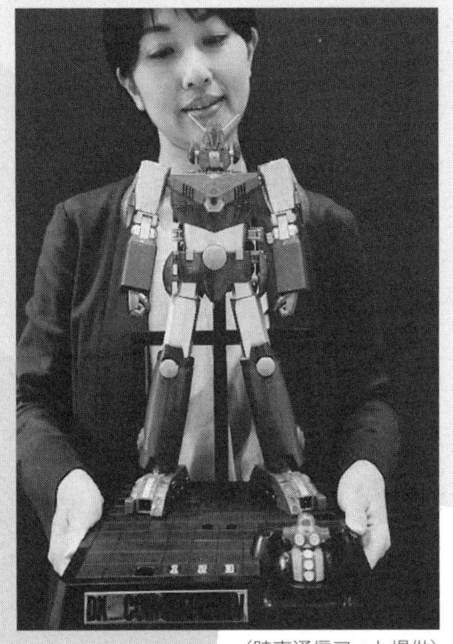

（時事通信フォト提供）

◆バンダイスピリッツが発売した「DX超合金塊 超電磁ロボ コン・バトラーV」（2017年）。高単価で大人を対象にしたおもちゃとなっている。

この章の位置づけ

第1章では顧客の行動に焦点を当てたが，本章以降は，顧客へ向けて製品・サービスを提供する企業側の活動に視点を移す。本章では，顧客のニーズを満たすための仕組みづくり，すなわちマーケティング戦略の策定について学ぶ。マーケティング戦略の全体像を把握し，その策定方法について理解していく。

この章で学ぶこと

unit 5　経営環境の把握

マーケティング戦略の全体像を概観し，その策定手順を学ぶ。そして，マーケティング戦略策定の最初のステップである経営環境の把握方法を理解する。

unit 6　業界構造の把握

経営環境を業界単位で分析する手法を理解する。業界の構造を把握する手法，そして競争状況や競争の軸を理解する手法を学ぶ。

unit 7　セグメンテーション，ターゲティング

どのような顧客へ向けて製品・サービスを提供するかを明確にするために必要な2つの概念，すなわちセグメンテーションとターゲティングについて理解する。

unit 8　ポジショニング

自社の製品・サービスと他社の製品・サービスとの相対的な位置づけ，すなわちポジショニングについて学ぶ。

unit 5

経営環境の把握

Case 真(まこと)食品：豆腐市場参入

真食品は，全国規模の加工食品メーカーである。今年の売上高は，約120億円で，主にソーセージなどの食肉加工品を，スーパーマーケットやコンビニエンス・ストア中心に販売している。ソーセージにつけられている「しんちゃん」というブランドは，比較的消費者によく知られていた。同社の製品は，独自の包装技術によって常温で配送できた。

近年，食肉加工品市場は，小売業者のプライベート・ブランド製品が増加し，価格競争が激しくなってきていた。これに危機感を感じていた堤社長は，新たな事業を育てる必要があると考えていた。社長が目をつけたのは豆腐市場だった。

豆腐市場は成熟しており，消費量はここ数年横ばいであるが，まだ寡占化されていない。今年度の市場規模は約5000億円で，単価は減少傾向にある。市場規模の80%が一般家庭で，20%が外食レストランなどで消費されている。一般家庭の主な購買層は主婦であるが，消費するのは家族全員である。子どもよりも大人の消費量のほうが多い。1人当たりの消費量は，10年間，ほぼ一定のままである。

豆腐は主に，夏は冷や奴，冬は湯豆腐として消費され，年間を通して平均的に消費される。また，豆腐は和食・中華など，さまざまなメニューで使われるので，あらゆる所得層の人々が消費している。都道府県別の豆腐消費量は，京都府が最も多いが，その他の都道府県と大きな差はない。

昨年の段階で，消費量の14%は高い価格（200円／丁）のものであり，54%は低い価格（50円／丁）のものであった。残りは，中間的な価格（100円／丁）のものであった。近年では，高価格品はシェアを落とし，低価格のものが伸びている。

スーパーマーケットが全豆腐の63%を販売し，コンビニエンス・ストアが

10%，豆腐専門店は18%，その他が9%であった。スーパーマーケットは5つから7つのブランドを取り扱っているようである。

豆腐市場は，輸送に温度調整が必要であるため，各企業の市場が局地的なものになりがちである。上位3社のシェアが約10%しかなく，残りは約1万の小規模地方企業が占めている。

ここ数年，食品会社には逆風が吹いていた。複数の食品会社が引き起こした生産地偽装事件や賞味期限の改ざん問題などが，消費者心理に変化を起こさせていた。景気は多少回復してきていたが，二極化傾向が顕著になったともいわれている。また，ビジネス雑誌には，少子高齢化，年金などの特集が多かった。

＊　＊　＊

あなたが堤社長の立場であれば，豆腐市場において，どのような事業機会に注目するだろうか。

Keywords

マーケティング・マネジメント　マーケティング戦略　セグメンテーション　ターゲティング　ポジショニング　マーケティング・ミックス　STP　STPM　マクロ環境　タスク環境　PEST分析　3C分析　SWOT分析　クロスSWOT分析

マーケティング戦略の策定手順

第1章では，消費者の購買行動，およびその調査方法をみてきた。マーケティングでは，顧客のニーズを理解することが最も重要である。しかし，それは，マーケティング活動の最初の一歩にすぎない。マーケティング目標を達成するには，次の段階で具体的なマーケティング活動を計画し，実施していく必要がある。マーケティング目標を達成するために，マーケティング活動の計画を策定したり，実行したり，修正したりするプロセスを**マーケティング・マネジメント**という。マーケティング・マネジメントには，マーケティング戦略の策定や実行だけでなく，各部門の調整や成果の評価，戦略の修正なども含まれる。マーケティング・マネジメントは，ある期間で集中的に行うというよりも，絶え間なく継続的に行う活動である。

図 5-1　マーケティング戦略の策定プロセス

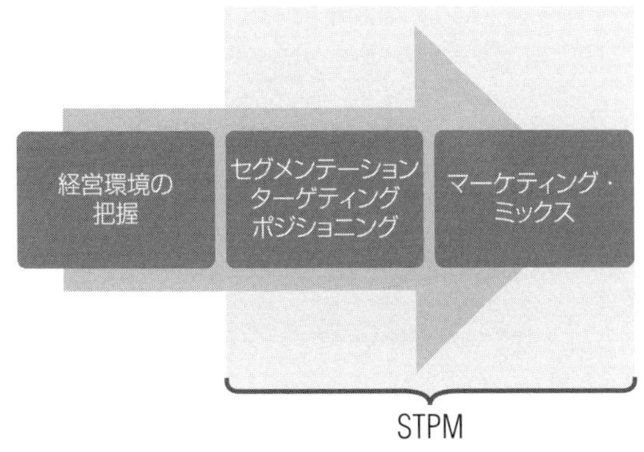

（出所）Dolan［1997］，邦訳 2 頁に加筆修正。

マーケティング・マネジメントにおいて最初に取り組むことは，マーケティング活動の計画，すなわち**マーケティング戦略**の策定である。マーケティング戦略は，次のようなステップをたどって作成される（図 5-1）。まず，経営環境の把握から始める。第 1 章で学んだ顧客の分析に加え，競合の分析や自社の分析，それらを取り巻く世の中の大きな流れを分析し，市場での機会や脅威となる点を見極める。経営環境の把握手法は，この unit で説明する。もしも業界が特定されている場合は，業界構造を分析すると，より経営環境が理解しやすくなる。業界構造の分析手法は，unit **6** で扱う。

次に，顧客をニーズごとに分類し，対象とする顧客を選定する。これらをそれぞれ**セグメンテーション**，**ターゲティング**という。これらは，unit **7** で説明する。さらに，自社の製品・サービスを他社の製品・サービスと比較して，どのような特徴を強調するべきかを決める。これを**ポジショニング**という。これは unit **8** で解説する。

最後に，ターゲティングやポジショニングに沿って，具体的な政策内容を決めていく。たとえば，どのような製品にするか，価格はいくらにするか，どこで売るか，といったことである。こうした具体的な政策を組み合わせることを**マーケティング・ミックス**とよぶ。マーケティング・ミックスの各政策については，第 3 章から第 6 章で詳しく説明する。

なお，セグメンテーション（Segmentation）から始まり，ターゲティング

図5-2　マーケティングの課題領域

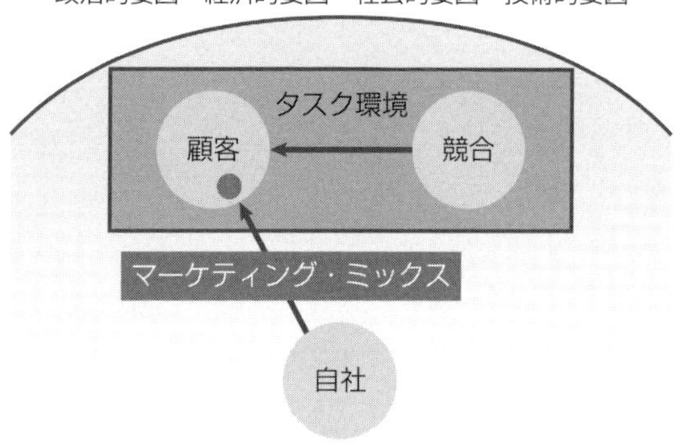

（出所）嶋口・石井［1995］，28頁に加筆修正。

(Targeting)，ポジショニング (Positioning) までの一連のプロセスを，頭文字をとって **STP** とよぶ。さらに，マーケティング・ミックス (Marketing Mix) までを加えて **STPM** とよぶこともある。

マクロ環境分析

マーケティング戦略策定の最初のステップは，経営環境の把握である。経営環境は，**マクロ環境**と**タスク環境**に分類できる。マクロ環境とは，顧客，競合，自社，すべてに影響を与える広範囲の環境要因のことである。一方，タスク環境とは，マーケティングにおいて直接的に関わる顧客と，その顧客をめぐって争う競合からなる。

マクロ環境と一口にいっても，あらゆる要因が考えられる。そこで，整理して考えるために **PEST 分析**という手法がよく用いられる。すなわち，政治的要因 (Politics)，経済的要因 (Economics)，社会的要因 (Society)，技術的要因 (Technology) の4つに分けて分析するのである（図5-2）。

政治的要因では，規制や税制の変更が典型的な例である。たとえば，政府は2020年に，新型コロナウイルス感染症の流行による緊急事態宣言に伴う外出自粛と休業要請を行った。一方で，2021年には，経済政策としてGoToキャンペーンを実施した。こうした政策により，観光需要が急激に増減し，観光産業は右往左往することとなった。

経済的要因では，景気動向や為替変動などが挙げられる。たとえば，原油価格は，2020年5月に1バレル20ドル前後まで下落したものの，そこから上昇傾向が続き，2022年10月には90ドルと4.5倍になっている。これに伴ってガソリン価格も上昇し，燃費の良いプラグイン・ハイブリッド車や電気自動車の需要が伸びている。

社会的要因としては，環境への意識の高まりや少子高齢化などが当てはまる。子供の減少によって，子供を対象としてきた玩具メーカーが，大人向けの製品も作るようになっている。LEGOは，対象年齢が18歳以上の3万円以上もするスターウォーズのブロックを発売している。

技術的要因では，人工知能（AI）やバーチャル・リアリティ（VR）などが業界構造を変化させている。メガネのJINSでは，AIを使って，似合うメガネを提案しており，オンラインでも提案型の販売をしている。また，賃貸住宅の選定にあたって，現場に行かずにVRで内見を実施できるサービスも増えている。

マクロ環境分析で重要なのは，マクロ環境要因の変化そのものを把握するだけでなく，それが顧客や競合にどのような影響を与えるかを理解することである。たとえば，新型コロナウイルスのワクチン接種については，その内容を理解するだけでなく，それによって消費者がどのような反応をするのか，競合企業がどう行動するのかを想定しておかなければならない。

マクロ環境要因は，緩やかに変化していることも多いので，見落としやすい。売上が減少する理由を検討するときに，「価格が高いのではないか」「製品の品質が劣るのではないか」と4P政策に焦点が当たりやすいが，実はマクロ環境の変化に対応できていないことが原因ということも多い。

また，マクロ環境の変化は，新しいビジネスを生んだり，業界の競争要因を大きく変えたりすることもある。2008年，住所地ではない任意の自治体に寄付した場合に税額控除される，いわゆる「ふるさと納税」が制度化された。これに伴って，日本中の自治体の寄付制度および返礼品が一覧で見ることができるサイトが複数誕生し，ふるさと納税代行サイトという新しいビジネスが生まれた。

タスク環境分析と3C分析

マクロ環境を把握したら，次にタスク環境，すなわち顧客と競合の分析を行う。

顧客の分析で把握すべき項目としては，まず市場規模や市場の時系列の推移など，市場を単位とした情報である。そして，顧客のニーズや消費行動，購買行動といった顧客単位の情報も知っておく必要がある。後者については，第1章で，分析に必要な概念や理論を説明した。

一方，競合の分析では，各競合の企業理念やビジョン，売上やシェアとその推移，所有している経営資源（ヒト，モノ，カネ，ノウハウ），そして強みと弱みなどを理解しておく必要がある。

自社を取り巻く経営環境は，マクロ環境とタスク環境を分析すれば，把握したことになるわけだが，マーケティング戦略を考えるには，自社についても改めて理解しておく必要がある。自社の分析は，競合分析と同様，企業理念やビジョン，売上やシェアとその推移，所有する経営資源，強みや弱みなどを理解しておかなければならない。自社の情報は，競合の情報よりも豊富に取得することができるだろう。

タスク環境の顧客（Customer）と競合（Competitor）に，自社（Company）を加えた3要素を分析することを，それらの頭文字をとって**3C分析**とよぶ。

SWOT分析

マクロ環境分析，タスク環境分析，そして自社分析，すなわち3C分析を実施したあと，それらの結果を整理するためによく利用されるのが**SWOT分析**である（図5-3）。SWOT分析では，経営環境の分析から市場の機会と脅威を，自社の分析から自社の強みと弱みを導き出す。強み（Strength），弱み（Weakness），機会（Opportunity），脅威（Threat）の頭文字をとってSWOT分析とよばれている。

さらに，SWOT分析で整理した自社の強み・弱み，市場の機会・脅威という4つの要素を掛け合わせることで，自社のマーケティング戦略をより具体化させるための分析手法として**クロスSWOT分析**がある。

図5-4に示すように，市場の機会と自社の強みを組み合わせたO×Sの象限

図 5-3　SWOT 分析と 3C 分析の関係

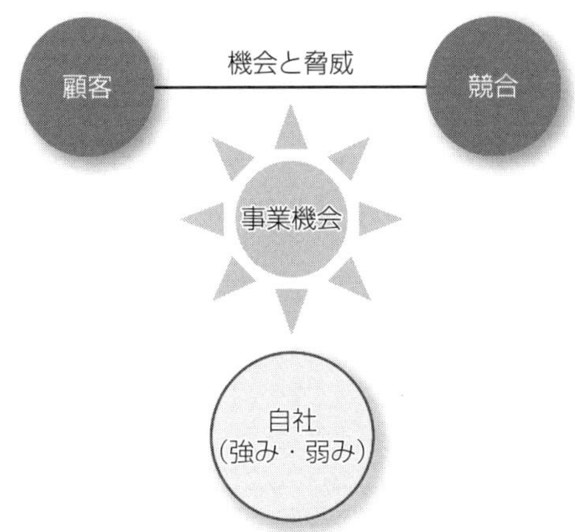

（出所）　大前［1987］，邦訳 130 頁に加筆修正。

図 5-4　クロス SWOT 分析

	自社の強み　S	自社の弱み　W
市場の機会 O	O×S 自社の強みを活かして，市場の機会を最大化する	O×W 弱みを克服して，市場の機会を最大化する
市場の脅威 T	T×S 自社の強みを活かして，市場の脅威を最小化する	T×W 弱みを克服して，市場の脅威を最小化する

は，自社の強みを活かして市場の機会を最大化するという最も望ましい戦略となる。T×S の象限は，自社の強みを使って，市場の脅威を最小化する戦略となる。O×W の象限は，自社の弱みを克服して，市場の機会をとらえる戦略である。T×W の象限は，弱みを克服して脅威を最小化する戦略となるが，そうした戦略は難しいため，事業の撤退も考慮する必要がある。

考えてみよう

□　マクロ環境の変化にともなって新しく誕生した，もしくは急拡大したビジネスを探し，なぜそのような現象が起きたのか考えてみよう。

□ あなたの好きな企業を取り上げ，その企業の立場でSWOT分析をし，成功の鍵を導いてみよう。

読んでみよう

□ 司馬遼太郎［1999］『坂の上の雲』文春文庫

＊状況と戦略の適合性に注目して読んでみよう。

□ 三枝匡［2002］『戦略プロフェッショナル――シェア逆転の企業変革ドラマ』日本経済新聞社（日経ビジネス人文庫）

＊環境変化と戦略転換の実際を感じてみよう。

やってみよう

□ 『仮面ライダーゼロワン』（TVドラマ，テレビ朝日）を観てみよう。

＊未来の経営環境を考えながら観てみよう。

unit 6

業界構造の把握

Case　五つ葉乳業：新製品のカテゴリー

五つ葉乳業は，北海道に本社を置く乳業メーカーである。牛乳が主力製品だが，その他にヨーグルト，アイスクリーム，チーズ，バターなど，乳製品はほとんど扱っていた。売上高は，約 1000 億円である。

先週，製品開発部の会議に出席した社長の三木は，新しいチーズ味アイスクリームの試作品を食べた。これまでもチーズ味のアイスクリームは販売してきたが，今回の製品は，チーズの風味が強く，食感もチーズに似ていた。また，溶けにくいという特徴ももっていた。製法に特殊な技術を使っており，他社が模倣してきたとしても 5 年は追いつけないだろうと自信をもっていた。

製品開発部は，「チーズ味のアイスクリーム」として販売しようと考えていたが，三木は「フローズン・チーズ」として販売したほうが収益性は高いのではないかと思った。

現在，アイスクリーム市場は，規模が 4896 億円で，前年からほとんど伸びていない。3 年前と比べてもわずか 1.5% の伸びである。業界 1 位はヨッテでシェア 17.2%，2 位がブリコで 14.5%，3 位が鳥永乳業で 10.8% である。五つ葉はシェア 1% にも満たない状態だった。アイスクリーム市場は全体で，市販が 90% で業務用は 10% だった。

一方，チーズ市場は，規模が 3343 億円で，前年比で 1% 伸びている。3 年前と比べると，5.5% もの伸びである。業界 1 位は月印でシェア 24.9%，2 位は七甲バターで 14.9%，3 位は鳥永乳業で 13.2% である。五つ葉は，2.3% のシェアを持っていた。チーズ市場は全体で，市販が 60% で業務用が 25%，加工用が 15% だった。アイスクリームは，冷凍保存され品質の劣化が少ないため，賞味期限を省略できるのに対し，チーズは賞味期限を明示する必要があった。

なお，この新製品をスーパーなどの店頭にあるチルドのチーズの棚に置くには，低温度を保つためのパッケージが必要で，そのパッケージを供給する業者は限られていた。

今後，この新製品は，マーケティング部で詳細なマーケティング戦略を検討することになっていたが，忙しい時期であるため，人を割けない状態だった。

＊　＊　＊

あなたが三木社長の立場であれば，新製品をアイスクリームとして売るか，それともチーズとして売るか，どちらでの詳細な検討を指示するか。

Keywords
ファイブ・フォース分析　価値相関図　ハーシュマン・ハーフィンダル指数　アドバンテージ・マトリクス

ファイブ・フォース分析

unit 5 では，特定の企業を単位として，それを取り巻くマクロ環境とタスク環境を分析する方法を説明した。本 unit では，業界全体を単位とした分析手法を紹介する。

1 つめは，ファイブ・フォース分析である。業界を見渡すと，どの企業も儲かっている業界もあれば，多くの企業が赤字に苦しんでいる業界もある。もちろん，業界内には収益性の高い企業と低い企業が混在しているのだが，業界全体として，他業界よりも収益性が高かったり低かったりする。

ファイブ・フォース分析は，業界の収益性の高低を見極めることを目的としており，業界の収益性は，次の 5 つの要因によって決まるという研究結果に基づいている。それらは，①既存業者間の敵対関係，②新規参入者の脅威，③代替品の脅威，④売り手（供給業者）の交渉力，⑤買い手の交渉力，である。5 つの要因（力）を分析するので，**ファイブ・フォース分析**とよばれている（図 6-1）。

まず，第 1 の力である「既存業者間の敵対関係」とは，業界内での既存業者間の競争の激しさをいう。業界の競争が激しいと，業界全体の収益性は低下する。

この既存業者間の敵対関係には，表 6-1 のように，さまざまな要因が影響を

図 6-1　ファイブ・フォース分析

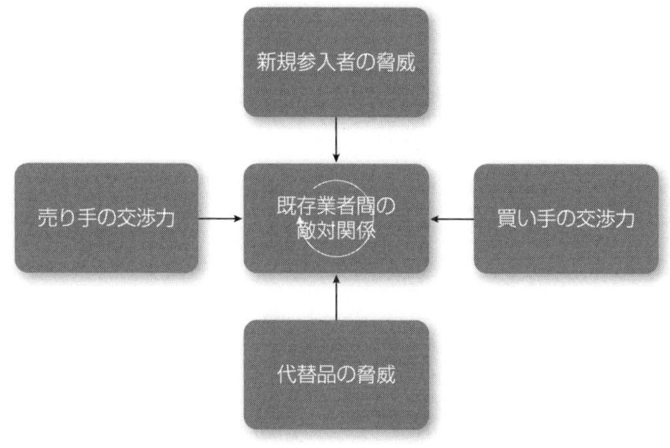

表 6-1　ファイブ・フォース分析の諸要因

既存業者間の敵対関係	新規参入者の脅威	代替品の脅威	売り手の交渉力	買い手の交渉力
• 市場集中度 • 市場成長率 • 費用構造 • 製品差別化 • 生産能力の不分割性 • 競争業者の戦略の異質性 • 戦略と成果の関連 • 撤退障壁	• 規模の経済性 • 製品差別化 • 巨額の投資 • スイッチング・コスト • 流通チャネル • 規模とは無関係なコスト格差 • 政府の政策	• 代替品の価格対性能比 • スイッチング・コスト • 買い手の代替品への好み	• 売り手の市場集中度 • 売り手の製品に対する代替品 • 売り手にとっての当該業界の重要性 • 売り手の製品の差別化 • 売り手の川下統合への可能性	• 買い手の市場の集中度 • 買い手の購入物に対する当該製品の比率 • 買い手の川上統合への可能性 • 買い手の製品の品質に対する当該製品の影響 • 当該製品に対する買い手の情報量

与えている。たとえば，市場成長率が低ければ，限られた顧客を奪い合うことになるので，敵対関係は激しくなる。固定費が高い費用構造であれば，稼働率を上げるために，価格を下げようとするので，敵対関係は激しくなる。こうした要因を勘案しながら，既存業者間の敵対関係を考えるのである。

第2の力は,「新規参入の脅威」である。これは,業界外から新たに業界へ参入してくる企業がもたらす脅威である。新規参入する企業が多いと,競争が激しくなり,収益性は低下する。

新規参入の脅威に影響を与えるのは,参入障壁,すなわち,その業界へ参入することを阻む要因である。具体的には,たとえば,規模の経済(unit **11** 参照)である。生産規模が大きいほど収益性が高い傾向がある業界では,新規参入企業が,既存の企業よりも小規模な生産設備で参入しても利益が出にくい。かといって,大規模な生産設備に巨額の投資をする財務力がある企業は少ない。したがって,参入障壁が高く,新規参入の脅威は弱い。消費者がある製品を買うのをやめて,別の製品を買う場合にかかるコスト(スイッチング・コスト),たとえば,今まで貯めてきたポイントが使えなくなる場合も,新規参入する企業は不利なので,新規参入しようとする企業は少ないだろう。こうした参入障壁を検討して,新規参入の脅威を評価する。

第3の力は,「代替品の脅威」である。競合品は,同じ需要を同じ形で満たす製品であるのに対して,代替品とは,同じ需要を別の形で満たす製品である。たとえば,タクシーにとって電車は代替品である。電車は,移動という需要をタクシーとは別の形で満たすからである。代替品の脅威とは,代替品が業界の需要を奪うかどうかである。

たとえば,代替品の価格が安く,性能も悪くなければ,代替品の脅威は高まる。現在使っている製品から代替品へのスイッチング・コストが高い場合は,代替品の脅威は低い。こうした要因を勘案して,代替品の脅威を評価する。

第4の力は,「売り手の交渉力」,すなわち,部品や原材料などの供給業者が,どれだけ強い交渉力をもっているかである。売り手の交渉力が強いと,業界の収益性は下がる。

この力に影響を与える要因は,たとえば,売り手の集中度である。売り手の集中度が低い,すなわち売り手企業の数が多い場合は,価格を競わせて,安い価格を提示した企業から購入すればいいので,売り手の交渉力は弱くなる。逆に,売り手の集中度が高い場合,極端な場合は1社でしか買えない場合は,購入できなくては困るので,売り手の価格提示をそのまま受け入れざるをえない。売り手の交渉力が強いので,収益性は下がる。売り手の製品の代替品も影響を与える。売り手の製品に代替品がある場合は，代替品を買ってもいいので，売り手の交渉力は弱くなり，収益性は高まる。こうした要因から売り手の交渉力を評価する。

第5の力は，「買い手の交渉力」である。ここでの買い手とは，直接販売する顧客のことである。流通業者を通して消費者に販売している場合は，流通業者であり，消費者へ直接販売している場合は消費者になる。

買い手の交渉力に影響を与える要因もいくつかある。たとえば，買い手の企業数が少ない（集中度が高い）場合，買ってもらわないと他に売り先がないので，価格の値引きに応じざるをえない。買い手の交渉力が強いので，収益性は低くなる。買い手の購入物に対する当該製品の割合が高いと，買い手にとって重要な製品になるので，買い手の交渉力は弱まる。こうした要因から，買い手の交渉力を評価する。

これらの5つの力が弱い場合は，業界の収益性は高い。逆に，強い場合は，収益性は低い。しかし，すべての力が強かったり弱かったりすることは稀で，どれかは強く，どれかは弱いというのが一般的である。そうした場合，収益性を予測するのは非常に難しい。この分析手法は，収益性を予測するというよりも，業界間もしくは現在と将来を比較したり，収益性が悪い原因を見極めたりするのに使うときに有効である。

価値相関図

ファイブ・フォース分析は，ビジネスパーソンに広く普及している有名な分析手法だが，大きな欠点がある。たとえば，ゲーム機業界を分析するときに，ファイブ・フォース分析を使うと，ゲーム・ソフト業界のことが考慮されない。ゲーム・ソフト業界が成長し，たくさんのゲーム・ソフトが開発されれば，ゲーム機業界は潤うのだが，ゲーム・ソフト業界は，既存業者でも代替品でも新規参入者でもないし，売り手でも買い手でもない。したがって，ファイブ・フォース分析では，検討から漏れてしまう。

この欠点を補う分析枠組みが，**価値相関図**である。図6-2のように，企業を中心として4つのプレーヤーが明示されている。それらは，顧客，供給者，競争相手，そして補完的生産者である。補完的生産者とは，ゲーム機企業に対す

図 6-2　価値相関図

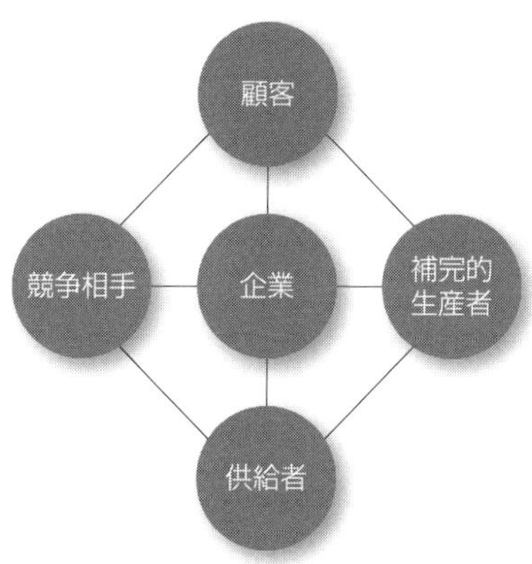

るゲーム・ソフト企業のように，顧客が同時に使う製品を生産している企業である。

昨今，スマートフォンとアプリ，音楽ソフトとAIスピーカーなど，ある製品を他の製品と組み合わせて使用することが増えている。デジタル化とサービス化によって，そうした傾向はますます増えていくだろう。そうしたビジネス環境においては，ファイブ・フォース分析だけでなく，価値相関図も使って分析したほうが，経営環境を正確に理解することができるだろう。

なお，価値相関図は，業界を単位とした分析手法ではなく，特定の企業を単位とした分析手法なので，ファイブ・フォース分析とは，使い方がやや異なることに注意が必要である。

ハーシュマン・ハーフィンダル指数

ファイブ・フォース分析において，既存業者間の敵対関係の要因にも，売り手の交渉力の要因にも，買い手の交渉力の要因にも，最初の項目として，市場集中度が挙げられていた。市場集中度は，業界分析において，非常に重要な要因である。

市場集中度は，市場のシェアが，特定の企業にどれだけ集中しているかを示す要因である。たとえば，上位3社が市場シェアを80% 押さえている場合は，上位3社が市場シェアを30% しか押さえてない場合よりも，市場集中度は高い。

この市場集中度を数値化した指標に，**ハーシュマン・ハーフィンダル指数**がある。この指数は，各社の市場シェアの２乗の合計で示され，シェアの分散具合も加味されている。この指標は，０から１の間の値になるのだが，値が小さい場合は，企業数が多く，それらの規模・パワーの程度が同じという競争状況を示している。逆に，この指数が大きければ，寡占が進んでいることを示す。

たとえば，携帯電話業界は，NTT ドコモのシェアが 37.2%，KDDI グループが 35.4%，ソフトバンクグループが 26.8%（2021 年）なので，上位３社でハーシュマン・ハーフィンダル指数を計算すると，$0.372^2+0.354^2+0.268^2=0.335$ となる。一方，ドラッグストア業界は，ウエルシアホールディングスのシェアが 12.6%，ツルハホールディングスが 12.2%，コスモス薬品が 9.6%（2021 年）なので，$0.126^2+0.122^2+0.096^2=0.040$ となる。

一般に，市場集中度が高ければ競争は緩やかで，市場集中度が低ければ競争は激しいと解釈する。したがって，ドラッグストア業界は，携帯電話業界よりも市場集中度が低いので，競争は激しいと考えられる。

ただし，市場集中度が高い場合は，業界のプレーヤーの数が少なく，互いに何をやっているかがわかるので，ライバル意識が生まれやすい。市場集中度が低い場合は，不特定な競争相手との多数乱戦型の競争になるのに対して，市場集中度が高い場合は，特定の競合企業との競争になる。競争の質が異なると考えたほうがいいだろう。

アドバンテージ・マトリクス

業界の構造を分析するための４つめの手法は，**アドバンテージ・マトリクス**である。この分析手法は，「優位性の構築可能性」と「競争要因の数」の２軸により，業界を４つのタイプに分ける（図 6-3）。

規模の経済が働き，それしか競争要因がない業界を規模型業界という。この業界では，規模すなわち市場シェアの拡大が収益性を高めるため，市場シェアの競争になりやすい。

規模（市場シェア）の大小のみならず，特定分野で異なる戦略をとることで優位性を築くことができる業界を特化型業界とよぶ。規模以外に競争要因がい

図6-3　アドバンテージ・マトリクス

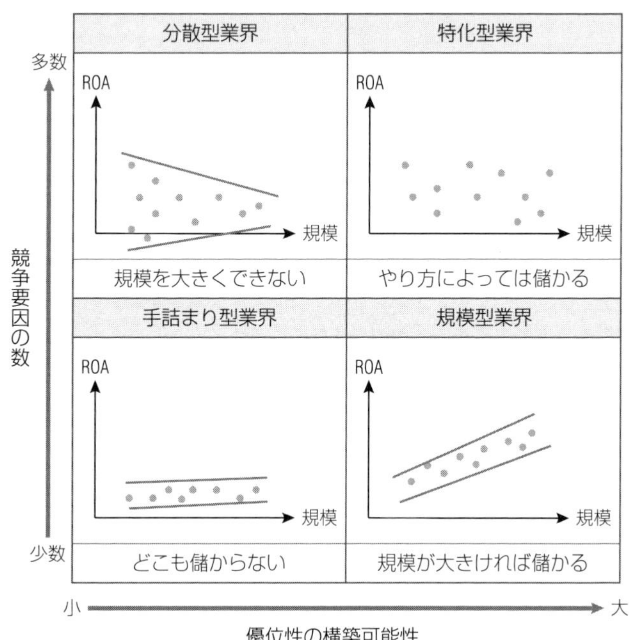

（注）ROA＝総資産利益率
（出所）Aaker［1984］，邦訳 270 頁に加筆修正。

くつか存在するので，さまざまな差別化を行う企業が現れる。

規模の経済は働かず，小規模なうちは儲かっても，大きくなると収益性を保てなくなる業界を分散型業界とよぶ。競争要因が多く，企業全体として優位性を構築することが難しい。

小規模企業がすべて淘汰され，残った大企業も決定的な優位性をつくれなくなった業界を手詰まり型業界とよぶ。この業界では，どの企業も収益をあげるのが困難である。

規模型業界と特化型業界では，少なくとも1社は高収益をあげられるが，分散型業界と手詰まり型業界では，どの企業も高収益を得ることが難しいため，業界構造の変革を狙ったり，場合によっては撤退を検討したりすることになるだろう。

考えてみよう

- □ ビール業界と日本酒業界のファイブ・フォース分析を行い，比較してみよう。
- □ 特定の2つの業界を取り上げて，上位3位のハーシュマン・ハーフィンダル指数を求めて比較してみよう。

読んでみよう

- □ 永井隆［2022］『キリンを作った男――マーケティングの天才・前田仁の生涯』プレジデント社
  ＊ビール業界の推移を辿ってみよう。
- □ 池井戸潤［2011］『鉄の骨』講談社文庫
  ＊建設業界の特徴を意識して読んでみよう。

やってみよう

- □ 『半沢直樹』（TVドラマ，TBS）を観てみよう。
  ＊銀行業界の文化に注目して観てみよう。

unit 7

セグメンテーション，ターゲティング

Case 美容室開店計画

美容器具メーカーに勤務している沢田凜は，美容師をしている弟の蓮と美容室を開業しようと考えていた。

凜は，もともと弟と美容室を開こうと，大学卒業後に美容器具メーカーに就職した。営業の仕事を続けるなかで，美容室の経営の勉強をしていた。蓮は，高校を卒業してすぐに美容学校に進み，美容師になって7年目である。カット技術はなかなかのもので，指名してくれる顧客も増えていた。

正月に実家に戻った2人は，いよいよ開業準備を始めようということになった。2人が生まれ育った地元の駅の近くに出店することにしたが，その駅の周りには美容室が3店・理容室が4店しかなく，競争はほとんどなかった。

まず，2人は，駅の周辺を歩くことにした。どのような人たちがいるかを調査しようというわけだ。歩いていると，次のような人たちとすれ違った。

テニス・ラケットをもった大学生が，4,5人のグループになって話しながら歩いていた。授業が終わってサークル活動に向かう大学生だろうか。彼らは全員が髪を染めており，いわゆる流行の髪型だった。

主婦の集団もいた。子どもが学校に行っている間，友人とカフェでおしゃべりに興じていたようだ。比較的時間に余裕があるようで，おしゃれにはかなり気を使っていた。髪は，パーマがかかっており，念入りに整えられていた。

午後になると，高校生が多くなってきた。自転車のかごには，部活動の道具がいっぱい詰まっていた。コンビニで自転車を降り，しばらくして，アイスクリームを頬張りながら出てきた。彼らのほとんどは短髪だった。

夕方になると，男性会社員が駅から家路についていた。彼らは，仕事に忙しそうで，帰る途中にもかかわらず仕事の電話をしていた。彼らは，髪には無頓着で，清潔であればそれでいいといった様子だった。

夕方は，若い女性会社員も多い。隣駅で買い物をしたのか，駅ビルの紙袋をもっている。おしゃれな格好をしているものの，会社勤めにふさわしい髪型だった。

資金は2人の貯金に加えて，両親が出してくれることになった。店のスタッフは，蓮の後輩が来てくれることになっていた。

2人は，この町でどのような美容室を開店するかに思いをめぐらしていた。

＊　＊　＊

みなさんが沢田凜の立場であれば，どのような美容室を開業するか。店構えや広告の方法など，考えてみてほしい。

Keywords
セグメンテーション　セグメント　ターゲティング　マス・マーケティング　セグメント・マーケティング　ワントゥワン・マーケティング　ペルソナ

セグメンテーションの系譜

19世紀まで，一般的な商取引は，顧客の注文を受けてから，その顧客の要望に合わせて生産する受注生産方式だった。着物であれば，顧客の体のサイズを測り，そのサイズに合わせて1着ずつ仕立てていた。この取引方法は，個々の顧客のニーズに十分応えることができるので，顧客に高い満足を与えられるが，生産量が限られ，多くの利益を得ることは難しい。

第二次産業革命後，技術革新によって大量生産が可能になると，多くの人々に製品を販売できるようになった。当時は消費者のニーズがほぼ画一的であったため，すべての消費者を対象とし，少ない種類の製品で対応できた。事前に生産する見込生産を行い，品質の均一化された製品に特定のブランドを付与して，大量の広告を打ち，流通網の整備を行った。大量生産すれば，1単位当たりのコストが下がるため，低価格を実現できる。所得の低い消費者にも製品を販売することが可能になった。

しかし，同じような製品が市場にあふれると，消費者は他者と違うものが欲しくなる。また，各社から差別化された製品が発売されると，それらに刺激されて，自らのニーズを意識するようになる。製品への消費者ニーズが多様化してくるのである。こうなると，市場全体をニーズの似ているいくつかの消費者層に分類する必要性が出てくる。これが**セグメンテーション**である。企業は，分類された消費者層，すなわち**セグメント**を対象に，そのニーズを満たすような製品を開発するようになる。

消費者のニーズがいっそう多様化してくると，消費者1人ひとりのニーズは異なるという考え方も出てきた。顧客のニーズに応じて個別対応をするという意味では，第二次産業革命前に逆戻りしているようであるが，違いはその手法である。情報技術の進展によって，個々の顧客の要望に応じながらも，多くの顧客へ販売できるようになった。セグメンテーションは，一般的に相反関係にある「顧客満足」と「コスト」の妥協点を探ることでもあるが，現代では，この両者を同時に達成しようという工夫が続けられている。

セグメンテーション変数

セグメンテーションとは，ニーズごとに消費者を分類することである。セグメンテーションを実施するには，消費者を分類する変数が必要になる。代表的なセグメンテーション変数は，性別や学歴といった人口動態的変数である。衣料品市場や化粧品市場では，性別は現在でも有効なセグメンテーション変数である。人口動態的変数は，測定するのが簡単であり，セグメントへのアプローチ方法も明快なので利用しやすい。

しかし，同じ女性でも，ある製品・サービスに異なるニーズをもつこともあり，同じような学歴の人が似たニーズをもっているとは限らない。ニーズが似ているセグメントに細分化するには，人口動態的変数だけでなく，ライフスタイルや性格といった社会心理学的変数も重要である。たとえば，性別や学歴を問わずエコロジーを重視する生活価値観をもっている消費者は，ガソリン・エンジン車より，値段が少々高くても電気自動車に惹きつけられるだろう。

近年では，昨今の情報技術の進展によって顧客の購買データの蓄積コストが低くなったため，購買頻度のような行動的変数を重視する企業が増えている。あるスーパーでは，POS（販売時点）データを分析することにより，金曜日の夕方に紙おむつとビールを同時に購入する男性客が多いということを発見し，紙おむつ売場とビール売場を近づけた。また，アマゾン・ドットコムでは，顧

表 7-1　消費者市場のセグメンテーション変数

人口動態的変数	年齢，人種，性別，家族構成，所得，職業，学歴，宗教，国籍，ライフステージ，ライフコース，など
地理的変数	地域，都市サイズ，気候，人口密度，など
社会心理学的変数	社会階層，ライフスタイル，パーソナリティ，など
行動的変数	購買契機，追求便益，使用者状態，使用頻度，ロイヤルティ，など

客の購入した商品データを分析して，その顧客が興味をもつと思われる商品を「お客様へのおすすめ」として推奨しているが，これも行動的変数を活用した例である。

消費者市場のセグメンテーション変数は，表 7-1 のように，大きく 4 つに分類できる。それらは，人口動態的変数，地理的変数，社会心理学的変数，そして行動的変数である。セグメンテーションは，これらの 1 つ，もしくは複数の変数を使って実施する。

人口動態的変数は，さらに 2 つに分類できる。第 1 に，性別や年齢などの消費者が生まれる前から決められていた帰属特性である。第 2 に，学歴や所得などの消費者が生まれた後に獲得した達成特性である。

人口動態的変数の 1 つであるライフステージは，家族形成を中心とした考え方である。独身期から，家族を形成する時期，そして子どもが独立した時期といったように，個人を家族形成との関係から分類する。これらの時期ごとにニーズが異なり，たとえば自動車であれば，家族の多い時期のセグメントへ向けて，車内空間の広いミニバンを販売している。

地理的変数には，国や地域，都市，気候などが含まれる。地理的変数によるセグメンテーションは，きわめて単純で応用が容易であるが，顧客ニーズを満たしきれない側面もある。グローバル化する企業にとっては，重要なセグメンテーション変数である。

社会心理学的変数には，性格やライフスタイルがある。ライフスタイルとは，生活者の生活価値観に基づいて形成される生活行動体系もしくは生活のパターンや生活の仕方である。

行動的変数は，追求便益や使用頻度などが含まれる。追求便益とは，消費者が製品に魅了される根本的な理由で，歯みがき粉ならば，虫歯予防，輝く白さ，

図 7-1　海外旅行市場でのセグメンテーションの例とニーズ

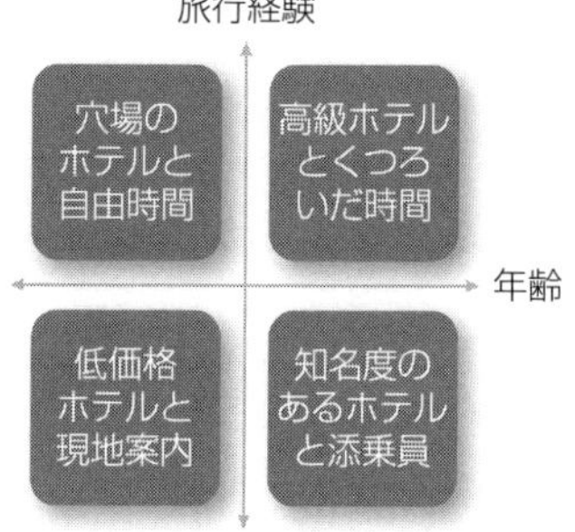

香り，安さといったものである。使用頻度によるセグメンテーションでは，ヘビー・ユーザー，ミディアム・ユーザー，ライト・ユーザー，ノン・ユーザーに分類できる。

図 7-1 は，海外旅行の顧客を年齢と旅行経験で分類したセグメンテーションの例である。左下に区分されている，若くて海外旅行経験が少ない人たちは，旅先の観光地の多くを訪れたいと思うので，ホテルの滞在時間は短い。したがって，安全で清潔であれば，価格が安いことを望む。また，初めて訪れる場所は不安なので，空港からホテルへの無料送迎サービスは欲しいと思うだろう。

一方，右上に区分されている，何度も海外旅行に出かけている高齢者は，目的地へは 3 度目の旅行といった人が多いので，団体行動で観光地へは行かず，興味のある場所へ自分で行く。したがって，ホテルでの滞在時間が長くなるだろう。

有効なセグメンテーションの条件

セグメンテーション変数は無数にある。だが，やみくもに市場を切り刻んでも仕方がない。セグメンテーションを意味あるものにするには，表 7-2 のような条件を満たしていなければならない。

なお，こうしたセグメンテーションの考え方は，消費者のニーズがあらかじめはっきりとしていることが前提である。しかし，今日では，消費者は自分のニーズを意識していない場合も多く，製品・サービスを見て初めてニーズが生まれることもある。

表 7-2　有効なセグメンテーションの条件

測定可能性	変数の測定が容易であること
維持可能性	対象とするセグメントが，追求するに値する十分な規模をもっていること
接近可能性	対象とするセグメントへ，企業のマーケティング手段が容易に接近できること
実現可能性	対象としたセグメントに対して，効果的なマーケティング活動を実現できる能力・経営資源があること
区分可能性	セグメント内は同質で，セグメント間は異質であるように区分できること

ターゲティング

セグメンテーションによって各セグメントの違いを理解したあとは，自社が標的とするべきセグメントの決定を行う。これを**ターゲティング**という。

ターゲティングを行うには，まず，各セグメントが自社にとってどれだけ魅力的であるかを評価しなければならない。セグメントを評価する要因は，第1に，セグメントの規模と成長性である。第2に，セグメントの競争環境である。顕在化している競合企業だけでなく，潜在的な競合，代替製品・サービスも考慮しなければならない。第3に，セグメントで十分な成果を上げるだけの経営資源が自社にあるか，競争優位が確立できるかである。また，そのセグメントを標的とすることが，自社の理念や目標に合っているかも考慮する必要がある。これらの要因の検討をふまえ，各セグメントを総合的に評価する。

各セグメントの評価が終われば，次は参入する価値があるセグメントを選択する段階になる。市場への対応方法には，大きく3つある（図7-2）。第1は，**マス・マーケティング**である。各セグメントのニーズに違いがあることはわかっていても，1種類の製品・サービスとマーケティング・ミックスで対応する方法である。各セグメントの平均的なニーズに合わせて製品・サービスを開発し，できるだけ多くの顧客を惹きつけようと考える。

第2の方法は，**セグメント・マーケティング**である。セグメントのニーズに合わせたマーケティング・ミックスで対応する。とくに，複数のセグメントに対して，それぞれに合わせた製品・サービスやマーケティング・ミックスで対応する場合を分化型マーケティングとよぶ。トヨタや日産といった自動車メー

図7-2　セグメントへの対応方法

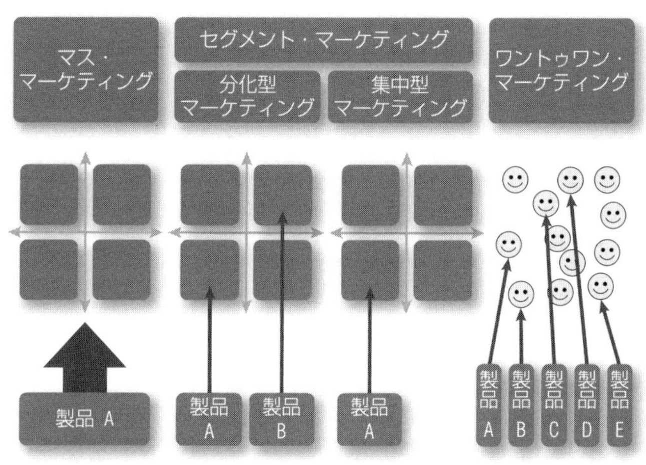

カーは，各セグメントに対して，別々の車種を販売しており，分化型マーケティングの典型例である。一方，1つのセグメントだけを選び，そのセグメントに製品・サービスやマーケティング・ミックスを合わせる方法を集中型マーケティングという。自社のすべての経営資源を1つのセグメントに集中するのである。

第3は，**ワントゥワン・マーケティング**である。個々の顧客に対して，それぞれのニーズに合わせたマーケティング・ミックスで対応する。たとえば，Yahoo! などの Web サイトのバナー広告は，過去の閲覧履歴情報から，その顧客が関心をもっていそうな製品やサービスの広告が掲載されるようになっている。顧客ごとにカスタマイズされているので，人によって掲載されるバナー広告は異なる。

ペルソナ

ターゲット・セグメントを，より具体的な人物像として描いたものを**ペルソナ**という。ターゲット・セグメントは「40歳代の独身男性」といった粒度で表現されるのに対して，ペルソナは「年齢は42歳で，離婚歴あり。東京の練馬区のマンションに住み，新宿の生命保険会社に勤務している。週末は愛車のロードスターで関越道をドライブする。帰りにスーパーでワインと食材を買い込み，料理も楽しむ」といったレベルまで具体的に表現する。

ペルソナを利用する目的は，第1に，ターゲットセグメントのニーズをより具体的に理解することである。どこで購入され，どんな使い方をしているかを具体的にイメージできるので，顧客の気持ちを想像しやすい。それができれば，そのニーズに合った製品や広告，Webサイトもより具体的なアイデアを出せる。第2に，社員の人たちのターゲット・セグメントの人物像を統一することである。「40歳代の独身男性」では，それぞれの人がイメージする人物像にズレが生じて，施策がバラバラになる可能性がある。ペルソナがあると，各部門の施策に一貫性が出やすい。

ペルソナは，先入観や思い込みで作るのではなく，顧客の観察や市場調査のデータから作成しなければならない。また，ターゲット・セグメントの典型的な人物像を描き出す必要がある。

考えてみよう

- □ 特定の市場を取り上げ，どのような変数でセグメンテーションされているかを調べ，あなたならどこにターゲティングするかを考えてみよう。
- □ 特定の製品・サービスを取り上げ，ターゲットを想定しながらペルソナを考えてみよう。

読んでみよう

- □ 稲田豊史［2022］『映画を早送りで観る人たち　ファスト映画・ネタバレ——コンテンツ消費の現在形』光文社新書
  ＊タイパを重視する人の背景を知ろう。
- □ ジョン・S. プルーイット＝タマラ・マドリン（秋本芳伸訳）［2007］『ペルソナ戦略——マーケティング，製品開発，デザインを顧客志向にする』ダイヤモンド社　＊ペルソナの作り方を理解しよう。

やってみよう

- □ 『アメリカン・ビューティー』（映画，UIP）を観てみよう。
  ＊登場人物毎の美の違いに注目して観てみよう。

---

unit 8

ポジショニング

Case フラット電機：タブレットPCのポジショニング

フラット電機は，総合家電メーカーである。Androidタブレット PC 市場には5年前に参入したが，かなり苦戦している。現在も，3%弱の市場シェアしか獲得できていない。市場は伸びが鈍化し始めており，ますます競争が激しくなっている。

平課長は，製品開発部に所属し，Androidタブレット PC を担当している。今月から，大学生向け新機種の開発を始めた。現在，平課長が悩んでいるのは，新機種にどのような特徴をもたせるべきかであった。市場調査をしてみると，若者に人気のある Androidタブレット PC は，以下の5機種だった。

機種	画面サイズ（インチ）	解像度	ストレージ（GB）	重量（g）	バッテリー時間（時間）	保証期間（年）	実売価格（円）	その他
AKB	8	1920×1200	32	280	15	1	35,000	スタイリッシュなデザイン
BCG	10	1280×800	64	500	18	2	40,000	高い堅牢性
CCC	8	1280×800	128	250	10	2	38,000	防塵・防水
DNA	8	1280×800	32	320	15	1	32,000	ブルーライトカットモードあり
ECO	10	1920×1200	64	450	10	3	42,000	ドルビーオーディオ対応

＊　＊　＊

あなたが平課長の立場であれば，新機種をどのようにポジショニングするだろうか。

Keywords
ポジショニング　知覚マップ　差別化　同質化　重要性　独自性
卓越性　伝達容易性　模倣困難性　収益性　レッド・オーシャン
ブルー・オーシャン

ポジショニング

マーケティング戦略の策定において，セグメンテーションやターゲティングとともに重要なのは，**ポジショニング**である。ポジショニングとは，ターゲットとなるセグメントの人々に，自社の製品・サービスを他社の製品・サービスとは異なるもの（もしくは，似たもの）として認識してもらうことである。

ポジショニングでは，次の2点を考慮する必要がある。第1点は，どのような変数で差異を示すかである。機能や性能，耐久性，大きさなど，さまざまな変数が考えられるが，どの変数を使うと，自社製品・サービスが他社製品・サービスよりも優位になるかを考えなければならない。

たとえば，アサヒ飲料の缶コーヒー「ワンダ モーニングショット」は，飲用シーンという変数を使い，朝専用の缶コーヒーとして自社製品をポジショニングした。消費者が，「朝に缶コーヒーを飲むならワンダ」という認識をもつようにしたのである。

第2点は，変数をいくつ用いるかである。ただ1つの変数を使う方法もあれば，複数の変数を使う方法もある。「朝専用」という1つの変数を徹底的に訴求すると，ポジショニングは明確になる。ただし，模倣する製品が出てくると，1つの変数だけでのポジショニングでは，模倣製品との差が出にくい。

一方，複数の変数を使うと，ポジショニングが曖昧になる場合がある。あれもこれも訴求すると，何が違いなのかがわかりにくい。なぜなら，消費者は，多くの情報を一度に処理できないためである。

自社の製品・サービスと他社の製品・サービスとの違いを視覚的に表現するために，座標空間に各製品・サービスを位置づけて作成する**知覚マップ**はよく使われる。消費者が各製品・サービスをどのように知覚しているかを表現しているので，「知覚」という言葉が使われる。知覚マップは，消費者への調査から作成する。自社の製品・サービスとともに，他者の製品・サービスに関し，

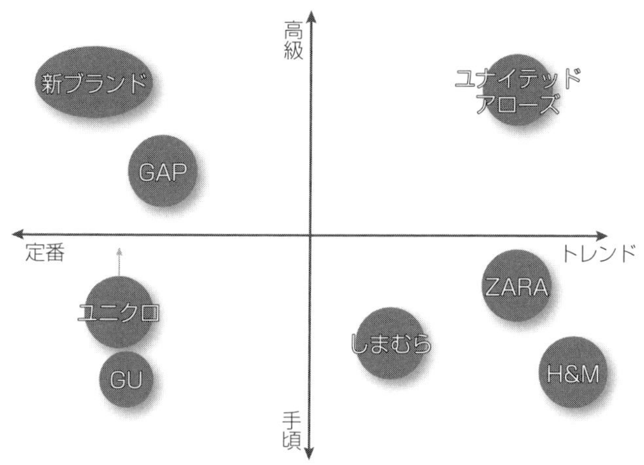

図8-1 カジュアル・ファッションの知覚マップ

さまざまな変数について消費者に聞き，定量的に処理して視覚化するのである。

知覚マップは，顧客の知覚における他社の製品・サービスの位置を確認することによって，新製品の望ましいポジショニングを探索することができる。また，自社の既存製品・サービスの再ポジショニングをするときにも利用できる。

たとえば，カジュアル・ファッション市場では，図8-1のような知覚マップを描くことができる。新ブランドを開発する場合は，空白部分であるGAPよりも高級かつ定番のブランドに可能性がありそうである。また，ユニクロは，GUとポジションが近いので，やや高級な方向へ再ポジショニングすることもできるだろう。ただし，空白部分にポジショニングしても，そこにはそもそも需要がないということもあるので，注意が必要である。

ポジショニングは，消費者の知覚マップのなかの空白部分を見つけて，そこに自社の製品・サービスを位置づけるのが定石である。しかし，ポジショニングの醍醐味は，むしろ新しい変数を使って知覚マップそのものを書き換えるところにある。たとえば，「価格」と「機能」の2つの変数で，製品を選んでいた消費者に，新たに「耐久性」という変数の重要性を意識させて，その変数で優れた自社製品を販売するという方法である。

なお，セグメンテーションとポジショニングは混同しやすいが，セグメンテーションが顧客の分類であるのに対して，ポジショニングは製品・サービスの分類である。したがって，セグメンテーションで使用する変数は，表7-1のように顧客に関わるものになる。一方，ポジショニングで使用する変数は，製品・サービスに関わるものである。

製品・サービスの差別化

ポジショニングは，先に述べたとおり，他社の製品・サービス群のなかに自社の製品・サービスを位置づけることである。他社の製品・サービスとは異なるように位置づけることを製品・サービスの**差別化**という。消費者が，自社の製品・サービスを他社の製品・サービスとは異なるものと認知してくれれば，すなわち差別化が成功すれば，消費者は自社の製品・サービスと他社のものとを単純に価格だけで比較することができないので，価格による競争をしなくてもよくなる。他社よりも価格が高くても，消費者が購入してくれる可能性は高くなる。

一方，あえて自社の製品・サービスを他社のものとほぼ同じものとして消費者に認知させる活動を行うことがある。これを**同質化**という。規模の小さな企業がユニークな製品・サービスを発売したときに，規模の大きな企業が同質化して，規模での勝負に持ち込むことは，よく行われている。

差別化を生み出す変数には，いろいろなものがある。自動清掃機能付エアコンは，自動清掃という機能特性で差別化した例である。機能は同じでも，性能で差別化することもできる。1時間で自動清掃するエアコンに対して，20分で自動清掃するエアコンは，機能は同じだが，性能で差別化している。あるエアコン・メーカーは，製品の耐久性で差別化を図ろうとしている。また，故障がない信頼性を強調したメーカーもある。色や模様などを洗練したスタイルにして販売する企業もある。

差別化の変数は，製品・サービスそのものに限ったものではない。たとえば，配送の迅速さや正確さも有効な変数になる。製品・サービスの利用方法を顧客に詳しく説明する顧客訓練，またはアドバイスのようなコンサルティングで差別化することもできる。修理の拠点が多いことや品質保証なども差別化の変数になる。

有効な差別化ができているかを確認するには，次の6つの評価項目を使うと

表8-1　有効な差別化の条件

重要性	差別化の変数が，顧客にとって重要な意味をもつこと
独自性	自社の製品・サービスだけが，その差別化の変数を利用しており，他社が同じような差別化をしていないこと
卓越性	差別化の変数に関して，他社の製品・サービスと顕著に差があること
伝達容易性	差別化の変数が顧客に理解されやすいこと
模倣困難性	他社が簡単に模倣できないこと
収益性	収益が見込めること

よい（表8-1）。第1に，**重要性**である。すなわち，差別化の変数が，顧客にとって重要な意味をもつかどうかである。顧客が耐久性を気にしていないときに，耐久性のよさをアピールしても，差別化されたとはいえない。

第2に，**独自性**である。自社の製品・サービスだけが，その差別化の変数を訴求しており，他社が同じような差別化をしていないことである。

第3に，**卓越性**である。差別化の変数に関して，他社の製品・サービスと顕著に差があることである。たとえば，配送スピードで差別化しようとするときに，他社が注文から6日かかるところを，自社は5日であると訴求しても，顧客はあまり差を感じないだろう。

第4に，**伝達容易性**である。つまり，差別化の変数が顧客に理解されやすいかどうかである。たとえば，栄養ドリンクなどで「○○が○g配合」というメッセージを出しても，それが消費者にとってどういう効果があるのかがわからなければ，差別化できたとはいえない。

第5に，**模倣困難性**である。他社が簡単に模倣できてしまうのであれば，たちまち差別化変数は消えてしまう。特許のような権利関係で模倣を防ぐ方法もあるが，それ以外にも方法はある。たとえば，高級イメージのブランドを発売する企業Aに対して，企業Bがカジュアルなスタイルで参入しようとするとき，企業Aは技術的には模倣可能であるが，模倣をするとブランドの高級イメージが崩れる可能性があるので，それを恐れて模倣できないだろう。

最後に，**収益性**である。莫大なコストをかければ差別化は簡単だが，収益が見込める範囲内のコストで差別化しなければならない。

ブルー・オーシャン戦略

市場が成熟してくると，たくさんの製品・サービスが存在するので，知覚マップを描いても，空白の部分がほとんどなくなってしまう。同質的な製品・サービスも多いので，企業間で激しい競争が繰り広げられる。こうした市場のことを，あたかも凄惨（せいさん）な戦いが繰り返された血で染められた海になぞらえて，**レッド・オーシャン**とよぶことがある。レッド・オーシャンでは，ほとんど利益が生み出せない。

こうしたレッド・オーシャンでも，製品・サービスの一般的な機能を減らしたり，取り除いたり，もしくは増やしたり，付け加えたりすることで，直接，競合する製品・サービスがなくなることがある。そうした，新たに作り出した競争の緩やかな市場を，血が流れていない本来の青い海になぞらえて**ブルー・オーシャン**とよぶ。ブルー・オーシャンでは，利益が出やすい。

たとえば，QBハウスは，髭剃りや洗髪などのサービスが一般的となっていた競争の激しい理容業界（レッド・オーシャン）ではなく，髭剃りや洗髪のサービスを取り除いて，カットのみ提供する新しい市場（ブルー・オーシャン）をつくり，短時間（10分）かつ低価格（1200円）を武器に成長した。

ブルー・オーシャンを生み出すブルー・オーシャン戦略は，実施当初は競争が緩やかで利益を出しやすいが，その状態がずっと続くわけではない。模倣する企業が参入してくると，徐々にレッド・オーシャンになることに注意が必要である。

考えてみよう

- □ アイスクリーム製品を5つ取り上げ，知覚マップを作成してみよう。そのマップから，新しい製品を考えてみよう。
- □ 先行する製品へ同質化して，逆転した製品を探して，なぜそれができたのかを考えてみよう。

読んでみよう

- □ 弘兼憲史［1985］『課長島耕作』講談社

＊初芝電器の製品に注目して読んでみよう。

□ 小畑健・大場つぐみ［2009］『バクマン。』集英社

＊主人公が書くマンガのポジショニングに注目して読んでみよう。

やってみよう

□ 家電量販店でパソコンを見てみよう。

＊製品のポジショニングの違いを観察してみよう。

第3章

製品政策

（時事通信フォト提供）

◆多くの新製品・サービスが展示される国内最大規模の玩具見本市「東京おもちゃショー」が開幕（2022年）。

この章の位置づけ

本章では，マーケティング・ミックスの要素の1つである製品・サービスに焦点を当て，製品開発から製品のマネジメントまでを学ぶ。製品・サービスについてのそもそもの理解を深めるとともに，製品・サービスが実際に開発されるプロセスを理解する。

この章で学ぶこと

unit 9　製品と製品ミックス

まず，製品やサービスそのものについての理解を深める。マーケティングでは，便益の束として顧客のニーズから製品やサービスを定義する。

unit 10　新製品開発

製品・サービスを新たに開発する流れを学ぶ。新製品開発にあたっては，さまざまな方法がとられるとともに，実際には複雑なプロセスを経て製品化が進められる。

unit 9

製品と製品ミックス

Case 青山乳業：バリバリさん・リッチの投入

青山乳業のアイス「バリバリさん」は，年間5億本に迫る販売を誇るロングセラー商品である。いわゆる棒アイスで，バリバリと食べられる。他の競合製品が100円以上の製品を中心に据えているのに対し，バリバリさんは60円という圧倒的な安さを20年以上守ってきた。そのせいもあってか，今でも小学生を中心とした子どもに絶大な人気を誇る。バリバリさんという一風変わったキャラクターを用いた広告も，一度見たら記憶に残り認知度が高い。さらに，この数年は，味のレパートリーでラインナップを増やし，年間で10種類以上の新味を発売してきた。スーパーのアイス売り場はもちろん，コンビニエンス・ストアでも，少なくともメインのソーダ味だけではなく，数種類は販売されていることが多い。

だが，ここにきて，味のレパートリーにマンネリ化がみられるようになってくるとともに，より高価格帯のアイスを開発すべきであるという議論が社内で高まってきた。そこで担当の荻原氏は，高級アイス「バリバリさん・リッチ」の企画を検討し始めた。高級アイスについては，これまでも期間限定で何度か発売し好評を得ていたものの，長続きしないという課題があった。

＊　＊　＊

高価格帯のアイスのラインを投入すべきだろうか。投入するとすれば，どのようにラインを展開すればよいだろうか。

Keywords
中核ベネフィット　基本製品　期待製品　膨張製品　潜在製品　バンドリング　アンバンドリング　探索属性　経験属性　信頼属性　最寄品　買回品　専門品　非探索品　製品ミックス（製品アソートメント）

製品の定義

製品・サービスのないマーケティングを考えることはできない。製品・サービスは，マーケティングにとって，あまりに当たり前のものである。一般に，製品・サービスとは，顧客のニーズを満たすための市場への提供物を指す。

とはいえ，製品・サービスとは何かということを具体的に考えてみると，その定義は難しい。自動車やパソコンはもちろん製品である。ホテルや病院はサービスということになるだろう。しかし，パソコンは，パーツごとに売られていることもあるし，ディスプレイがあるものもないものもある。ホテルも同様に，食事がついているものもあればないものもあり，ベッドすらない場合もある。つきつめていけば，どの段階から製品・サービスと考えればよいのか，わからなくなるかもしれない。

マーケティングでは，製品・サービスを，顧客との関わりで捉える。その場合，製品・サービスは，大きく5つの階層から構成されていると考えることができる。最も基本的で中心となるのは，**中核ベネフィット**であり，顧客が実質的に必要とする価値のことを意味している。たとえば，4分の1インチの穴をあけるドリルが売れた理由は，そのドリルが優れていたからではなく，4分の1インチの「穴」を顧客が求めていたからである。

中核ベネフィットは，複数の具体的な製品・サービスによって構成される。この階層を**基本製品**とよぶ。自動車であれば，タイヤやシートやエンジンが用意されることによって，初めて顧客が求める中核ベネフィットを実現することができるようになる。

3つめの階層は，**期待製品**とよばれる。確かに，タイヤやシートやエンジンが用意されることで，顧客は自動車を利用することができるようになる。とはいえ，当然，顧客はタイヤがパンクしないことや，シートが十分に快適である

図9-1　5つの製品レベル

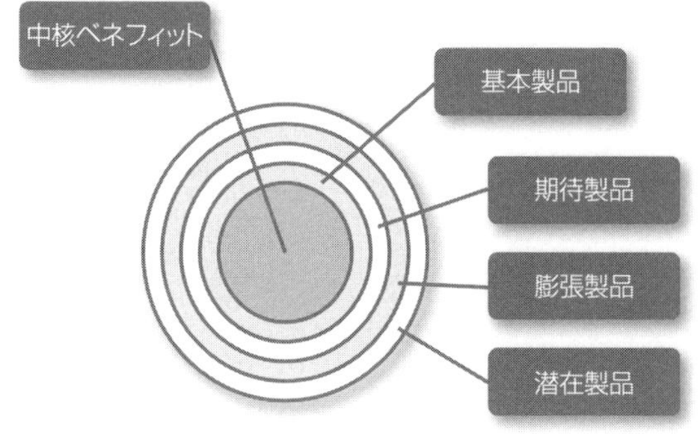

ことを期待しているであろう。期待製品とは，顧客がその製品を求める際に前提としている属性と条件を示している。

顧客にとっての期待を上回るほどの製品を用意できるのならば，それは**膨張製品**となる。顧客が期待していた以上のエンジン性能，シートの快適さを提供することは，今日のマーケティングにあって基本的なことであろう。顧客の期待どおりに製品を提供していただけでは，競争に生き残っていくことは難しいからである。また，膨張製品では，自動車という1個の製品を考えるだけではなく，購入後のメンテナンスや，廃棄までのプロセスを考える必要がある。

最後に，最も外側に広がる製品の階層として，**潜在製品**がある。潜在製品は，将来可能性のある膨張製品の方向性をすべて含んでいる。いまだに顧客が考えにも及んでいない可能性や，製品の発展の仕方を，企業は常に模索しなくてはならない。

便益の束としての製品

改めて，製品・サービスにとって最も重要な中核ベネフィットを考えてみよう。たとえば，タイヤやエンジンやシートによって実現されている自動車の中核ベネフィットは何だろうか。「遠くへ行きたい」「速く行きたい」「家族で楽しみたい」「かっこよく見られたい」……，顧客が求める理由はさまざまである。

製品・サービスが提供する中核ベネフィットは1つだけとは限らない。むしろ，さまざまなベネフィットを提供していると考えることができる。製品・サービスは，便益（ベネフィット）の束になっているのである。製品が便益の束である以上，それぞれの便益について，優先順位をつけなければならない。「遠くへ行きたい」ことを最も重要な便益であると考えるのならば，燃費をよくすることが必要であろうし，付随して，車の重量を軽くすることや，燃料をたくさん積めるようにすることが重要になるかもしれない。これに対して，「かっこよく見られる」ことを最も重要な便益とするのならば，フォルムのデザインにこだわることになるだろう。結果として，軽さや快適さは実現しにくくなるかもしれない。

さらに，すべての便益を1つの製品・サービスで提供する必要はない。自動車であれば，タイヤやシートの種類をオプションにすることによって，快適さとかっこよさを両立した自動車を提案することもできるようになる。さらには，シートのカバーやタイヤのホイールカバーも別売りで用意しておけば，顧客は自らが望む製品・サービスを，必要に応じて別に購入できることになる。複数の顧客のニーズに応えることができるようになるわけである。便益の束をまとめて実現しようとする方法を**バンドリング**といい，ばらばらに提供する方法を**アンバンドリング**という。

製品分類

製品・サービスが顧客のニーズとの関係のなかでさまざまに捉えられることがわかったが，製品を捉える視点はこれだけではない。とくに，実際のマーケティング活動を考えるにあたっては，製品それ自体の特性と顧客の購買行動にも留意する必要がある。

製品それ自体の特性としては，耐久性と有形性の違いによって，マーケティング活動は変わってくる。耐久性とは，製品の使用期間の長さに関係し，食料品やトイレタリーのように1回から数回の使用で消耗していく非耐久財と，自動車や家電製品のように長期間利用される耐久財に分けられる。非耐久財の場合は，購入のタイミングも増えることになるため，顧客に対して効率的に製品の訴求を行うとともに，薄利多売を採用することができる。これに対して，耐久財の場合は，購入のタイミングが少なくなるため，その機会を逃さないよう

図 9-2　製品・サービスにおける評価

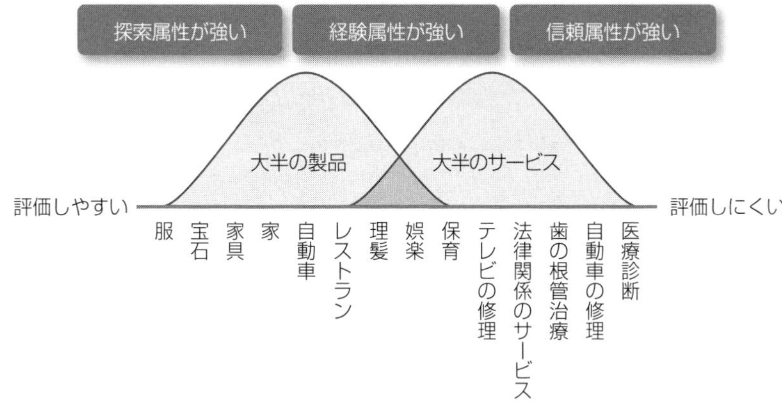

（出所）　Zeithaml［1981］, pp. 186–190.

にするためにも，人を雇っての対面販売など大きな労力が重要になる。

有形性については，有形性の強い製品と，無形性の強いサービスに分けて考えることができる。一般に，無形性が強くなるにつれ，品質管理が重要になるとともに，製品・サービスそれ自体というよりも，そうした製品・サービスを担う人々の存在が重要になる。近年では，製品のサービス化の傾向がみられるといわれる。この点については，サービス・マーケティングの unit **24** で改めて確認する。

製品・サービスの区分については，消費者による評価属性から考えることもできる。具体的には，探索属性，経験属性，信頼属性の 3 つがある。まず，**探索属性**は，製品・サービスの評価をその購入前に行うことができる属性である。たとえば，パソコンの CPU，ハードディスクのスペックや，店舗の開店時間や店舗までの距離が該当する。**経験属性**は，購入した後で，使用中に評価できる属性である。音楽プレイヤーの音のよさや，ホテルでの接客のよさはこれに該当するだろう。それから最後に**信頼属性**では，購入後，利用中であっても評価の難しい属性を指す。教育や医療の場合，その品質や効果を判断することは容易ではない。大学での教育自体に価値があったのかどうか，実際判断できるのはいったいいつになるのかを考えてみればよい。主として，有形性の強い製品は探索属性が強く，逆に無形性の強いサービスの場合には，経験属性や信頼属性が重要になる。

顧客の購買行動をもとに製品分類する場合は，消費者の購買習慣に基づいて考えることができる。1つめの分類は，**最寄品**とよばれる。最寄品とは，きわめて頻繁に購入される製品であり，先の非耐久財と重複する製品が多い。食料はその典型であり，顧客は毎日の生活のなかで必要とするために，できるだけ身近な空間のなかで，できるだけ少ない労力でその製品を求める傾向がある。2つめの分類は**買回品**であり，顧客は，それなりの労力を払って製品を探し求め，購入する。買い回るという言葉の意味のとおり，購入にあたっては複数の店舗を回り，製品の比較検討を行うことが多い。3つめの分類は**専門品**であり，顧客は，買回品以上に，労力を払うことをいとわない。独自の特性を備えた製品や，強いブランド・アイデンティティを備えた製品がこれに該当する。だが，専門品の場合，買回品とは異なり複数の店舗を比較のために買い回ることはせず，特定の店舗に直接向かうことが多い。すでに買うべき製品の特性と買うべき店舗が決まっているからである。最後に，例外的な製品分類として，**非探索品**を挙げておくことができる。非探索品とは，顧客がその存在を知らず，基本的には必要としていない製品である。

なお，こうした顧客の購買行動は，基本的に消費財を念頭に置いたものである。生産財の場合には，顧客の規模も大きくなるため，より時間や労力のかかる購買行動になりやすい。詳細は，unit 25「生産財マーケティング」で述べる。

製品ミックス

今日では，たった1つの製品・サービスだけを提供するという企業は少ない。色違いのアパレルや携帯電話，少しずつスペック（仕様）の違うパソコンや旅行プランなど，多くの場合，製品・サービスにはレパートリーが存在している。こうしたレパートリーの存在を，**製品ミックス**（または**製品アソートメント**）とよぶ。製品ミックスは，個別製品・サービスの魅力を高めるが，やみくもに増やせばいいというわけではない。

製品ミックスでは，製品ラインの数を増やす製品ミックスの幅と，特定製品ラインにおける製品の数を増やす製品ミックスの深さを考えることができる。たとえば，キヤノンのデジタル一眼レフカメラを考えた場合，エントリー・モデル，ハイアマチュア・モデル，プロフェッショナル・モデルの3つの製品ラインが用意されているとともに，それぞれに複数の製品が用意されている。最近は，カラー・バリエーションを増やすというメーカーもみられる。

製品ミックスの形成は，マーケティング活動にとって大きな利点がある。第1に，製品ミックスの形成は，より幅の広い顧客のニーズに応えることを可能にする。ただ1種類の自動車を販売するのではなく，普及車，RV車，高級車を用意することによって，顧客の買換需要に対応することができる。また，関与の低い最寄品の場合には，バラエティー・シーキングにも対応できるようになる。第2に，類似した製品・サービスの生産は，規模の経済や経験効果（unit **11** 参照）を可能にする。色違いのアパレルを用意するという場合には，色染め前のアパレルを共通化して利用することができる。第3に，小売店舗の配荷に対応することができる。1つの製品しか存在しなければ，たとえばコンビニエンス・ストアの棚の1枠しかとることができない。棚の残りは，他社の製品が並べられることになるだろう。しかし，製品ラインナップが豊富であれば，より多くの棚をとることができるようになる。さらに，製品ラインナップが充実していけば，自らの専売コーナーや専門店を設置することもできるようになる。無印良品にみられるように，アパレルも食品も文房具も用意できるようになれば，より強いマーケティング効果を期待できる。

もちろん一方で，過度な製品ミックスは，資源の分散や自社製品の共食い（カニバリゼーション）を引き起こしかねない。複数の製品を生産し，マーケティング活動を行えば，それだけコストが大きくなり，個別の製品に投入できる資源は少なくなる。また，新たな製品の追加によって，もともとの製品の販売量が減ってしまうのであれば，製品ミックスの充実が失敗しているということになる。

製品を過大評価する危険性

冒頭では，製品・サービスがマーケティングにとって不可欠であることを，当然のことのように主張した。確かに，製品・サービスなくしてマーケティングは考えることができない。また，画期的な製品・サービスが新たに開発されることによって，市場は大きく広がる。

しかし，一方で忘れてはならないことは，製品・サービスだけが，マーケティングのすべてではないということである。マーケティング・ミックスを思い出そう。いかに優れた技術が投入され，そして顧客のニーズに応えるものであったとしても，ただちに売れるというわけではない。製品・サービスがなければマーケティングを行うことができないのとまったく同じように，価格なくしてはマーケティングを行うことはできないし，プロモーション，流通なくしてはマーケティングを行うことはできない。これらは，マーケティングにおいて，等しく重要なのである。製品・サービスの力を過信しないように注意しよう。

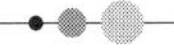

考えてみよう

- □ 特定の製品・サービスを取り上げて，5つの階層に基づいて捉え直してみよう。
- □ バンドリング，もしくはアンバンドリングされている製品・サービスを探し，なぜそうしているのかを考えてみよう。

読んでみよう

- □ 小林一雅［2022］『小林製薬 アイデアをヒットさせる経営――絶えざる創造と革新の追求』PHP 研究所
  ＊製品開発の方法を理解しよう。
- □ エド・キャットムル＝エイミー・ワラス（石原薫訳）［2014］『ピクサー流 創造するちから――小さな可能性から，大きな価値を生み出す方法』ダイヤモンド社
  ＊製品開発に必要な能力を考えよう。

やってみよう

- □ パナソニックミュージアム（大阪府門真市）へ行ってみよう。
  ＊パナソニックのモノづくりの歴史に触れよう。

unit 10

新製品開発

Case キノコ社（B）：低カロリー・低糖質チョコレートのコンセプト

菓子会社キノコのマーケター，ユリコ氏は，出張帰りの飛行機のなかで新しいチョコレート菓子のアイデアを思いついた。とにかくカロリーと糖質を低く抑えたチョコレート菓子である。いまのところ明確な競合も存在せず，味はともかくとすれば技術的にも作ることができるという。製造コストも，通常のチョコレート菓子とほとんど変わらない。立ち話程度だが，同僚や上司の評価もよく，もう少し精緻にコンセプトを立案することにした。

ダイエット志向の女性をターゲットにすればいいかと当初は考えていたが，上司の意見は少し違った。最初からマス・マーケットを狙うとすぐに競合が登場しそうであるから，もう少しニッチな市場ということで，たとえばカロリー制限されていそうな人々や，子どもを考えてみたらどうだろうということであった。なるほど，重要な指摘だと思われたが，そう考えると別の選択肢もありそうな気がしてきた。

＊　＊　＊

ユリコ氏の立場になって，低カロリー・低糖質チョコレートのアイデアを，マーケティング・マネジメントを意識しながらコンセプトとして鍛え上げよう。

Keywords
アイデア・スクリーニング　逐次型プロセス　並行型プロセス　普及理論　イノベーター　初期採用者　前期追随者　後期追随者　遅滞者　キャズム　計画的陳腐化

新製品開発のタイプ

顧客のニーズが多様化するなかにあって，そのニーズをうまく捉えた製品・サービスを新しく開発していくことは，企業にとって欠かすことができない活動である。毎日のように新しい製品・サービスが開発され，市場に投入されていく。そのほとんどは遠からず市場から撤退していくことになるが，なかには，ロングセラーとなって売れ続ける製品・サービスも存在する。

一口に新製品開発といっても，その方法はさまざまである。何よりも，企業が新製品開発を行うという場合には，買収によって外部から製品・サービス（または企業も含めて）を買い取る方法と，自社開発するという2つの方法を考えることができる。

そのうえで，自社内で開発する場合には，開発の程度に応じて大きく5つに分けることができる。これらは，より革新的で大規模となりやすい製品開発から，漸進的で改良型の製品開発に分けられる。

最初に新製品開発といって思い浮かべるものは，これまでにないような製品である。スティーブ・ジョブズが，2007年に「電話を再発明する」といったiPhoneを考えてみよう。電話自体はもちろん以前から存在していたが，今日のスマートフォンの利用シーンを考えれば，iPhoneが単なる電話の改良でなかったことは明らかだろう。こうした製品・サービスは，新しい市場を創り出す契機であり，企業が追い求める1つの理想像である。

2つめは，新しい製品ラインの開発である。これは，すでに市場が存在しており，その市場に新たに参入しようとする場合に行われる。たとえば，すでに緑茶飲料市場が存在しているという段階で，花王がカテキン緑茶としてヘルシアを開発したことは，新たな製品ラインの開発だったといえる。

3つめは，既存製品ラインへの追加である。新製品開発において，よくみられるのはこのパターンであろう。コンビニエンス・ストアに配荷される菓子や飲料を考えてみればよい。

4つめは，既存製品の改良や変更である。すでにある既存製品を代替し，より高性能の製品・サービスへの置き換えを図る。しばしばバージョンアップされるソフトウェアは，この典型例である。また，改良や変更の際には，性能だけではなく，コスト削減も含まれる。

図 10-1　新製品開発のプロセス

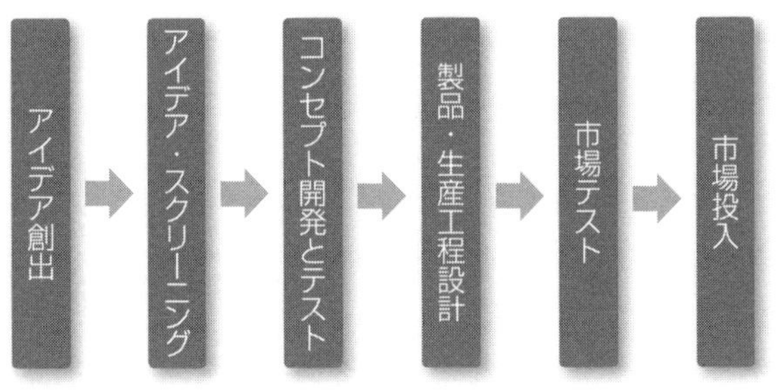

最後に，5つめはポジショニングの変更である。製品・サービスそのものを新しくするわけではないが，unit **9** でみたように，製品・サービスは，顧客との関係によってその意味や価値が変わる。それゆえに，ポジショニングの変更もまた，重要な新製品開発の一手法である。たとえば，今日では肌荒れや美白の薬として位置づけられるハイチオールCプラスは，かつては二日酔いの薬として位置づけられていた。当然，セグメントも異なり，前者であれば若年層の女性がターゲットとなるが，後者であれば中高年の男性がターゲットだった。

新製品開発の手順

それぞれの新製品開発において，必要とされる労力や費用が変わってくる。一般的には，これまでにない製品を開発することが最も困難であり，既存製品の改良や変更は比較的容易である。とはいえ，だからといって，これらの新製品開発の方法が異なっているというわけではない。その基本的な手順は変わらない。

まず，最初に欠かすことができないのがアイデア創出である。いかなる製品開発も，何らかのアイデアをきっかけにして始まる。アイデアを手に入れる方法はさまざま考えられるが，マーケティングという視点からいえば，顧客のニーズこそがアイデアの源泉となることはいうまでもない。これに合わせて，環境分析やSTPMを考えながらよいアイデアが生まれるということもあるだろう。近年では，デザイナーの開発手法を取り入れたデザイン思考も広まっている。デザイン思考では，開発手順全般を見据えながら，早めにプロトタイプを作ってアイデアを共有発展させていく。

複数のアイデアが集まれば，今度はそのなかからより可能性の高いアイデアを選択する必要がある。このプロセスを**アイデア・スクリーニング**とよぶ。開発の工程が先に進むほど累積コストが増えていくため，できるだけ早い段階で見込みの少ないアイデアを捨てなくてはならない。選ばれたアイデアは肉づけされ，市場規模の見込みや開発にかかるであろうコストなどを大まかに見積もることが求められる。

見込みのあるアイデアが選ばれたならば，そのアイデアを実際の製品・サービスに適したコンセプトへと変換させる。アイデアとコンセプトはいずれも製品開発の出発点となるものであるが，少しずつ意味合いが異なる。とくにコンセプトとは，アイデアを消費者の言葉で表現し直したものであり，STP やマーケティング・ミックスと密接に関わることになる。

多くの場合，1 つのアイデアから複数のコンセプトを考えることができる。たとえば，人々はストレス解消のために甘い菓子を求めており，そこでリフレッシュ成分を配合したチョコレートを新たに開発することになったとしよう。リフレッシュ成分を配合したチョコレートは，1 つのアイデアである。おそらく，多くの人々がストレス解消を求めているとしても，具体的なストレスの内容は違うだろう。とすれば，サラリーマンのストレス解消をめざすのか，それとも勉強に忙しい受験生のストレス解消をめざすのかによって，具体的なコンセプトは変わってくる。前者であれば，人間関係の疲れを癒すチョコレートがコンセプトになりそうであるし，後者であれば，疲れた頭をリフレッシュするチョコレートがコンセプトになるかもしれない。

当然，この段階になればマーケティング・ミックスもはっきりとしてくる。ビジネスパーソンのストレス解消をめざしたチョコレートであれば，スーパーよりもコンビニエンス・ストアでの販売が向いているだろう。逆に，そうした販路へのアクセスを自社がもっていないのであれば，それは制約となってコンセプト開発に影響を与える。もちろん，コンセプトが決まることで，具体的な競合の姿もみえてくる。似たようなコンセプトの製品がすでに存在していることに気づくかもしれない。

コンセプトが開発されたのならば，果たして本当にそのコンセプトが顧客に受け入れられるかどうかを，マーケティング・リサーチで調べることになる。その結果，コンセプトに一定の評価が得られれば，いよいよ具体的な開発がスタートする。製品の設計が進み，コンセプトが具体的な形へと移し替えられていく。製品であれば大量生産の準備が整えられ，工場の生産ラインを考える必要があるだろう。当然，製品の設計が進む一方で，最終的な市場投入に向けてのリサーチもさらに必要になる。

製品が実際に開発され，市場投入に向けてのリサーチも無事に終われば，ようやく市場に製品が投入されることになる。だが，製品開発はこれで終わるというわけではない。市場投入後に，実際の市場の反応を確かめ，適切に対応を行う必要がある。新製品が長く市場に受け入れられるかどうかは，市場投入以前の入念な開発はもちろんのこと，市場投入後も続くマーケティング・マネジメントにかかっている。

なお，いうまでもなく，実際の新製品開発は試行錯誤の繰り返しである。最初は優れていると思われたコンセプトが，開発の段階になって実現困難であることが判明することもある。市場投入前の市場テストによって，予想とは違う評価が得られることもある。あるいは，類似したコンセプトの製品が他社から先に投入されてしまうということもあるだろう。

教科書的に順序よく開発を進めていくプロセスを，**逐次型プロセス**やウォーターフォール型プロセス，あるいはリレー型プロセスとよぶ。1つずつ段階が進められていくことになるため，開発の全体像を理解しやすい。これに対して，各プロセスを相互に行き来しながら開発が進められていく**並行型プロセス**やラグビー型プロセス，最近ではソフトウェアの開発を中心にしたアジャイル型とよばれる開発方法も存在する。現実的には，ほとんどの企業は並行型プロセスのなかで開発が進むものと思われる。

並行型プロセスは，それぞれの手順が行き来するということだけに特徴があるわけではない。それぞれの手順が同期しながら同時に進められるということになる。たとえば，コンセプト・テストを行いながら，同時に，生産工程設計が行われる。結果，逐次型に比べて開発時間を短縮することができる。その一方で，複雑なプロセスを円滑に進めるために，組織の構造や部門間の情報共有などがより重要になる。

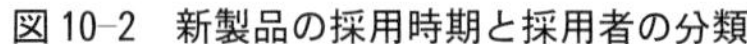
図10-2　新製品の採用時期と採用者の分類

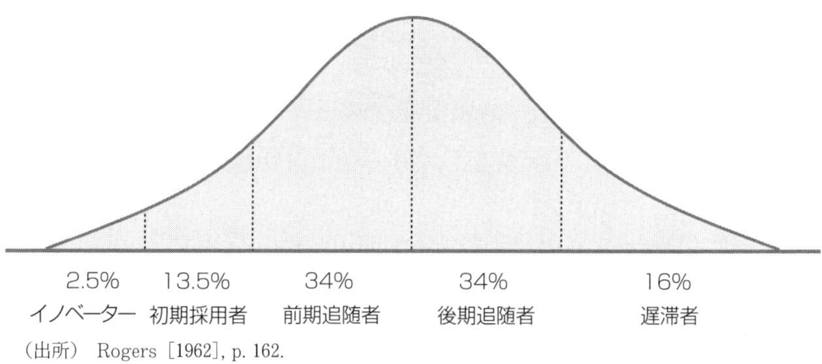

（出所） Rogers［1962］, p. 162.

普及理論

新製品が市場に受け入れられるかどうかを考えることは，新製品が市場に普及していくかどうかを考えることである。とくに，これまでにない新しい製品を開発し，市場投入を行うという場合には，イノベーションの普及プロセスを参考にすることができる。マーケティングでは，イノベーションとは，新しいと消費者によって知覚される製品・サービスのことを指す。必ずしも，技術的に新しいことだけをいうわけではない。

新製品の採用者となる顧客は，新製品を認知し，関心をもって情報を集め，評価し，試用・採用すると考えられている。当然，顧客は，全員同時に新製品を採用するわけではない。普及プロセスでは，新製品の採用のタイミングは大きく5つに分けられる。それぞれの割合は，平均を中心に左右対称となる正規分布を想定した場合の値である。

最初に新製品を採用する顧客は，**イノベーター**とよばれる。時にマニアとよばれる人々を想像すればわかりやすい。彼らはそれほど多く存在しているわけではなく，全体の割合からすれば小さい。イノベーターに続いて新製品を採用する人々は**初期採用者**といわれる。イノベーターに比べれば新製品採用に慎重であるが，それでも，全体から考えれば早い段階で採用を決めていることになる。続いて，最も大きいボリュームを占める**前期追随者**と**後期追随者**が存在し，最後に，遅れて採用する，または最後まで新製品を採用しない**遅滞者**が少なからずいる。

それぞれの採用者は，それぞれ異なった目的や理由で新製品を採用する。イノベーターの多くは，いまだ誰も利用したことのなかった新製品を，自らの判断で率先して購入する人々である。彼らには，それだけのリスクを背負う理由や強い動機があり，また，新製品の必要性を自ら判断するだけの知識や能力をもっている。イノベーターに続いて新製品を採用する初期採用者は，イノベーターとは別の目的や理由から新製品を採用する。イノベーターが自らの問題解決のためにリスクやコストを背負うことをいとわないのに対して，初期採用者の多くは，より低いリスクやコストで新製品の良さを判断しようとする。また，イノベーターは自らの問題解決にだけ興味があり，その解決方法をあまり人に伝えずに閉じる傾向があるのに対し，初期採用者は，より一般の人々にわかる形で情報を伝えるともされている。いわゆるオピニオン・リーダーの役割を果たしている。

以降の追随者たちは，もともと自らに問題を抱えていない場合が多い。イノベーターや初期採用者が新製品を採用し，何らかの問題解決を行うことを見たり聞いたりすることによって，自らにも同様の問題があったことに気づくわけである。それゆえ，追随者の多くは，イノベーターや初期採用者に比べると，製品を徹底的に評価することが少ない。とくに，ハイテク機器ではこの傾向が顕著であり，初期採用者と前期追随者の間の溝を**キャズム**とよぶ。

イノベーションの採用時期に応じて採用者のタイプが異なるということは，新製品開発において誰を重視すべきであるのか，何を重視すべきであるのかを示すことになる。同時に，イノベーターから初期採用者，初期採用者から前期追随者へと，うまく普及していくようにするために，製品の特徴はもちろん，マーケティング・ミックスを見直していく必要がある。

計画的陳腐化

今日では，新製品が次々と市場に投入される。新製品を次々と投入しなければならない理由について，冒頭では，顧客のニーズが多様化しているためであると述べた。あるいは，激しい競争環境のなかで生き残るためには，他社に先駆けて優れた新製品を開発する必要があるということもまた事実であろう。

その一方で，**計画的陳腐化**とよばれるマーケティング手法も存在している。

すなわち，新製品を次々に投入することによって，自社の旧来の製品の魅力を意図的に低下させ，消費者に買換えなどの需要を喚起しようというわけである。毎年新しいモードが提供されるファッション，マイナーチェンジを繰り返す自動車やスマホなどを考えればわかりやすい。これらの製品では，新しい製品が登場したからといって，古い製品が利用できなくなるというわけではない。しかし，新しい製品のほうがよく見えてしまいがちなのも確かである。

計画的陳腐化は，自分の足元を自分で掘り崩しながら進む高度なマーケティング手法であるともいえる。消費者の需要は喚起できるかもしれないが，そのためには，ますます新製品開発に力を入れなくてはならない。新製品開発にますます力をいれることは，ますます自分の足元を掘り崩し，さらなる新製品開発が求められることになる。新製品開発は，決して容易なことではない。

新製品開発は，常に計画的陳腐化の側面を含んでいる。顧客のニーズが多様化しているためであろうと，競争が激化しているからであろうと，新しいものをつくるということは，何かを古いものにするということなのである。この点には注意が必要である。

考えてみよう

- □ 特定の新製品・サービスを取り上げ，それがどのように市場に普及していったのか考えてみよう。
- □ 計画的陳腐化に成功している，もしくは失敗している製品・サービスを探し，その原因を考えてみよう。

読んでみよう

- □ 廣田章光・日経ビジネススクール編［2018］『「ごきぶりホイホイ」生みの親 大塚正富のヒット塾――ゼロを 100 に』日本経済新聞出版社
  ＊ヒット商品がどのように生まれるのかを理解しよう。
- □ うめ（小沢高広・妹尾朝子）［2007］『大東京トイボックス』ナンバーナイン
  ＊ゲームやアプリケーションの開発を読んでみよう。

やってみよう

- □ 『陽はまた昇る』（映画，東映）を観てみよう。
  ＊製品開発のプロセスを考えよう。

第4章

価格政策

(キリンビール/アサヒビール/サッポロビール/サントリービール/時事通信フォト提供)

◆大手ビールメーカー4社が足並みをそろえる形で値上げを発表(2022年)。各社とも競合を意識した価格設定が浮き彫りになった。

この章の位置づけ

本章では，マーケティング・ミックスの 2 つめとして価格政策について学ぶ。価格政策は，収益に大きな影響を及ぼす重要な意思決定である。まず，価格を設定する際のアプローチを確認し，さまざまな価格設定パターンを理解する。

この章で学ぶこと

unit 11　価格の設定

価格の概念と価格設定のアプローチ方法について学ぶ。コストからのアプローチ，競争からのアプローチ，顧客からのアプローチによる価格設定手法を順にみていく。

unit 12　戦略的価格

戦略的な価格設定のパターンを学ぶ。まず，新製品の価格設定方法を理解し，割引価格，流通業者に対する価格制度について考える。そして，複数の製品・サービスを統合的に考えた価格設定に触れ，最後に小売業者の価格設定について理解する。

unit 11

価格の設定

Case 鶴田製菓：「フレンズ」の価格設定

鶴田製菓は，ビスケットを中心に菓子を製造している企業である。昨年の年商は80億円で，営業利益も安定している。同社は，来年，ビスケットの新製品「フレンズ」を販売する予定であった。

すでに試作品は完成しており，ブランド・マネジャーの桂課長は，そろそろ価格の設定をしなければならなかった。価格に関する消費者調査を行ったところ，表のような結果が出た。1箱300円で販売した場合は，年間180万個の販売量が見込めそうであった。

昨日，製造部門や営業部門に依頼していた初年度の費用の見積もりが出てきた。製造用機械や広告などにかかる固定費が約1億円。材料費が1箱当たり70円，販売管理費が1箱当たり50円，物流費が1箱当たり30円と予測されていた。

表　調査結果：価格と販売量の関係

価格（円）	240	260	280	300	320	340	360
販売量（万個）	210	210	200	180	150	120	110

鶴田製菓の経営陣は，新製品「フレンズ」の価格設定に関して意見が割れていた。鷲田社長は，企業の成長性の観点から，売上を最大化すべきと考えている。しかし，財務担当の鳩山取締役は，財務体質の改善のため，利益を最大化すべきであると主張していた。また，ビスケット事業部を管轄する鴨川取締役は，シェアの拡大が重要と考えていた。

＊　＊　＊

あなたが桂課長であれば，価格をいくらに設定するだろうか。

Keywords
公定価格　統制価格　管理価格　競争価格　コストプラス法　規模の経済　経験効果　経験曲線　損益分岐点　実勢価格　入札価格　参照価格　名声価格　威光価格　端数価格　価格弾力性

価格の概念と種類

価格とは，製品・サービスを購入するときに，買い手がその対価として支払う金額である。洋服の値札に「¥10,000」と書いてあれば，その洋服を手に入れるには1万円を支払わなくてはならない。洋服の場合は値段，携帯電話なら料金，バスなら運賃，と呼び名は違うものの，これらはすべて価格にほかならない。

価格は，買い手が製品・サービスの品質を判断するための情報でもある。1万円の宝石の隣に2万円の宝石があったとしよう。それを見たあなたは「2万円のほうが品質はよいのかな」と思うだろう。われわれは価格を品質判断の材料にもしているのである。

こうした価格には，いくつかの種類がある。まず，消費者や生産者の保護のために，政府が価格を決定する場合がある。これを**公定価格**という。病院で支払う診療報酬は，政府が決定し，2年に1度見直されている。政府が決定しないまでも，政府によって規制される価格もある。これを**統制価格**という。統制価格の品目に指定された製品・サービスを提供する売り手は，自由に価格を決めることができず，政府の許認可が必要になる。水道料金，高速道路料金，バス・タクシー料金，国立大学の授業料などは，統制価格である。電力料金は2016年4月から，都市ガス料金は2017年4月から統制価格から自由化された。

政府ではなく，市場で大きな影響力をもつ企業が，一定の利潤を得られるように設定した価格を**管理価格**という。他の企業とのパワー関係から，この市場では価格による競争が起きにくい。技術進歩などによる生産コストの低下があっても，高価格のまま据え置かれることが多い。

最後に，市場を支配する企業がおらず，企業間で激しく競争している場合は，生産コストの低下などが価格に反映され，需要と供給のバランスで価格が変化する。これを**競争価格**という。今日の多くの市場でみることができるのは，管理価格と競争価格を両極とした間に位置する価格である。

価格設定の目標とアプローチ

企業が価格を設定するときに，最初に考えるべきことは，そのビジネスの目標である。目標が売上を最大化することである場合と利益を最大化することである場合，そして市場シェアを最大化することである場合とでは，それぞれ価格設定は異なる。売上を最大化したい場合は，利益を最大化したい場合よりも低価格になるだろう。また，市場シェアを最大化したい場合は，さらに低価格に設定して，多くの顧客を惹きつける必要がある。あまり望ましい目標とはいえないが，積み上がってしまった在庫を減らす場合には，極端な価格の引下げを行うこともある。品質の高いブランドであることを定着させることが目標である場合は，高めの価格設定を行うだろう。

目標が決まったからといって，すぐに価格を決められるわけではない。企業が具体的に価格設定を行う場合，さまざまな要因を考慮しなければならないが，大きく分けると内部環境要因と外部環境要因がある。内部環境要因には，製品の機能や品質，他の製品との組合せといった製品・サービスに関する要因とコスト要因がある。利益を出すためには，価格は生産コストや営業コストなど，かかったコストを上回る必要がある。外部環境要因の1つは，競争である。競合する製品・サービスの価格も意識する必要がある。そして，もう1つは，顧客にとっての価値である。顧客が買ってもよいと思う程度の価格に抑えなければならないし，顧客が高くても買ってもよいと思うのであれば，高い価格設定でもよい。価格は，これらの要因をふまえて総合的に決めていくことになる。

また，価格政策は，マーケティング・ミックスの1つの要素であるため，製品政策やプロモーション政策，流通政策と統合する必要がある。たとえば，高級品イメージで広告をしているのに，低価格で発売するといったアンバランスな価格設定は避けなければならない。

コストからのアプローチ

まず，コストから価格を検討する方法をみていこう。**コストプラス法**とは，ある一定の利益率または利益額を，製品のコストに加えて価格を設定する方法である。計算式で示すと「価格＝単位当たりのコスト＋利益」となる。

この方法は，きわめて明快であり，売り手にとっても買い手にとっても公正とみなされやすい。しかし，一見単純にみえるが，単位当たりのコストを求めるのは，そう簡単ではない。なぜならば，**規模の経済**が影響を及ぼすからである。規模の経済とは，生産量の増加によって，製品ごとに割り振られる固定費負担が減少したり，原材料の購買量が増加して安く購入できたりして，単位当たりのコストが減少することをいう。要するに，単位当たりのコストは，生産量に応じて変化する。

また，**経験効果**も影響を与える。経験効果とは，経験が蓄積されることによって単位当たりのコストが減少することをいう。生産量が増加すると，従業員に生産経験や販売経験が蓄積され，段取りが短時間で行われたり，効率的な業務運営が行われたりするようになる。そうすると，単位当たりのコストが減少することになる。

規模の経済と経験効果を加味して，累積生産量と単位コストの関係をグラフ化したのが図 11-1 である。単位当たりコストは累積生産量が増加するごとに減少しているが，この曲線のことを**経験曲線**という。製品によって減少率は異なるが，累積生産量が 2 倍になると，単位当たりのコストは一般的に 20～30% 低下する。コストプラス法は，経験曲線を勘案して単位コストを計算したうえで，価格設定する。

図 11-1　経験曲線

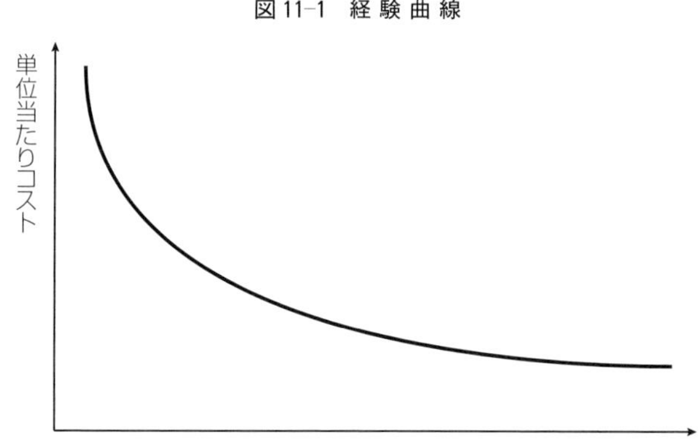

（出所）　水越［2003］，186 頁に加筆修正。

図 11-2　損益分岐点分析図

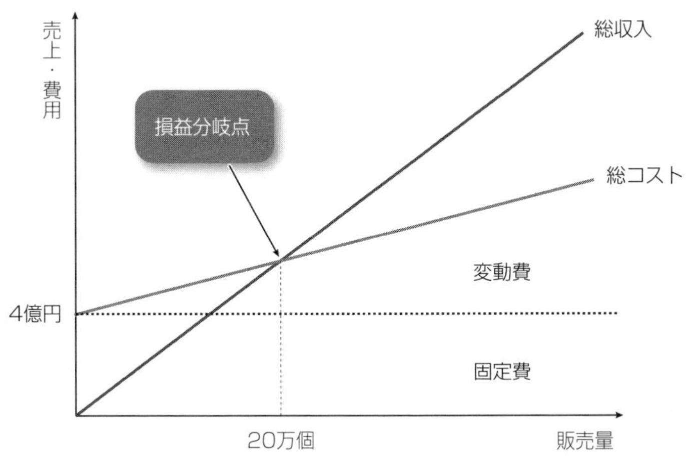

コストからのアプローチには，**損益分岐点**を利用する手法もある。損益分岐点とは，売上高とコストが一致する点，すなわち利益がちょうどゼロになる点を意味する。価格を上下させると損益分岐点となる販売量が変化するので，その動きをみながら価格を検討することになる。

損益分岐点を求めるには，まず，コストを固定費と変動費に分解することから始める。製造する製品の個数と関係なく発生する固定的な費用を固定費，製品の個数に応じて変動する費用を変動費という。たとえば，工場の機械の代金や正規社員の給与は，いくつ製品を生産しようとも同じ金額がかかるので固定費である。一方，生産に必要になる材料費は，生産量を増やせば当然増えていくので変動費である。

図 11-2 のように，固定費が 4 億円で，変動費が 1 単位当たり 1000 円である場合，総コストは，固定費と変動費の合計となる。このとき，仮に価格を 3000 円にした場合は，損益分岐点の販売数量は，$y=3000x$ と $y=1000x+4$ 億の交差する x の値である 20 万個になる。価格を 3000 円よりも高く設定すれば，より少ない販売数量で黒字に転換する。たとえば，価格を 3500 円にした場合は，16 万個で損益分岐点に達する。逆に価格を下げると，多くの数量を販売しないと損益分岐点に達しない。このように損益分岐点分析を用いれば，価格と販売数量のバランスを勘案しながら価格設定を行うことができる。

競争からのアプローチ

競合する製品が市場で実際に取引されている価格，すなわち**実勢価格**を意識して価格設定する企業も多い。高品質をアピールしたい場合は，実勢価格よりも高い価格設定を行い，安さをアピールしたい場合は，実勢価格よりも低く価格設定する。また，実勢価格と同一の価格設定をして，価格以外の点で競争する企業もある。いずれにしても，比較対象を実勢価格に置いて価格設定を行う。

2022年4月，アサヒビールは，「スーパードライ」などのビールの価格を10月1日出荷分から値上げすると発表した。5月にはキリンとサントリーが，6月にはサッポロビールも値上げを発表し，大手4社が足並みを揃えることになった。アサヒの価格改定に対し，キリン，サントリー，サッポロは，競合の価格を強く意識した価格設定を行ったわけである。

競合を意識した価格設定方法として，入札制度もある。入札制度とは，あらかじめ複数の企業に契約希望内容や金額を文書で提出させて，最も好ましい条件を提示した企業と契約する方法である。日本のプロ野球選手がアメリカの大リーグに移籍するときに使われるポスティング・システムは，入札制度の一例である。入札制度では，入札制度を利用する企業にとって最も有利な金額を提示した企業が選ばれることになるため，入札に参加する企業は，他の入札参加企業の提示する入札価格を強く意識しながら，自社の入札価格を決めることになる。

入札価格は，期待利益を計算して設定することが多い。期待利益とは，将来得られると予測される利益のことである。たとえば，工事の請負や部品の納入など，最も低い価格を提示した企業が選ばれる入札制度が行われたとしよう。表11-1のように，入札価格を1億円とした場合，受注すると1000万円の利益が出るとする。しかし，その受注確率は50%程度と予測されるとしよう。そうすると，期待利益は，1000万円×50%で500万円となる。入札価格を1億2000万円にした場合は，受注したときの利益が3000万円になるが，受注確率が10%に落ちると予測されるとすると，期待利益は300万円となる。逆に入札価格を8000万円に下げた場合は，受注の確率は80%まで高まることが見込めるが，利益が500万円にしかならないので，期待利益は400万円となる。この場合，期待利益の比較から，入札価格は1億円となることが多い。

表 11-1　入札価格の比較表

	入札価格	利益	受注確率	期待利益
第 1 案	8000 万円	500 万円	80%	400 万円
第 2 案	1 億円	1000 万円	50%	500 万円
第 3 案	1 億 2000 万円	3000 万円	10%	300 万円

入札制度は，入札に参加する企業がお互いの入札価格を事前に知ることはないことを前提に行われる。しかし，事前に複数の入札参加企業が話し合って入札価格を決め，特定の企業への落札を誘導する事件がしばしば起こる。これを談合という。談合は，消費者の利益を損なう危険があるため，独占禁止法や刑法で禁止されている。価格に限らず，企業間で価格や生産量，販売地域などの協定を締結することをカルテルとよび，独占禁止法で不当な取引制限として禁止されている。談合は，カルテルの一種である。

顧客からのアプローチ

自社の製品・サービスが，顧客にとってどのくらいの価値があるのか，顧客の視点から価格を設定するアプローチも重要である。コストにほとんど利益を加えずに価格を設定しても，顧客にとっては高すぎると感じられることもあるし，逆にもっと高くても欲しいと思われているものを安く売ってしまっている可能性もある。

顧客は，製品・サービスを購入するときには，心理的に比較する価格をもっている。これを**参照価格**という。われわれが製品の値札を見て「高いな」「安いな」と感じるのは，参照価格と比較しているからである。したがって，企業は参照価格を考慮することで，高級感や割安感を演出することができる。

参照価格には，内的参照価格と外的参照価格がある。内的参照価格は，顧客の過去の経験から顧客の記憶に蓄積されている参照価格である。外的参照価格とは，売場の POP 広告や他社製品・サービスの価格など購買環境から得られる参照価格である。図 11-3 のように，外的参照価格に触れたとき，新たな内的参照価格が形成される。

500 mℓのペットボトルに入った水に対するあなたの内的参照価格は，いく

図11-3　参照価格

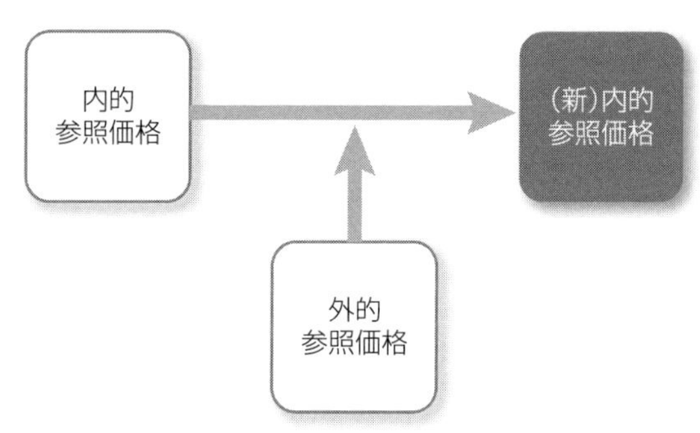

（出所）　白井［2005］，16～20頁より作成。

らぐらいだろうか。おそらく120円前後だろう。しかし，ペットボトルの水を飲む習慣がなかった頃は，水道水をそのまま飲むのが一般的だったため，内的参照価格は0円に近かった。このように，内的参照価格は，店舗で製品価格を見たり，広告に触れたりすることで時間をかけて変化することに注意する必要がある。

より消費者の心理面を考慮した価格設定のアプローチもある。**名声価格**とは，意図的に高い価格を設定し，製品の品質の高さやステータスを訴求する価格設定である。とくに，購買頻度が低く，品質を判断しにくい製品・サービスに適している。**威光価格**ともいう。女性用のハンドバッグや宝石に採用されている。

端数価格とは，「980円」のように大台を割って，安さを印象づける手法である。1000円という切りのいい金額に対して，わずか20円しか変わらないが，消費者はそれ以上の差を感じる。日用雑貨品をはじめ，幅広い製品・サービスで採用されている。

なお，企業が価格を決定するときには，販売量も同時に考慮しなければならない。先にも述べたとおり，価格を高めて単位当たりの利益が増えても，販売量が減少してしまうと，利益総額が減ってしまう。したがって，価格と販売量の関係を理解したうえで価格設定をしなければならない。

価格が変化することによって，需要が変化する度合いを示す数値を**価格弾力性**という。価格を変化させると需要が大きく変化する場合「価格弾力性が大きい」といい，逆に価格を変化させても需要はあまり変化しない場合「価格弾力

図 11-4　価格弾力性

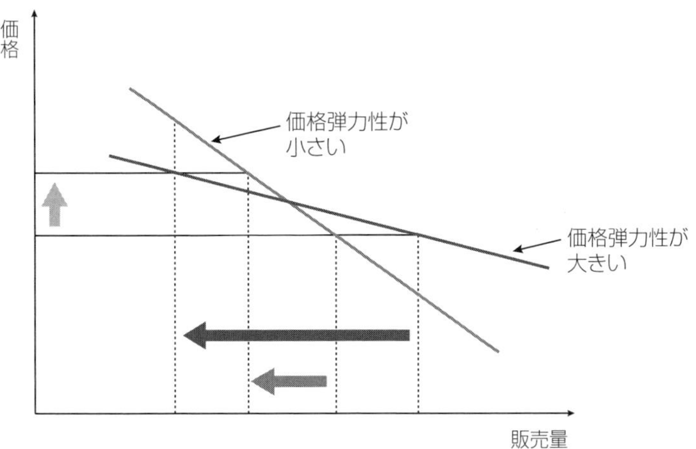

性が小さい」という。

図 11-4 は価格弾力性を示している。弾力性が大きい場合は，値上げが大幅な販売数の減少につながる可能性が高いため，値上げは危険だろう。一般に，ぜいたく品は価格弾力性が大きいといわれている。一方，価格弾力性が小さい場合は，価格を上げても販売量はあまり減少しないので，価格を上げることを検討しやすい。一般に，コメや野菜など生活必需品や代替品のない製品は，価格弾力性が小さいといわれる。

2022 年 5 月，楽天モバイルは，7 月 1 日から適用される新しい料金プランを発表した。これにより，毎月の通信料が 1 GB 以下だった場合の月額料金「0 円」の区分がなくなり，3 GB 以下はすべて 1078 円となった。この値上げにより解約数が前年同月よりも増え，競合の povo の契約数は増えているようである。値上げが需要を減らしているのである。

考えてみよう

□　特定の製品・サービスを取り上げ，ここ数年の価格推移を調べて，なぜそのように変化しているのかを考えてみよう。

□　特定の製品・サービスを取り上げ，自分と他人の参照価格を比較し，なぜ違うのか，もしくは同じなのかを考えてみよう。

読んでみよう

□　大澤裕司［2020］『高すぎ？ 安すぎ!? モノのねだん事典』ポプラ社
　＊値段にまつわる知識を楽しんでみよう。

□　髙橋広行・CCC マーケティング総合研究所［2022］『「持たない時代」のマーケティング――サブスクとシェアリング・サービス』同文舘出版
　＊サブスクやシェアのビジネスのマーケティングを理解しよう。

やってみよう

□　『競争の番人』（TV ドラマ，フジテレビ）を観てみよう。
　＊公正取引委員会の視点でマーケティングを観てみよう。

unit 12

戦略的価格

Case シックスワン：目玉商品の選定

「シックスワン」は，店舗数3店のコンビニエンス・ストア・チェーンである。営業時間は朝6時から夜中の1時までで，24時間営業はしていない。

2番目に出店した富士見店は，ロードサイドにあり，車での来店客が多い。店舗が面している道路は，幹線道路ではないが，交通量は比較的多い。営業を始めたのは5年前で，固定客も増えてきた。店舗の周辺は，大都市から少し離れた住宅地域で，ファミリー向けのマンションが多い。また，大学が近いことから大学生も少なくない。

品揃えは，弁当やサンドウィッチなどの食品から飲み物，菓子類，文具，雑誌など，典型的なコンビニエンス・ストアの品揃えをしている。売上のベスト3は，第1位がおにぎり，第2位がサンドウィッチ，第3位が飲料である。

最近，車で5分の範囲内に，全国規模のコンビニ・チェーンである「ハイソン」と「ファミリーマーケット」が出店してきた。そのせいか，ここ数カ月，売上が横ばいである。これまでシックスワンは，あまり販売促進活動をしてこなかったが，競争が激しくなるなか，何らかの集客対策が必要だった。いくつかの対策案を検討していたが，目玉商品を設定して1週間のキャンペーンを実施することにした。目玉商品として店長が思い浮かべたのは，売上第1位のおにぎりと，第3位の飲料のうちのレギュラー・コーヒーである。目玉商品として，おにぎりを値引きするか，それともレギュラー・コーヒーを値引きするか迷っていた。

＊　＊　＊

あなたが，「シックスワン」富士見店の高那須店長であれば，おにぎりかレギュラー・コーヒーのどちらを目玉商品にするだろうか。

Keywords
上澄み価格戦略　市場浸透価格戦略　現金割引　数量割引　機能割引
アロウワンス　希望小売価格　建値制　オープン価格制　ライニング価格戦略　バンドリング価格戦略　キャプティブ価格戦略　フリー
ロス・リーダー　トラフィック・ビルダー　ハイ・ロー・プライシング
エブリデー・ロー・プライシング（EDLP）

新製品の価格設定

新製品を発売するとき，企業はunit **11**で述べた諸アプローチを用いて，どのような価格が適切かを検討する。新製品の価格を戦略的な側面からみてみると，大きく2つの価格設定戦略に分けられる。利益を優先する**上澄み価格戦略**と，市場シェアを優先する**市場浸透価格戦略**である。

上澄み価格戦略とは，価格を高く設定し，高い利益率を確保する戦略である。新製品・サービスの開発にかかった資金を，短期間で回収することができる。対象とする顧客は，富裕層やマニアなど，価格にそれほど敏感でない人たちである。「上澄み」という言葉が使われているのは，市場において最もうまみのある層，すなわち，高い価格でも買ってくれる層をすくい出すからである。

上澄み価格戦略を採用した企業は，発売後，早い時期から利益を享受することができる。しかし，他の企業が黙って見ているはずがない。すぐに模倣製品・サービスを開発して参入してくる。したがって，比較的早い時期に競合品との競争が生まれ，価格を下げざるをえなくなる。大きな利益を享受できる期間は，そんなに長くは続かないのである。ただし，特許などの参入障壁があり，競合他社が模倣製品・サービスを導入するのが難しい場合，上澄み価格戦略は大きな効果を発揮する。

2018年1月11日，ソニーはエンタテイメント・ロボットのaiboを発売した。本体価格が19万8000円で，インターネットへのアクセスのための月額料金を3年分一括で支払うと9万円で，合計28万8000円となった。高額にもかかわらず，3度実施した先行予約は，わずか1時間以内に売り切れた。

一方，市場浸透価格戦略とは，価格を低く設定し，利益率は低いが販売量を最大化する戦略である。市場が早く拡大し，高い市場シェアを獲得することが期待できる。対象とする顧客は，富裕層やマニアではなく一般消費者である。

図 12-1　上澄み価格戦略と市場浸透価格戦略

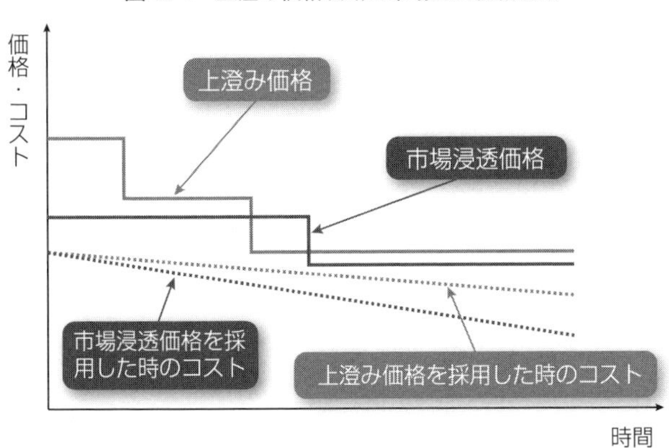

「市場浸透」という言葉が使われているのは，製品・サービスが広く市場に浸透することを優先するからである。

市場浸透価格戦略を採用した企業は，低価格で販売するため，発売当初は大きな利益を享受することができない。赤字になることさえある。しかし，他の企業の市場参入はそれほど早くない。低収益の市場には，企業は参入を躊躇するからである。したがって，比較的長い期間にわたって，高い市場シェアを維持することができる。コスト面では，販売量が増えることで累積生産量も増加するため，規模の経済や経験効果によって，コストが大きく低下する。これにより，低価格にもかかわらず，やがて利益が確保できるようになる。また，コスト面で他社に対して優位性を獲得することもできる。

市場浸透価格戦略の事例としては，2017 年にグーグルが日本市場で発売したスマート・スピーカー「Google Home Mini」が挙げられる。画期的な製品にもかかわらず，6480 円で販売された。競合製品である Amazon Echo の Alexa などが，日本市場に参入する日が迫っていたことに加え，スマートスピーカーで利益を得ずとも，音楽配信サービスなどで利益を得られるため，市場への浸透を優先したと考えられる。

割引価格

戦略的にみると，価格は額面で表示されているものだけがすべてではない。

何らかの方法で価格を割り引く割引価格を設定することで，より効果的に需要拡大や利益拡大を狙うことができる。プロモーション政策と捉えることもできるが，企業間取引においてよく利用される割引を4種類みていこう。

まず，**現金割引**である。企業間取引では，一般的に信用取引で売買が行われることが多い。たとえば，売り手が製品を搬入した日の翌月末に買い手が代金を支払うという契約である。現金割引は，製品搬入と同時に買い手が現金で支払う場合に，売り手が一定の割引をするというものである。売り手は，早く資金を回収できるので，資金繰りがよくなる。また，買い手の企業が倒産して資金が回収不能になるリスクもなくなる。したがって，このようなメリットを享受するかわりに，価格を割り引くのである。われわれが普段買い物をするとき，分割払いにするよりも，現金で一括払いをしたほうが，値段が安くなる場合があるが，これも現金割引の一種である。

次に，購入数量の多い買い手に1個当たりの単価を安くすることを**数量割引**という。売り手は，一度に大量の数量が売れると，販売コストや配送コストが低減できる。1社に100個まとめて販売する場合と，100社に1個ずつ販売する場合とを比較すればわかりやすい。契約書の作成や電話対応，配送の手間など，100社に販売すると，1社に販売する場合よりも100倍近いコストがかかるだろう。したがって，1社に100個販売する場合は，割引をしてもメリットは大きい。小売店でも，「1個1000円のものが3個で2500円，5個で4000円」といった割引をしているのを見かけるが，これも数量割引である。

第3の割引手法は，**機能割引**である。メーカーが，マーケティング機能の一部を代替してくれる卸売業者や小売業者に対して価格を低くすることを機能割引という。メーカーが一般消費者へ直接販売する場合，製品の説明をメーカー自身がしなくてはならない。また，故障があった場合は修理も行わなくてはならない。しかし，一部の卸売業者や小売業者は，これらの機能を代替してくれる。そうした場合，メーカーにとってコスト削減につながるので，その分を割り引くわけである。

最後に**アロウワンス**に触れておこう。メーカーは，流通業者が他社の製品・サービスよりも自社の製品・サービスを特別に扱ってくれることを望む。したがって，そうした活動を促すために，流通業者に一定の割引を行うことがある。

たとえば，スーパーが発行するチラシに特定の製品を大きく取り上げてもらうことを条件に，広告アロウワンスとして，一定の割引をする。また，陳列場所や陳列方法などをメーカーの意図に沿った形で流通業者が行う場合は，陳列アロウワンスを与える。たとえば，スーパーの店舗内の顧客がよく通る場所に，特定の企業の製品を陳列する場合などである。

建値制とオープン価格制

メーカーは，製品・サービスを直接消費者に販売することもあるが，unit 15 でみるように，多くは流通業者を経由して販売する。この場合，メーカーが流通業者に販売する価格は，流通業者との交渉のうえで決定することができるが，消費者が支払う価格，すなわち小売価格を決めることは基本的にできない。メーカーが小売価格を決めること（再販売価格維持行為）は，流通段階での公正な競争を妨げるため，原則として独占禁止法で禁止されているからである。

しかし，メーカーは，自らが小売価格を管理できれば，値崩れが起こることもないし，他社製品との価格競争において有効な手を打つことができる。したがって，メーカーは小売価格に何らかの影響を与えようとしている。その1つの表れが**希望小売価格**である。希望小売価格とは，あくまでメーカーが希望する小売価格であり，流通業者はそれに従う必要はない。しかし，小売価格の目安として希望小売価格を提示することで，一定の範囲内に価格を維持する効果をもっている。

メーカーが希望小売価格を提示し，それにしたがって流通業者のマージン，すなわち利益を決めていく方法を**建値制**（たてねせい）という。建値制は，流通業者にとってもメリットがある。第1に，「希望小売価格の2割引」といった割引の訴求がしやすい。第2に，製品・サービスそれぞれについて，価格設定を吟味する手間が省ける。第3に，メーカーから各種のリベートを得られることがある。リベートとは，メーカーが流通業者に対して支払う，一定期間の取引量をもとに計算される割戻金や報奨金のことである。建値制とリベート制は，一体となっている場合が多い。たとえば，累進リベートは，多くの製品を小売業者に販売してもらうために，取引量に応じて支払われる。新製品を小売業者に仕入れてもらうために支払う導入リベートもある。

建値制は，消費者にとっても，店頭に行かずともおおよその価格がわかり，複数のメーカーの製品の価格比較もしやすい。また，小売店間の価格の差が少ないので，価格の高い店舗で購入して損したと思う確率は低い。

建値制は，メーカーのパワーが強い場合には有効だった。パナソニックや資生堂，コクヨなど，小売店を系列化（unit **16** 参照）してきたメーカーは，1980年代頃までは，中小小売店との取引では建値制を基本としていた。

しかし，最近では，メーカーが希望小売価格を提示せず，小売価格を流通業者の判断に任せる取引形態が増えてきた。これを**オープン価格制**という。この背景には，流通業者が大規模化してパワーが強くなり，メーカーに対するリベートの要求が大きくなったことで，メーカーの収益が圧迫されてきたという状況がある。メーカーはオープン価格制にすることで，リベート体系を簡素化することができる。

オープン価格制では，希望小売価格がないため，流通業者の値引きの程度が明確にならない。かなりの値引きがされていても，消費者に値崩れしているという印象を与えないので，メーカーにとって，ブランド・イメージの低下を招きにくいというメリットがある。小売店にとっても，希望小売価格に縛られない価格設定が可能であり，価格を高めに設定して大きなマージンを確保することも可能である。しかし，他の流通業者との価格競争が起こり，収益を低下させるリスクもある。消費者にとっては，流通業者間の価格競争で，低価格で製品を購入できる機会が増えるが，一方で，その製品・サービスが安くなっているのかどうかはわかりにくくなる。

複数製品・サービスの価格設定

価格政策は，製品政策とも密接に結びついている。複数の製品・サービスを販売している企業は，それぞれの製品・サービスの価格を別々に設定することもできるが，それらの製品・サービスを一体として捉えて価格設定したほうがよい場合もある。複数の製品・サービスを組み合わせた価格設定方法を3つ取り上げよう。

まず，**ライニング価格戦略**は，いくつかの価格帯を意図的につくり，価格で品質やグレードを示す方法である。スーツやメガネ店では，製品を3つもしくは4つの価格帯に分けて揃えているところがある。メガネ店のJINSでは，4400円，5500円，6300円など6つの価格帯を設定している。

ライニング価格戦略は，多くのアイテムを扱っている場合に採用することが多い。なぜなら，アイテムごとに価格を決めていると，消費者が特定のアイテムを選択するのに，品質や価格，デザインなど多くの要素を比較しなければならなくなる。しかし，ライニング価格戦略をとっていると，価格を比較する必要がないので，消費者が簡単に製品を選ぶことができるのである。

また，いくつかの価格帯があると，消費者は中価格帯を選ぶ傾向があることも，企業がライニング価格戦略を採用する1つの理由かもしれない。たとえば，うなぎ屋のうな重に，特上（2000円），上（1500円），並（1000円）の3種類がある場合，上を注文する人が多い。並を注文すると，貧乏くさくカッコ悪い気がするし，特上を注文するのも見栄を張っていると思われそうでイヤだと思うわけである。このような傾向を利用して，中価格帯の製品・サービスの利益率を高くすることで，より多くの利益を得ている企業もある。

次に，**バンドリング価格戦略**は，複数の製品・サービスを組み合わせて販売するときに設定する価格である。一般的には，個別に価格設定する場合よりも安く設定することが多い。ホテル宿泊付きの航空券，パソコンとスキャナーのセットなど，同時に使用する製品が抱き合わせで売られている。

消費者にとっては，一度に複数の製品・サービスが買えるので，買い物にかける時間や手間が省ける。また，複数の製品を別々に買った際に生じるかもしれない不具合，たとえばパソコンとスキャナーの接続上の問題といった心配もしなくてすむ。企業にとっては，売行き不振の製品と売れ筋製品を組み合わせることで，売行き不振製品の在庫を処分することができる。さらに，個別の製品・サービスの価格がわからないので，消費者が価格の比較をしにくくなり，価格競争を緩和することができる。なお，不当な抱き合わせ販売は独占禁止法に抵触するので注意が必要である。

最後に，**キャプティブ価格戦略**は，同時に使用する複数の製品・サービスのうち，片方を安く設定して消費者を誘引し，もう片方の製品・サービスで利益をあげる方法である。たとえば，プリンターの本体は，比較的安い価格に設定されているが，それと合わせて使用するインクの価格は十分に利益が得られるようにしている。また，極端な場合は，片方の価格を無料にしてしまうこともある。

昨今，無料で入手できる製品やサービスが増加している。無料の製品・サービスで消費者を誘引し，別の形で利益を出す考え方を**フリー**という。フリーには，ある製品を無料にし，他の製品で利益を出すキャプティブ価格戦略もあれば，基本版を無料にして，プレミアム版を有料にするタイプ（フリーミアムという。unit 28 参照）もある。また，利用者はすべて無料とし，第三者から収入を得るタイプもある。たとえば，グルメ・サイトの食べログは，利用者からはお金を徴収していないが，このサイトに広告を出している広告主から収入を得ている。

ハイ・ロー・プライシングとエブリデー・ロー・プライシング

ここまでは，主としてメーカーによる価格政策を取り上げてきたが，流通業者の価格政策もみてみよう。「卵3パックで○○円！」「お刺身は 19:00 からタイムサービス！」。新聞に挟まっているスーパーマーケットのチラシを見ると，さまざまな方法で価格を訴求している。

小売業では，集客のために利益を度外視して，特定の製品・サービスを短期的に低価格に設定することがある。この商品を一般的には「目玉商品」とよぶが，専門用語では**ロス・リーダー**という。ロス・リーダー単体では利益をあげることはできないが，ロス・リーダーに引き寄せられて来店する顧客は，ロス・リーダー以外の製品・サービスも購入する。つまり，店舗側はその他の製品・サービスで利益を稼ぐのである。来店を促す製品であるため，**トラフィック・ビルダー**とよばれることもある。ロス・リーダーとして利用されるのは，消費者の内的参照価格が鮮明で，安さが明確にわかる製品・サービスである。

このようなロス・リーダーを使って価格を下げたり，通常価格に戻したりする戦略を**ハイ・ロー・プライシング**という。安さを訴求することで消費者の購買意欲を刺激することができる。

これに対して，価格を上下させず，安定的な価格を維持する価格設定の戦略を**エブリデー・ロー・プライシング（EDLP）**という。消費者にとっては，次の特売日まで買い控えたり，特売日に買いだめしたりすることなく，必要なときに必要なだけ買うことができる。

EDLPは，小売企業側にとっては，販売量の上下が少ないため，需要の予測がしやすくなり，品切れや廃棄ロスが減る。作業量が平準化され，人件費や倉庫スペースも節約することができる。また，チラシ代などの販促費も削減できる。これらのコスト削減分を使って価格を下げることができるので，ハイ・ロー・プライシングの店舗よりも平均的には低価格を実現できるのである。世界最大の小売チェーンのウォルマート・ストアーズは，EDLP戦略を採用して成長してきた。また，首都圏に約100の店舗網をもつオーケーもEDLPを採用し，ナショナル・ブランド製品に関しては，地域内で最も安い価格を保証している。

考えてみよう

- □ フリーの製品・サービスを取り上げ，どのように収益を上げているのかを考えてみよう。
- □ キャプティブ価格戦略がとられている製品・サービスを探し，なぜそのような戦略がとられているのかを考えてみよう。

読んでみよう

- □ 上田隆穂［2021］『利益を最大化する 価格決定戦略』明日香出版
  ＊さまざまな価格戦略を理解しよう。
- □ 小川孔輔［2019］『「値づけ」の思考法』日本実業出版社
  ＊成功する会社の価格政策を理解しよう。

やってみよう

- □ 『価格破壊』（TVドラマ，NHK）を観てみよう。
  ＊メーカーと小売りの価格支配力をめぐる戦いに注目して観てみよう。

第5章

プロモーション政策

（時事通信フォト提供）

◆羽田空港の「地域共通クーポン」の案内板（2020年）。Go To トラベルキャンペーンの促進を図っている。

Introduction 5

この章の位置づけ

本章では，マーケティング・ミックスの1つの要素であるプロモーション政策について学ぶ。プロモーションは，企業と顧客とのコミュニケーションと言い換えてもよい。製品・サービスの特徴を顧客に正確に伝える方法を理解する。

この章で学ぶこと

unit 13 プロモーションの理解

プロモーション政策は，企業と顧客のコミュニケーションと捉えることができる。まず，コミュニケーションがどのように行われるのかを理解し，消費者の反応プロセス，そして消費者間のコミュニケーションについても見ていく。

unit 14 プロモーションの手段

プロモーション政策の手段である広告，販売促進活動，パブリシティ，人的販売について学ぶ。また，プロモーションの重点の置き方の異なるプッシュ戦略とプル戦略についても触れる。

unit 13

プロモーションの理解

Case 武崎大学：広告メッセージの検討

武崎(むさき)大学は，東京の郊外に位置する歴史のある大学である。規模は小さいが，ゼミの充実度に定評があり，中堅大学として一定の評価を受けていた。中規模で国際的なイメージをもつ成海(せいかい)大学とはライバル関係にあり，いつも競争していた。

ここ数年，大学は少子化の影響を受け，定員割れが増えている。志願者獲得競争が激しくなっており，各大学ともに広告活動に注力していた。武崎大学は，志願者数も偏差値も安定していたが，これまで以上に効果的な広告活動をしていく必要があった。

武崎大学の広告活動の責任者である広報室の岩澤室長は，7月に実施予定のJR山手線の車内広告で，どのようなメッセージを高校生に向けて伝えるべきか迷っていた。武崎大学のことを知らない高校生もいるので，大学名を伝えることに重きを置くか，大学の特徴であるゼミについてアピールするか，それとも8月に実施するオープンキャンパスの日程の告知をするか，いろいろな選択肢があった。

岩澤室長の手元には，最近実施した高校生を対象とした市場調査結果のグラフが届いていた。関東圏に在住している進学希望の高校3年生約1000名に対して，4月に行った調査だった。

表　調査結果

	武崎大学	成海大学
知っている	60%	80%
関心がある	30%	30%
良い大学だと思う	15%	20%
オープンキャンパスに行きたい	12%	10%
入学したい	5%	5%

＊　＊　＊

あなたが岩澤室長であれば，どのようなメッセージにするだろうか。

Keywords
コミュニケーション・モデル　メッセージ　メディア　反応プロセス・モデル　プロモーション・ミックス　IMC　強力効果論　限定効果論　バイラル・マーケティング

コミュニケーション・モデル

優れた製品・サービスを開発しても，それだけで売れるわけではない。その製品・サービスを顧客に知ってもらい，その優れた点を理解してもらわなくてはならない。また，どこでどのように購入するのかも伝える必要がある。マーケティングでは，顧客とのコミュニケーションが不可欠である。

コミュニケーションは，簡単に示すと，図 13-1 のようなプロセスをたどる。まず，一方には情報の送り手がおり，他方には受け手がいる。送り手は，受け手へ向けて，情報を送ろうとするのだが，テレパシーでもない限り，直接情報を送ることはできない。そこで，送り手は，送りたい情報だけでなく，その情報を伝えるための手段を用意する。送りたい情報のことを**メッセージ**，メッセージを伝える手段を**メディア**とよぶ。メディアとは，たとえば新聞やテレビのことである。

メッセージとメディアが準備できても，コミュニケーションは成立しない。たとえば，「値下げしたので，この製品を買ってほしい」というメッセージを伝えるためには，そのメッセージを具体的な形にする必要がある。「お買い得」と表現することもできるし，「SALE！」とすることもできる。そこでは，記号化が行われている。記号化とは，伝えたいメッセージを記号に変換する作業である。ここでいう記号には，言語も含まれる。一般には，言語に変換する場合が多いが，シンボルや図柄，音などにする場合もある。一方，受け手は，記号化されたメッセージを解読して理解する。

コミュニケーションは，このようなプロセスを経て行われるが，送り手の意

図 13-1　コミュニケーション・プロセス

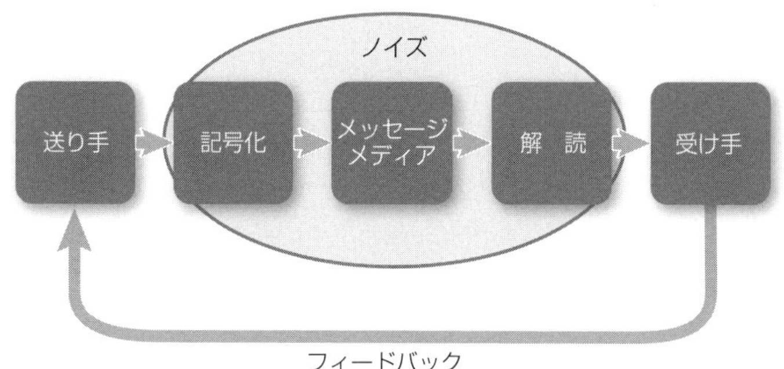

（出所）　和田・恩藏・三浦［2022］，220 頁。

図したメッセージが，正確に受け手に届くとは限らない。記号化の段階で，誤った記号に変換してしまうことがあるし，解読の段階で，受け手が送り手の意図とは異なる意味を与えてしまうこともある。ときどき，視聴者からの苦情を受けて放送中止になるテレビ CM があるが，受け手が送り手の意図どおりに解読しなかった典型例である。

コミュニケーション・プロセスでは，ノイズが解読を妨げることもある。たとえば，友だちと会話しているときに，好きな音楽が流れてきて気が散ってしまい，友だちの言ったことを一部聞き逃したことがあるだろう。

このモデルは，企業が効果的なコミュニケーションを行うために，いくつかの示唆を提供してくれる。第 1 に，受け手が誰かを特定することが必要である。受け手によって，適切なメッセージもメディアも異なる。第 2 に，特定された受け手がメッセージをどのように解読するのかを考慮して，記号化する必要がある。若者が「カッコいい」と感じる流行のファッションを，大人は「だらしない」と感じることも多い。第 3 に，受け手へメッセージを伝えるのに適したメディアを選択することである。大学生へメッセージを伝えるには，電子メールよりも LINE のほうが伝わりやすいだろう。第 4 に，ノイズの存在を想定しておくことである。受け手が，神経を集中してメッセージを聞ける場所にいるとは限らない。第 5 に，受け手がどのように反応したのかを確かめるために，フィードバックを受け取れるようにしておくことである。

反応プロセス・モデル

送り手は，コミュニケーションを行う際，受け手にどのような反応をしてもらいたいかを想定している。企業の場合は，最終的に顧客が自社の製品・サービスを購入するという反応を期待しているわけだが，製品・サービスのことをまったく知らない顧客にいきなり「購入してほしい」というメッセージを伝えても，すぐには購入につながらない。なぜなら，消費者は購入にいたるまでに，いくつかの段階を経るからである。企業は，消費者がどの段階にあるのかを把握し，それに合ったメッセージを発しなければならない。

企業からのコミュニケーションに対する消費者の反応プロセスを説明したものを**反応プロセス・モデル**とよぶ。これには，図13-2のように，いくつかの種類が考えられてきた。

AIDAモデルは，消費者の反応プロセスには，「注目」(Attention)，「関心」(Interest)，「欲求」(Desire)，「行為」(Action) の4段階があると考える。製品・サービスに注目することから始まり，関心を示し，欲しいと感じ，最後に購入という行為に及ぶというプロセスである。この4つの段階の頭文字をとって命名されている。AIDAモデルを修正したモデルとして，AIDASモデル (Satisfaction)，AIDMAモデル (Memory)，AIDCAモデル (Conviction) などもある。

新しい技術が社会で普及していくプロセスを示すイノベーションの採用モデルを利用することもできる。イノベーションの採用モデルでは，新しい製品・サービスを知ることから始まり，関心をもち，その製品・サービスを評価すると考える。そして，よいものだと感じれば，試しに使用し，採用にいたると捉えている。その他には，情報処理モデルとよばれるものもある。このモデルは，unit 2で触れた消費者情報処理モデルに基づいて，消費者行動プロセスを描いたものである。

このようにさまざまなモデルが存在するが，根本的なプロセスは同じである。これらのモデルは，製品・サービスを知ったり理解したりする認知段階が存在し，次に関心をもったり好きになったりする情動段階を経て，購入する行動段階に進むという3段階に整理できる。

ただし，これらのモデルは，消費者が製品・サービスの購買に関与（unit 2

図 13-2　反応プロセス・モデル

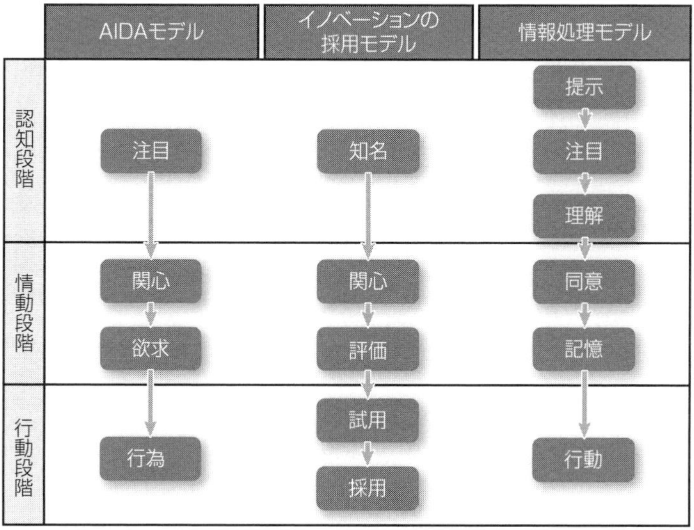

	AIDAモデル	イノベーションの採用モデル	情報処理モデル
認知段階	注目	知名	提示 → 注目 → 理解
情動段階	関心 → 欲求	関心 → 評価	同意 → 記憶
行動段階	行為	試用 → 採用	行動

（出所）　和田・恩藏・三浦［2022］，223 頁。

参照）がある場合を想定している。たとえば，自動車を買うときには，パンフレットを取り寄せたり，試乗したりして，時間をかけて反応プロセスを進んでいくことが多い。しかし，関与が低い製品・サービスを購入するときは，認知段階から行動段階に直接進むこともある。情動段階は，発生しない場合もあるし，行動段階の後に発生する場合もある。たとえば，ガムを買うときに，店頭で初めて知ったブランドを，よく検討もせずにすぐに買い，噛んでみたら好きになったということもある。

インターネットやブログなどの登場により，新しい反応プロセス・モデルも提示されている。たとえば，AISAS モデルは，注目－関心－検索（Search）－行動－情報共有（Share）という段階を想定している。消費者は，ある製品・サービスに関心をもつと，インターネットなどでその製品・サービスの情報や他者の評価などを検索することが多くなった。また，製品・サービスを使用したあとは，その評価をブログや Instagram などの SNS（Social Networking Service）に記述する場合もある。AISAS モデルは，能動的に情報を取得したり，発信したりする消費者を捉えている。インターネットやモバイルが登場する前も情報探索活動や口コミ行動はあったが，インターネット・メディアの登場によって，無視できないほど重要な段階になった。

こうした反応プロセス・モデルは，メッセージの指針となる。たとえば，消費者に知られていない製品・サービスであれば，まず「注目」という反応を引き出すようなメッセージを考えなければならない。製品の特徴にはいっさい触れず，インパクトだけが強い広告があるが，これは消費者に注目させるためのものである。一方，消費者が情動段階まで進んでいれば，製品・サービスの魅力を伝えるよりも，購入方法を伝えるほうが有効であろう。「今すぐお電話を」と電話番号を伝える広告は，購入という行動段階へ導くことを目的としたものである。

プロモーション・ミックスとIMC

企業は，さまざまな手段を用いて，消費者とコミュニケーションをとっている。コミュニケーション活動の主な目的はプロモーションで，中心的なプロモーションの手段は，広告，販売促進活動，パブリシティ，そして人的販売の4つである。企業は，これら4つの手段をうまく組み合わせて実施している。複数のプロモーション手段の組合せを**プロモーション・ミックス**とよぶ。

企業がプロモーション・ミックスを行うのは，単一の手段だけでメッセージを伝えるよりも，複数の手段を連動させたほうが高い効果を期待できるからである。複数の手段を利用すれば，異なるターゲットにメッセージを伝えることができるし，同じターゲットにも，さまざまな形で伝えることができる。誰しも，一度聞いただけではよく覚えていないが，何度も聞かされれば，いやでも覚えることになるだろう。また，1人から聞いただけでは信用しないが，複数の人から聞けば，その情報を信用するだろう。

さらに，プロモーション・ミックスを行う際は，メッセージが統合されていなければならない。送られるメッセージがバラバラだと，消費者に混乱を与えかねないからである。たとえば，時計の販売に際し，広告では高級感を訴え，店頭では「20% 割引」といった安さを訴求した販売促進活動を行い，店員は「軽量」であることを強調しているといった場合である。広告を見て，高級感のある時計を求めて店舗へ来た消費者は，戸惑ってしまい購入を控えるかもしれない。

近年は，プロモーション・ミックスよりも，さらに一歩進めた**IMC**（Integrated Marketing Communications）という概念が広く知られるようになった。IMCとは，消費者の立場から，あらゆるコミュニケーション手段を統合して，最適なコミュニケーションを計画するプロセスである。たんにコミュニケーション手段を統合するだけではなく，各手段を予算に応じて効率よく配分するといった計画やスケジューリングなども含まれる。また，コミュニケーション手段も企業と顧客との接点すべてが対象となっている。

IMCが重視されてきた背景には，2つの要因がある。第1に，コミュニケーション手段の増加である。インターネットや衛星放送，ケーブルテレビ，ダイレクト・メールなど，多様なメディアが登場してくると，それら複数のコミュニケーション手段を統合する必要性が高まった。

第2に，コミュニケーション効果の測定が容易になったことである。POS（販売時点）データやインターネット販売の購買履歴など，コミュニケーション手段の効果を購買情報の分析から数値でつかめるようになった。複数のコミュニケーション手段の相乗効果も把握できるようになっている。

消費者間コミュニケーション

20世紀初頭，マス・コミュニケーションは強力な効果をもつという**強力効果論**が主流だった。マス・コミュニケーションを使って，情報を操作すれば，世論を変容させることができると信じられていた。しかし，1940年代頃から，マス・コミュニケーションの効果は限定的とする**限定効果論**が台頭してくる。

効果が限定的である理由は2つある。1つは，人間は受動的ではなく，主体的に情報を選択するからである。自己の態度に一致する情報に接触しようとするし，一致しない情報は無視したり軽視したりする傾向がある。

もう1つの理由は，情報は対人ネットワークを通して流れるからである。多くの消費者は，企業と直接コミュニケーションをとっているわけではない。むしろ，**unit 3**でみたように準拠集団など他者を介して情報を入手している。また，**unit 10**の普及理論で触れたように，われわれが新製品を購入するのは，その製品分野によほど詳しくない限り，周りの人たちが購入し始めたのを見てからである。とくに他者への影響力の強いオピニオン・リーダーとよばれる人が購入していると，そろそろ自分も購入しようかという気持ちになる。

インターネットの台頭は，このような消費者間の情報の流れを促進している。これまで企業から情報を受け取るだけの存在であった消費者が，自ら情報を発信する存在に変化している。インターネットを活用して消費者が情報を発信するメディアをソーシャルメディアとよぶ。

たとえば，@cosme という化粧品の口コミ・サイトには，化粧品を使用した消費者の感想が投稿されており，購入前に製品の特徴が理解できる。サイトには，ランキングや Q&A もあり，購入前に十分な情報収集ができるので，化粧品を買おうとする多くの人々が見ている。また，Twitter は，全角 140 文字の短文ながら，その書き込み情報は即時に流れて，高頻度の情報交換が行われている。

このような消費者間のコミュニケーションは，基本的には企業側がコントロールすることはできない。したがって，まずは消費者の声に謙虚に耳を傾けること，すなわちソーシャル・リスニングが必要だろう。

さらに，積極的に活用するアプローチをとる企業も増えている。口コミを誘発するコミュニケーション手法を，**バイラル・マーケティング**とよぶ。たとえば，「お友達紹介キャンペーン」を行って，消費者の推奨行動を誘発したり，周りに影響力をもつ消費者を対象にしてコミュニケーションをとったりすることもある。たくさんのチャンネル登録者をもつユーチューバーに，新製品を送り，使っている様子を動画にして配信してもらうといったことも行われている。当然，こうした新しい試みは，逆効果になることもある。企業が期待したとおりのコメントが掲載されず，否定的な内容が多くの人に伝わることもある。また，企業が情報のコントロールに関与したことに消費者側が反発し，企業へ抗議する内容が多数掲載される，いわゆる「炎上」を招くこともある。これまでのコミュニケーション戦略よりも，慎重でなければならないだろう。

考えてみよう

- □ 特定の製品・サービスのコミュニケーション手段を2つ以上観察し，どのような狙いで組み合わせているかを考えてみよう。
- □ あなたがブログやSNSから影響を受けて購入したと思われる製品・サービスを取り上げ，どのように影響を受けたかを考えてみよう。

読んでみよう

- □ 柿内尚文［2021］『バナナの魅力を100文字で伝えてください――誰でも身につく36の伝わる法則』かんき出版
  ＊伝えるテクニックを身に着けよう。
- □ 佐々木圭一［2017］『まんがでわかる 伝え方が9割』ダイヤモンド社
  ＊強い言葉の作り方を学ぼう。

やってみよう

- □ 『COLA WARS/コカ・コーラ vs. ペプシ』（映画，Herzog & Company，2019年）を観てみよう。
  ＊比較広告による競争に注目して観てみよう。

unit 14

プロモーションの手段

Case ハイラックス時計：広告の計画

ハイラックス時計は，腕時計の専業メーカーである。デザイン性に優れた腕時計を製造している。売上高は約20億円で，市場シェアは1%にも満たない小規模企業である。

斬新な色使いをしたカジュアルな同社の腕時計は，同社がターゲットとしている40代の男性を中心に売れている。競合はスウォッチだが，ハイラックスはやや落ち着いたデザインで，価格も2万円台とスウォッチよりもやや高めに設定していた。販売は，すべてセレクト・ショップ経由で，自社では販売していない。

これまでハイラックス時計は，自社のウェブサイトはあるものの，その他の広告活動は，ほとんどやってこなかった。そのため，ハイラックスというブランドは浸透せず，セレクト・ショップが常に優位に立って卸値の交渉が進んでいた。

このほど，そのような状況を打破するために，広告を実施することになった。今週，マーケティング部の勝村部長が広告代理店と打合せをしたところ，広告予算の関係上，ラジオ広告か雑誌広告のどちらかしか実施できないことがわかった。

ラジオ広告の場合は，朝7時から9時までのビジネスパーソン向け情報番組に，20秒広告を1日2度，1週間放送できる。雑誌の場合は，新製品やこだわり品を紹介する月刊誌に，見開き2ページのスペースをもらえる。

翌週のマーケティング会議に向けて，勝村部長はラジオ広告か雑誌広告かを決断するとともに，どのような内容にするのかを決めなければならなかった。

＊　＊　＊

あなたが勝村部長の立場であれば，ラジオ広告と雑誌広告のどちらを選択するだろうか。また，どのような広告を実施するだろうか。

Keywords
USP　メディア・ミックス　サンプリング　クーポン　プレミアム　プッシュ戦略　プル戦略　パブリシティ　ペイド・パブリシティ　人的コミュニケーション　人的販売　オーダー・ゲッター　オーダー・テイカー　ミショナリー・セールスパーソン

広　告

企業が消費者とコミュニケーションをとるうえで，中心的な役割を担うのが広告である。われわれは，日常的にさまざまな広告に触れる。テレビCMやインターネットのバナー広告，ポスター，看板，電車内の吊り広告，駅前で配られているティッシュ広告など，われわれの周りには広告があふれている。広告とは，広告主が自らの企業名を明らかにし，有料のメディアをとおして行われる，アイデアや製品，サービスの非人的な説得およびプロモーションである。新聞記事といったパブリシティは，広告主の自由にならないメディアであるため，広告には含まれない。

広告を打つときには，大きく2つの要素を計画しなければならない。それらは，広告メッセージと広告メディアである。unit **13** でみたように，コミュニケーションはメッセージとメディアを通じて行われる。

広告メッセージとは，広告目的を達成するために，広告主の伝えたい情報を，想定したターゲットが理解しやすいように企画・制作された内容を意味する。

広告メッセージのアイデアを開発する手法の1つに**USP**（Unique Selling Proposition）がある。この手法では，製品・サービス独自の便益や特徴を徹底的に洗い出し，そのなかから広告メッセージのアイデアを見つけ出す。たとえば，QBハウスの「10分の身だしなみ」という広告メッセージは，競合する理容店との違いである「短い時間でのカット」という点に絞って消費者に訴求している。

USPは，製品・サービスそのものに注目し，消費者の理性に訴える手法であるが，市場でのブランド数が増加し，製品・サービスの差別化が難しくなってくると，この手法を利用することも難しくなる。こうした場合，製品・サービスそのものではなくイメージを重視して，消費者の感性に訴えるほうが有効になる。

広告メディアとは，訴えたいメッセージをターゲットに伝えるための伝達手段である。

広告メディアのなかで長らく圧倒的な地位を占めてきたのは，テレビである。テレビは，映像や音声が組み合わさっているので，視聴者の感性に訴えかけやすい。また，一度に多くの人々にメッセージを伝達することができる。しかしながら，利用にあたっては料金が高く，視聴者の選別性に劣るという欠点もある。

一口にテレビといっても，地上波放送，ケーブルテレビ，衛星放送など，実はいくつかの種類がある。ケーブルテレビは「ゴルフチャンネル」といった特定の内容に絞ったチャンネルが多数あり，視聴者の選別性が地上波放送よりも高い。すなわち，同じ関心事をもつ視聴者に対して広告を打ちやすくなっている。また，テレビ放送のデジタル化により，双方向の情報伝達が可能になり，これまでのように一方的な情報伝達にとどまらない広告も始められている。

ラジオもテレビ同様，大量の聴取者にメッセージを伝達することが可能である。音のみの表現になるので，テレビに比べて注意喚起する力は弱いが，逆に車の運転中や作業中に聴くことができるというよい面もある。また，制作が比較的簡便である。

雑誌は，ビジネス誌やスポーツ誌のように，特定の内容に興味をもつ人が読んでいるので，その人たちだけにメッセージを伝えることが可能である。また，雑誌は，じっくりと時間をかけて読むことが多いので，多くの情報を伝えることができる。しかし，月刊誌なら月に1回，週刊誌なら週に1回と，発売されるまでに一定の間隔があるため，即時性には限界がある。また，表現方法が視覚だけに限定されている。

新聞は，タイミングよく広告を掲載することができるメディアである。広範囲の人々に情報を伝達することができる。一方，印刷の質に限界があるので，配色は制限される。また，何日も手元において繰り返し読むことは少ないので，メッセージの寿命が短い。

看板やネオンサインなどの屋外広告も，広告メディアに含まれる。一般に，低コストで，反復して見てもらうことができ，表現の変更なども簡単に変えら

表 14-1　広告メディアの長所と短所

	長　所	短　所
テレビ	・広いカバレージ ・広いリーチ ・映像，音，動きをともなう ・露出当たりの低いコスト	・セグメントしにくい ・絶対的に高いコスト ・メッセージが短命
ラジオ	・低いコスト ・セグメント可能	・音のみの利用 ・メッセージが短命
雑　誌	・セグメント可能 ・多くの情報を提供 ・メッセージが長命	・視覚だけによる訴求 ・広告変更などにおける柔軟性
新　聞	・広いカバレージ ・高い柔軟性	・視覚だけによる訴求 ・メッセージが短命
屋　外	・高い反復率 ・高い注目率	・特定の地点に限定 ・少ない情報を提供
ダイレクト・メール	・対象者の絞り込み可能 ・多くの情報を提供	・接触当たりの高いコスト
インターネット	・低いコスト ・セグメント可能	・細分化がまだ進んでおり，比較的受け手の能動的な行動が必要

（出所）和田・恩藏・三浦［2022］，238 頁に加筆修正。

れ融通性に富む。また，比較的注目率も高い。一方，特定の消費者層に訴えることはできないし，特定地点に限定されるという欠点もある。また，受け手は通行する短い時間で情報処理するので，情報量を少なくせざるをえない。

近年，屋外広告の一種であるデジタル・サイネージが増加している。これは，表示と通信にデジタル技術を利用して，ディスプレイに映像や画像を表示するメディアである。表示内容は通信で取り込まれるので，簡単に内容を変更できる。渋谷のスクランブル交差点にある大型スクリーンの街頭ビジョンや，JR 山手線車内のドア上にあるトレイン・チャンネルが，その例である。情報をタイムリーに提供できるため，これまでの伝統的な屋外広告よりも高い広告効果が期待されている。

ダイレクト・メールは，電子商取引が盛んになってから，とくに存在感を増しているメディアである。対象の絞り込みが可能であり，多くの情報を伝達することができる。注意喚起する力も強い。しかし，最近はダイレクト・メールの量が増えるにつれて，すぐに捨てられてしまう確率も高くなっている。

広告メディアには，これらの他に，新聞に折り込まれている「折り込み広告」や小売の店頭に置いてある「POP 広告」などもある。

インターネット広告

かつては，テレビ・新聞・雑誌・ラジオを「マスコミ 4 媒体」とよんで重視していた。しかし，いまではインターネットという新しいメディアを欠かすことはできない。2009 年，インターネット広告費は新聞広告費を抜き，2019 年にはテレビ広告をも抜いて最大のメディアになった。

初期のインターネット広告の典型例は，バナー広告であった。ポータルサイトなどのホームページに，バナーとよばれる画像を貼り，そこをクリックすると広告主のホームページに移動するというものである。しかし，現在では，メールを使った広告や，動画を使った広告，さらに複雑な技術を利用したさまざまな種類の広告形態が開発されている。

このようなインターネット・メディアの特性は，第 1 に双方向性である。新聞やラジオなど他の広告メディアは，広告主からの一方的な情報伝達しかできないが，インターネット広告では，受け手も能動的に情報を発信することができる。たとえば，SNS でコメントしたり，ウェブから問合せをしたりできる。

インターネット・メディアのもう 1 つの特性は，追跡可能性である。消費者が広告をクリックしたか，そのあと広告主のホームページを何分間見ていたか，何ページ見たかなど，消費者の行動を追跡して，データを蓄積することができる。過去に閲覧したページに関連性の高い広告を表示することも可能であるし，検索キーワードに関連性の高い広告を表示することもできる。

テレビからインターネットまで，メディアにはさまざまな形態があるが，それぞれ特性が異なる。複数のメディアを組み合わせてコミュニケーションをとることを**メディア・ミックス**とよぶが，それぞれの特性をふまえてうまく組み合わせると，コミュニケーションの効果は格段に高まる。

販売促進

あなたは，友だちとマクドナルドに入ろうとするときに，店の前で携帯電話からクーポンを入手できるかどうか確認したことはないだろうか。「期間限定割引」などと書かれたクーポンを入手できれば，迷わず利用するだろう。逆に，クーポンが入手できなければ，別のファストフード店にしようということになるかもしれない。

このように，販売促進活動は，消費者の購買行動に大きな影響を与える。マーケティングにおけるコミュニケーション・ツールというと，すぐに広告を思い浮かべるが，販売促進活動も，広告と並んで重要である。販売促進活動は，広告に比べて，消費者の注意を引きやすく，製品・サービスへと導く情報を提供できるので説得力がある。また，消費者にとってメリットのあるインセンティブが組み込まれているので刺激性も高い。さらに，即時に購入を促す勧誘性も高いので，衝動買いを発生させやすい。

販売促進活動には，さまざまな形態があるが，主要なものをみていこう。まずは，消費者に試供品を配布する**サンプリング**である。ドラッグストアで，小さなビニールに入った1回分のシャンプーをもらったことがある人は多いだろう。シャンプーのように，利用してみないと良さが判断できないような製品では，よく行われる方法である。食品や飲料も，試食会・試飲会と称してサンプリングがよく実施される。音楽やビデオのインターネット販売においても，曲や映画の一部が無料で提供され，消費者は試聴できるようになっている。

クーポンは，ある製品・サービスに対して，一定額の割引を約束する証書である。一般に，雑誌や新聞，折り込みチラシに刷り込まれており，それを店舗に持参すると割引を受けることができる。冒頭のマクドナルドの例のように，最近では携帯電話やパソコンからも入手可能である。また，スーパーマーケットやコンビニエンス・ストアのレジにおいて，レシートとともに渡されることもある。さらに，ホットペッパーのような，クーポンばかりを集めたフリーペーパーもある。

プレミアムは，製品・サービスに付随しているおまけである。カルビーの「プロ野球チップス」には，プロ野球選手の写真カードが入っている。このカードを目当てに製品を購入する消費者も多い。ときには，カードだけを取り出して，製品は捨ててしまう消費者さえもいる。ソフトバンクモバイルは，携帯電話の契約を結んだ人に，テレビCMに登場している「お父さん犬」のキーホルダーなどのグッズを渡している。このかわいいグッズが欲しいために，ソフトバンクモバイルに携帯電話を変更する人もいるという。

プッシュ戦略とプル戦略

メーカーの販売促進は，流通業者向けと消費者向けに分類できるが，販売促進に限らず，マーケティング活動全体も，流通業者向けと，消費者向けとがある。流通業者向けのマーケティング活動に重きを置く戦略を**プッシュ戦略**，消費者向けマーケティング活動に注力する戦略を**プル戦略**とよぶ。

プッシュ戦略をとるメーカーは，流通業者の利益が多くなるように流通業者向け販売促進を行ったり，販売の方法を教える研修といった援助を行ったりする。主に，営業パーソンが流通業者との人的なコミュニケーションをとることが多い。そうすることによって，流通業者は，他社製品よりも当該メーカーの製品を積極的に販売しようとするようになる。消費者は，小売店に行くまでは，そのメーカーの製品を買おうとはしていないが，小売店の店員の推奨や棚の陳列位置のよさなどで，そのメーカーの製品を購入することになるわけである。

一方，プル戦略をとる企業は，消費者向け販売促進やテレビCMなどの広告を消費者向けに行い，消費者に直接訴える。消費者は，店舗に行く前から，そのメーカーの製品を購入しようと考えていることが多い。

たとえば，プリンター業界であれば，キヤノンはプル戦略，ブラザーはプッシュ戦略をとっている。キヤノンは多頻度でテレビ広告を実施しているが，それを見た消費者が，キヤノンのプリンターを購入しようと家電量販店を訪れた場合，店舗の販売員から「ほぼ同じ機能のプリンターが，少し安い値段でブラザーから発売されていますよ」とブラザーのプリンターを推奨されることがある。ブラザーは，消費者向けのテレビ広告はあまり打っていないが，流通業者向けに何らかのマーケティング活動を行っているのである。

パブリシティ

4つのコミュニケーション手段の3つめは，**パブリシティ**である。パブリシティとは，テレビやラジオ，新聞のような第三者であるマスコミが，製品・サービスの特徴などをニュースとして取り上げて報道することである。

典型的な例は，テレビ東京のニュース番組「ワールドビジネスサテライト」のなかで新製品や新サービスの卵たちを紹介する「トレンドたまご」のコーナーである。ここで取り上げられると，開発した企業への問合せが増えるという。また，タレントがおいしい料理を食べ歩くというグルメ番組が増えているが，これもパブリシティの一種である。

パブリシティは効果的なコミュニケーション手段ではあるが，広告では企業側が伝えたい内容をそのまま流すことができるのに対して，パブリシティは第三者が独自の解釈で伝えるため，企業側が内容をコントロールすることができない。また，新聞などの場合，掲載日や掲載場所などを指定することもできない。企業にとってよいことばかりを伝えてくれるとは限らず，欠点を指摘されることさえある。したがって，受け手である消費者は，パブリシティは広告よりも内容を信頼することができると考えている。情報があふれている今日，公正・中立な内容のパブリシティは，消費者への影響力が高まっている。

近年，ブログやSNSといったソーシャルメディアが普及している。これらは，マスコミではなく個人が情報発信をしているのでパブリシティとはいえないが，パブリシティと同じような効果を生んでいる。パブリシティのもう1つの特徴として，基本的に掲載料が無料であり，マスコミが，自身の費用で記事や番組を制作する。しかし，マスコミに取り上げてもらうためには，話題性のあるイベントを実施したり，マスコミに知ってもらうための活動をしたりと，まったく費用がかからないわけではない。新製品・サービスの記者会見やプレスリリースは，パブリシティを促すための典型的な活動である。

なお，新聞や雑誌には，記事のような体裁をしているものの，企業側が広告費を出して掲載しているものがある。このような形態を**ペイド・パブリシティ**とよぶ。これは，パブリシティというよりも広告の一種である。

人的販売

広告やパブリシティのようなマスコミを利用したコミュニケーションに対して，人を介して行うコミュニケーションを**人的コミュニケーション**という。人もコミュニケーション・メディアの1つと考えられている。典型例は，お店の販売員といった**人的販売**である。ファッション・ブランドの店舗に行くと，販売員が，最近の流行色やスタイルといった情報を提供してくれたり，また自分に似合う服を提示してくれたりする。「お似合いですよ」「もう少し大きいサイズのほうがいいですね」といったアドバイスをくれたりもする。

人的コミュニケーションは，人と人とが直接的に接触するため，好意や友情のような感情が生じ，関係性を育成することができる。これによって，長期的な関係をもつことも可能である。顧客が「いつもあの店員さんから購入する」というのは，顧客と販売員との間に関係性が構築された状態である。

また，人的コミュニケーションは，他のコミュニケーションと違って，相互作用が容易である。顧客の質問に答えたり，要望に従って説明する内容を変えたりと，顧客のニーズに即座に応えることができる。当然，顧客の反応を引き出しやすい。販売員のセールス・トークによって，欲しくも何とも思っていなかったものを買ってしまった経験をもっている人もいるだろう。人的販売は，反応プロセス・モデル（unit 13 参照）の行動段階で効果を発揮するコミュニケーション手段である。

人的コミュニケーションを担う販売員は，新規顧客の開拓からアフターサービスまで1人でこなすこともあるが，役割別に分業していることもある。分業する場合，主に新規顧客の開拓を行う販売員を**オーダー・ゲッター**という。これまで取引のない顧客にアポイントメントをとったり，アポイントメントもなく訪問する「飛び込み営業」を行ったりすることもある。既存顧客との関係維持や強化を行う販売員を**オーダー・テイカー**とよぶ。定期的に顧客を訪問して，注文をとったり要望を聞いたりしている。受注活動よりも顧客の支援や販売の支援を行う販売員を**ミショナリー・セールスパーソン**という。パソコンの使用方法の質問に電話で応えるコールセンターのスタッフは，ミショナリー・セールスパーソンに当たる。

考えてみよう

- ☐ 最近使ったクーポンを思い出し，どのような工夫がなされていたかを考えてみよう。
- ☐ 小売店舗での販売員との会話を思い浮かべ，その販売員はどのように購入に結び付けようとしていたのかを考えてみよう。

読んでみよう

□ 紫門ふみ［1995］『東京ラブストーリー』小学館文庫

＊広告代理店の役割に注目して読んでみよう。

□ おかざき真里［2004］『サプリ』祥伝社

＊広告代理店で働く喜びと辛さを知ろう。

やってみよう

□『ONE PIECE FILM RED』（映画，東映）を観てみよう。

＊人気漫画と音楽のコラボレーションを観てみよう。

第6章

流通政策

（時事通信フォト提供）

◆ドン・キホーテがプライベート・ブランド（PB）「情熱価格」の新商品を発表（2021 年）。安さと品質の両立を目指した商品開発を行っている。

この章の位置づけ

本章では，マーケティング・ミックスの要素の1つである流通に焦点を当て，メーカーによる流通対策としてマーケティング・チャネルを学ぶ。同時に，流通には，商業としての独自の役割があることを理解する。

この章で学ぶこと

unit 15　マーケティング・チャネル

一見，不要にもみえる流通業者の存在意義を学ぶ。流通業者は，社会的品揃えを達成するとともに，取引総数を節約する。

unit 16　メーカーと流通

メーカーと流通の新しい関係を学ぶ。流通業でも，大規模メーカーに匹敵する，あるいは凌駕するような大規模流通業者が登場するようになっていることを理解する。

マーケティング・チャネル

Case　高級アパレル・メーカー ABC：チャネル選択

ABC は，ミラノを拠点とする新興の高級アパレル・メーカーである。日本でも，銀座や六本木など都心を中心にしながら，主要都市に 30 店舗ほどの直営店を路面店として，さらに 20 店舗ほどを百貨店のなかで展開している。男性女性問わず，ファッションに気を使う人々には知られているブランドであり，そのイメージもいい。着実に売上を増やしている。

ABC では，これらの店舗とは別に，saisir（セジール）といった主要ブランドの一部については，若干量を卸売を経由してセレクト・ショップなどに販売してきた。利益率は少し下がるが，売上は年々伸びていた。卸売やセレクト・ショップからは，さらに配給を増やしてほしいといわれており，配給を増やせば，全国規模でのブランド展開ができるようになると考えられた。

ABC の日本支社で saisir ブランドを担当する青木氏は，チャネルの選択について見直しを進めることにした。これまでどおり直販店を中心にしてチャネルを展開するべきか，それとも，卸売を経由したセレクト・ショップでの販売を拡大するべきかというわけである。ミラノ本社は，ブランドのイメージの維持向上はもちろんだが，日本市場での売上拡大を要求していた。とすれば，青木氏としては，卸売への販売量を増やしてもいいように思われた。

＊　＊　＊

青木氏の立場になって，チャネルの選択を考えてみよう。

Keywords
マーケティング・チャネル　物流　商流　情報流　ゼロ段階チャネル（ダイレクト・マーケティング・チャネル）　直接流通　間接流通　バックワード・チャネル　社会的品揃え　取引総数の節約　開放的チャネル　排他的チャネル　選択的チャネル

流通の役割

メーカーが製品・サービスを生産し，消費者がその製品・サービスを利用する。最も単純な経済活動に注目するのならば，このとき必要になるのはメーカーと消費者だけである。あるいは，より素朴な状態を考えれば，自分で生産し，自分で消費するという自給自足を考えることもできる。しかしながら，現実には，メーカーと消費者は分離しているのが普通である。そしてさらに，メーカーと消費者の間には流通業者（卸売業者や小売業者）が介在し，流通という機能を担っている。彼らの役割は，しばしば見落とされがちであるが，マーケティングにおいて重要な意味をもっている。マーケティングの視点から考える際には，彼らのことをとくに**マーケティング・チャネル**とよぶ。

マーケティング・チャネルは，メーカーと消費者の間のさまざまな隔たりを埋める。まず，自給自足でない以上，メーカーと消費者の間には，製品・サービスの所有についての隔たりが存在している。物理的な隔たりもある。たとえば，アメリカで生産された衣服を消費者が購入するという場合，わざわざアメリカにまで出向いて衣服を購入するのは不便に過ぎる。空間的，時間的に距離があるわけである。そこで，流通業者が間に介在することで，メーカーは，より効率的に製品・サービスを販売できるようになるとともに，消費者も，より便利に製品・サービスを購入できるようになる。

隔たりは物理的なものだけではなく，情報や製品・サービスの価値においても生じる。メーカーが生産する製品・サービスの多くは，それだけでは消費者にその存在や機能は知られていない。また，メーカーは大量生産を行うのに対して，消費者の多くは小口の販売を求めるため，取引の折り合いがつかないかもしれない。こうした情報や価値についての隔たりは，マーケティング・チャネルが必要になる理由の1つである。

メーカーと消費者の隔たりを埋めるマーケティング・チャネルは，大きく3つの流れをもっている。1つめは，製品・サービスの実際の流れであり，**物流**とよばれる。たとえば，パソコンを考えた場合，パーソナルコンピュータという物理的な製品はメーカーによって生産された後，船や飛行機，トラックによって運送され，小売店舗に並べられ，そして消費者が購入することになる。

2つめは，所有権の流れ，**商流**である。メーカーから卸売業者に引き渡されたパソコンは，その段階において，メーカーから卸売業者へと所有権が移る。対価の支払いを通じて，所有権は最終的に消費者のものとなる。しかし，所有権は，必ずしも物流とは一致しない。洗濯機や冷蔵庫など，大きな製品を購入した場合を考えてみればわかりやすい。購入の時点で所有権は消費者に移るが，製品が実際に消費者の自宅に届けられるのは，おそらく購入から数日経ってからである。

最後に3つめは，情報の流れであり，**情報流**とよばれる。これは先にみた情報や価値についての流れであり，製品・サービスの情報はもとより，メーカーによる供給と消費者の需要の不一致を埋め合わせる。なお，こうした3つの流れに呼応する形で，消費者からメーカーへの流れとして，対価としての金銭の支払いが生じている。

マーケティング・チャネルの長さと意義

マーケティング・チャネルには，長さがある。すなわち，メーカーが消費者に直接販売を行うチャネルを**ゼロ段階チャネル**（**ダイレクト・マーケティング・チャネル**）として，小売業者が間に介在する1段階チャネル，卸売業者も介在する2段階チャネル，さらには複数の卸売業者が介在する3段階チャネルや4段階チャネルが考えられる。ゼロ段階チャネルを**直接流通**，多段階になる場合を**間接流通**ともよぶ。

以上のチャネルは，製品・サービスがメーカーから消費者に向かう流れだが，近年では，製品・サービスが消費者からメーカーに戻っていく**バックワード・チャネル**も整備されるようになっている。リサイクルを考えればわかりやすいだろう。この場合にも，消費者から直接メーカーにつながるゼロ段階から，流通業者が介在する多段階チャネルがありうる。

図 15-1　チャネルの長さ

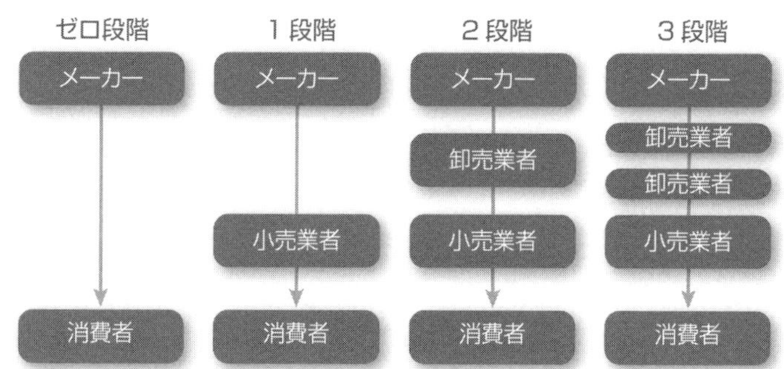

マーケティング・チャネルが多段階になることによって，メーカーは，チャネルの管理が困難になっていく。また，多段階になればなるほど，消費者が購入する際の価格も高くなりやすい。だがそれでも，とくに日本では，多段階チャネルが利用されていることが多い。メーカー，消費者双方にとって，チャネルが多段階化することによって得られるメリットもあるからである。

まずはメーカー側のメリットを考えてみよう。最大のメリットは，分業の実現である。メーカーは，販売の問題を流通業者に任せることによって，生産に専念することができるようになる。第2に，流通業者は大量に製品・サービスを購入してくれる。小口の消費者を相手にするよりも効率がいいだろう。同時に，各地に点在する流通業者を利用することで，小口で離散的に点在している消費者に製品・サービスをくまなく提供できるようになる。最後に第3として，独立した分業体制であるのならば，流通業者に販売することによって，所有権が移転することになる。メーカーは，最終消費者に製品・サービスが届く前に，製品・サービスを処分することができるのである。長い間在庫をもつ必要もなければ，売れ残ってしまうリスクを負う必要もなくなる。とくに流通業者の多段階性は，在庫というリスクを，複数の業者が少しずつ分散して共有することを可能にする。

消費者にとっても，流通業者が介在することのメリットは大きい。第1に，先のメーカーのメリット同様に，流通業者が介在することによって，消費者は少ない労力で製品・サービスを手に入れられるようになる。さらに，消費者にとっては，流通業者が介在することによって，購買の利便性が高まる。

たとえば，レポートを作成する場合，文章を書くためにパソコンが必要になるだろう。アップル製でもマイクロソフト製でもかまわないが，もし流通業者が介在していない場合，消費者は自ら個別企業と連絡をとって製品を購入しなくてはならない。しかもパソコンだけ購入しても，レポートを作成することはできないかもしれない。文章を書くアプリケーションも購入しなければならないし，印刷のためにプリンターが必要になるかもしれない。これらはアップルやマイクロソフト以外のメーカーからも購入する必要があるだろう。結果，レポートを作成したいというニーズを満たすために，消費者はさまざまなメーカーと取引をしなければならないことになる。しかし，もしパソコンに関わる小売店が存在していれば，消費者はその店でパソコンはもとより，レポートを作成するために必要な製品・サービスをまとめて購入することができる。アップル製とマイクロソフト製の製品の比較も簡単にできる。こうした組合せのことを**社会的品揃え**とよぶ。

取引総数の節約

製品・サービスをまとめて購入できたり，まとめて販売できるという利便性は，流通業者が介在する大きな理由の1つである。それは，一メーカーにとって，あるいは一消費者にとってメリットがあるというのみならず，より大きな社会的な観点からも，流通業者の介在によって実現される効率化である。

流通業者によって社会的品揃えが実現されるとき，メーカーも消費者も取引の数を減らすことができるようになる。このことを**取引総数の節約**とよぶ。その具体的な形は，簡単な計算によって表される。いま，別々のものを生産する3つのメーカーと，その3つの生産物すべてを必要としている3人の消費者が存在しているとしよう。このとき，全体としての取引の回数は，1人の消費者につき3回の取引が必要になるため，$3\times3=9$回となる。これに対して，3つのメーカーと3人の消費者の間に，1人の流通業者が介在している場合を考えてみよう。この際には，3つのメーカーは1人の流通業者と取引を行い，今度は，1人の流通業者と3人の消費者が取引を行うことになる。その回数は，$(3\times1)+(3\times1)=6$回である。流通業者が介在することによって，全体としての取引回数が節約されることがわかる。メーカーの数をm，消費者の数をn

図 15-2　取引総数の節約

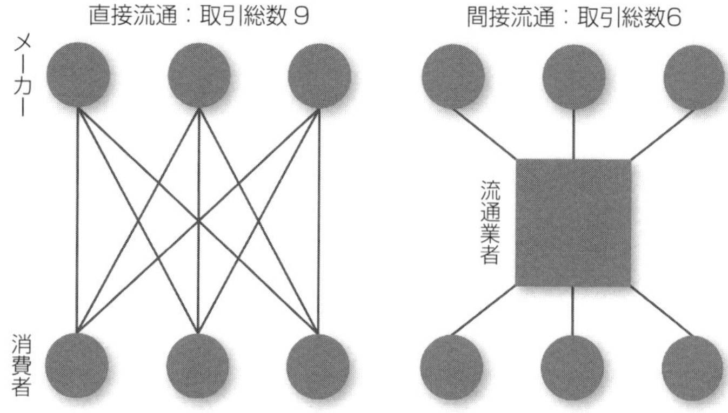

とすれば，直接流通の場合には $m \times n$ 回の取引が必要になるのに対し，流通業者が 1 人介在する場合には，$m+n$ 回の取引となる。m や n の数が大きくなればなるほど，流通業者が介在する場合のほうが取引の数は節約される。

もちろん，現実には，流通業者は取引総数を最小化させる 1 ではなく，多数存在しており，また多段階になっている場合が多い。その理由としては，第 1 には，消費者の小規模分散性を指摘することができよう。札幌と大阪に製品を提供するという場合には，それぞれに流通業者がいたほうが，少なくとも消費者にとっては効率的である。

第 2 に，取引総数の節約自体は，そもそも流通業者が社会的に存在する根拠を提示するものである点にも注意しておく必要がある。すなわち，取引総数の節約が意味しているのは，流通業者が具体的に何人いるのかではなくて，流通そのものがあるということの理由である。

それから最後に第 3 として，取引総数の節約は，業種コードにも制約されている。業種コードとは，製品・サービスの取扱技術を中心にして区分された流通業者の分類である。たとえば，鮮魚を取り扱う流通業者と，家電機器を取り扱う流通業者では，おそらく必要とされる取扱い技術が異なっている。同じ店舗で鮮魚と家電を取り扱うことは容易ではないだろうし，消費者としても，鮮魚と家電を一緒に購入したいという動機はそれほどないはずである。このとき，鮮魚店と家電量販店はそれぞれ別の流通業者によって担われるほうが双方にとってメリットが大きい。

チャネル選択

このように，流通業者の存立根拠として取引総数の節約を考えることができる一方で，ただちに流通業者の数は少ないほうがいいということにはならない。さらに，先の理由とは別に，よりマーケティング上の問題からも，流通業者の数は必ずしも理想的な値である1をとらない。すなわち，マーケティング・チャネルとして考えるのならば，メーカーの施策によってマーケティング・チャネルの構築方法が変わるとともに，流通業者の数はもちろん，その役割も変わってくるのである。

とくに典型的であるのは，VMS（Vertical Marketing System：垂直的マーケティング・システム）とよばれる，メーカーと流通業者を1つのグループで捉えて，競合との関係を考察しようとする場合である。この場合には，特定のメーカーと特定の流通業者が協同しながら顧客のニーズに応えようとする。当然，他のメーカーは他の流通業者と関係を強めることによって，VMSに対抗することになる。結果として，取引総数は必ずしも節約されるわけではなくなる。

この点については，より一般的には，メーカーによるチャネル選択として開放的・排他的・選択的の3つを考えることができる。**開放的チャネル**では，メーカーは不特定多数の流通業者と取引を行う。できるだけ多くの流通業者と取引を行うことで，より多くの消費者に向けて製品・サービスを流通させることができる。これに対して，**排他的チャネル**の場合には，逆に，特定の流通業者との関係を強め，地域ごとに専任の流通業者を設定するなどして取引を制約する。このことは，特定の流通業者のモチベーションを高めることに貢献するとともに，その流通業者における他の競合製品・サービスの販売を締め出すことにも寄与する。**選択的チャネル**は，開放的チャネルと排他的チャネルの中間的なもので，販売力や資金力，協力度などを基準に取引する流通業者を選定する。

こうしたチャネル選択は，メーカーの競合関係にも関わってくる。たとえば，ファミリーコンピュータを販売した頃の任天堂は，自らと強い関係をもっていた初心会という流通業者と排他的チャネルを構築し，他の競合製品・サービスの参入を防ぐとともに，ファミリーコンピュータを効率的に市場に流通させる仕組みを構築してきた。これに対して，後発であったソニーは，プレイステーションの導入にあたって開放的チャネルを選択し，幅広い流通業者を取り込もうとした。結果として，異なるマーケティング・チャネルが構築されていったのだった。チャネル選択はマーケティングにとって重要な要素なのである。

考えてみよう

- □ 同一業界のなかで，直接流通を行っている企業と間接流通を行っている企業を取り上げ，なぜそうしているのかを考えてみよう。
- □ インターネット小売企業を取り上げ，取引総数がどのように変化したかを考えてみよう。

読んでみよう

- □ 横田増生［2020］『ユニクロ潜入一年』文春文庫
  ＊SPA と呼ばれる仕組みに注目して読んでみよう。
- □ ブラッド・ストーン（井口耕二訳，滑川海彦監修）［2014］『ジェフ・ベゾス 果てなき野望――アマゾンを創った無敵の奇才経営者』日経 BP
  ＊インターネット上の新しい流通を知ろう。

やってみよう

- □ 『スーパーの女』（映画，東宝）を観てみよう。
  ＊流通業者の役割を考えよう。

unit 16

メーカーと流通

Case 初芝電器：オンライン販売の利用

国内大手パソコン・メーカー初芝電器は，流通系列店の取扱いに苦慮していた。長らく同社の販売基盤となってきた系列店ではあったが，このところ大手家電量販店が台頭し，系列店での売上が落ちている。店舗数も減少しており，ピーク時には1万店を超えた系列店は，この10年をみると5000店ほどで推移していた。

当然，すべてを大手家電量販店に任せるというわけにもいかない。全社的な方針としては，何とか系列店に頑張ってほしいところであったが，その方向性はみえていない。系列店の経営者は高齢化が進みつつあるが，それでも依然として重要な販売基盤である。

今期新たに流通担当者として配属された佐藤氏は，新たな方策としてオンラインを使った直販体制の構築を考えていた。アマゾン・ドットコムを利用するわけでもなく，自社のウェブサイトで販売する。この方法ならば，大手家電量販店にも対抗できるかもしれない。ただ同時に，系列店との関係は一気に悪化してしまう危険もあった。全社的な方針とはかみ合わない可能性があり，そこが悩みどころであった。

＊　＊　＊

佐藤氏の立場になって，オンライン販売を始めることによるメリットとデメリットを確認し，流通政策を考えてみよう。

Keywords
マルチ・チャネル　オムニ・チャネル　ショールーミング　ウェブルーミング　小売の輪仮説　真空地帯仮説　チェーン・オペレーション　流通系列化　製販連携　サプライチェーン・マネジメント　製販統合　SPA（製造小売業）　延期型　投機型　パワー・コンフリクト論

新しい流通

インターネット上で製品・サービスを購入することが日常的になっている。アマゾン・ドットコムや楽天市場，あるいはYahoo! ショッピングなど，利用したことがある人は多いだろう。インターネットの登場は，流通のあり方にも大きな影響を与えている。

オンライン上の小売業者は，アマゾン・ドットコムのようにネットを中心とした小売業もあれば，ヨドバシカメラやユニクロのように，実店舗とネットの両方を運営する小売業もある。かつてはオンライン専業のピュア・クリックと，オンラインでもオフラインでも店舗を運営するクリック・アンド・モルタルが分けて議論されていたが，今ではその違いははっきりしなくなっている。アマゾンも2017年に自然食品スーパーマーケット・チェーンであるホールフーズを買収し，実店舗に携わるようになった。さらにこれに先立ち，2016年にはアマゾンは実店舗としてAmazon GOの運営を開始し，レジレスやキャッシュレスといった実験も行なっている。

クリック・アンド・モルタル型の小売業は，今日では**マルチ・チャネル**や**オムニ・チャネル**とよばれる。マルチ・チャネルやオムニ・チャネルでは，人々はたとえばネット上で注文して自宅の近くの店舗で商品を受け取ることや，あるいは店舗では在庫のなかった色違いの商品を後から送ってもらうといったこともできる。人々は，オンラインとオフラインのどちらも利用し，そのつど，利便性が高いほうで購入する。実店舗で実物を確認してからネットで購入する**ショールーミング**や，逆に，ネットで調べてから実店舗で最後に確かめて購入する**ウェブルーミング**といった行動も一般化している。

マルチ・チャネルやオムニ・チャネルは，今後ますます重要になる新しい小売業の姿である。その実際の運営に際しては，オンラインとオフラインをシームレスにつなぐ情報システムの構築や在庫管理の方法を検討する必要がある。たとえば，店頭での販売情報を直ちに共有できなければ，オンライン上でリアルタイムの在庫情報を知ることはできない。また，いずれも，商品販売のためのチャネルとしてだけではなく，情報提供のチャネルとしても機能していることが重要になる。

小売の輪仮説と真空地帯仮説

オンライン上の小売業は，新しい業態であるとともに，従来的な業態としては無店舗販売の1つとみなすことができる。オンライン上の小売業は，2014年の商業統計では，通信販売などとともに無店舗販売に含まれる（表16-1を参照）。

業態の移り変わりは，**小売の輪仮説**とよばれる考え方で説明されることがある。小売の輪仮説によれば，新しく登場した業態は，当初はシンプルで廉価なサービスを提供することによって市場に参入してくる。そして，その後自らのサービスの質と量を徐々に増やしていくことによって，競合に対する優位性を築き，より多くの顧客を吸引しようとする。だが，サービスの質と量の向上は，必然的にコストの増加にもつながる。結果，再びシンプルで廉価なサービスを提供する新しい業態が登場する契機を生み出すことになる。

小売の輪仮説は，高付加価値なサービスを提供するようになった百貨店に代わり，スーパーマーケットがよりシンプルで廉価なサービスを提供して大きく成長したことをうまく説明する。その一方で，小売の輪仮説では，スーパーマーケットに代わってコンビニエンス・ストアが広がったことをうまく説明することができない。なぜならば，コンビニエンス・ストアは，決してシンプルで廉価なサービスを提供することによって成長したのではなく，むしろ逆に，利便性を提供しながら定価販売の仕組みで成長していったからである。

こうした小売の輪仮説の限界を補う議論としては，**真空地帯仮説**がある。真空地帯仮説によれば，1つの業態の成長は，質と量の向上をともなうものの，その範囲には限界がある。そのため，小売の輪が示すようなシンプルで廉価なサービスだけではなく，高付加価値なサービスについても，新たな業態が参入する真空地帯が存在しているというのである。新しい業態は，どちらかの真空

表 16-1　主要な小売業の販売額（率）推移　(%)

	1991	1994	1997	1999	2002	2004	2007	2014
百貨店	8.0	7.4	7.2	6.7	6.3	6.0	5.7	4.0
総合スーパー	6.0	6.5	6.7	6.2	6.4	6.3	5.5	4.9
専門スーパー	9.9	12.0	13.8	16.5	17.6	18.1	17.7	18.3
コンビニエンス・ストア	2.2	2.8	3.5	4.3	5.0	5.2	5.2	5.3
ドラッグストア					1.9	1.9	2.2	3.5
その他のスーパー	5.1	5.8	6.8	5.9	4.8	4.1	4.4	3.7
専門店	47.2	42.6	40.4	43.5	38.6	37.5	40.0	35.3
家電大型専門店								3.6
中心店	20.4	22.7	21.3	16.7	19.2	20.7	19.1	15.8
その他の小売店	1.3	0.2	0.2	0.3	0.2	0.2	0.1	0.2
無店舗販売								5.3
総販売額（兆円）	147.8	143.3	142.3	143.8	133.9	133.3	134.7	122.1

（注）専門店とは，衣・食・住の販売額のいずれかが 90% 以上，中心店は 50% 以上を占める店舗を指す。2014 年のドラッグストアは，広義のドラッグストアで集計されている。
（出所）『商業統計』。

地帯に登場し，成長していく。

小売の業態変化を捉えようとする議論には，他にも，アコーディオン仮説やライフサイクル仮説が存在する。アコーディオン仮説では，小売の業態は総合的な品揃えをする小売業と専門的な品揃えをする小売業が交互に現れるものとして捉えられる。また，ライフサイクル仮説では，新業態（を有する企業）の登場や旧業態の衰退だけではなく，新業態が成長し，成熟化するプロセス全般を取り扱う。

なお，業態とは，これまでみてきたように主として販売方法と品揃えの違いによって分類される。その内実は国によっても異なっており，日本でいうスーパーマーケットは，アメリカにおけるスーパーマーケットとは完全には一致しない。一方で，業種という言葉も利用される。業種は，パソコン・ショップや鮮魚店といった取り扱う財の性格によって区分される。オンライン上での小売業の台頭や近年の小売業全体の変化は，業態や業種という区分そのものを解体しつつもあり，2020年には商業統計調査も廃止されている。

流通系列化と製販連携

業態の発展は，メーカーのマーケティング活動でも重要な意味をもっている。とくに，小売業で**チェーン・オペレーション**という仕組みが採用されるようになった頃から，小売業の大規模化が急速に進むようになった。チェーン・オペレーションでは，本部機能と店舗機能を分離し，製品の仕入れを本部に一本化することで低コスト化を図り，同時に各地に店舗をもつことで効率的な販売を可能にする。スーパーマーケットにせよコンビニエンス・ストアにせよ，基本的にチェーン・オペレーションを採用している。チェーン・オペレーション以外にも，百貨店のように，店舗の規模そのものを巨大化することで大規模化する業態や，通信販売を行うことで規模の拡大をめざす業態は存在する。

いずれにせよ，小売業の大規模化はメーカーのマーケティング活動に対して大きな影響を与える。小売業の大規模化が進む以前に用いられていた方法が**流通系列化**であり，小売の大規模化にともなって新たに注目を集めるようになったのが**製販連携**である。

流通系列化は，日本の流通の特徴の1つであるとされる。たとえば，よく知られている流通系列化は，松下電器産業（現・パナソニック）によるナショナルショップやパナショップの運営であろう。当時の松下電器産業は，2万店舗を超える国内の電器小売店を系列化し，1990年代半ばにおいても，松下電器の全売上の6割以上をこうした系列店からあげていたといわれる。

流通系列化では，メーカーは資本投入を行うことなく，小売業者や卸売業者と専属的な同意を取り交わし，自社の製品・サービスのみを提供してくれる流通業者を囲い込む。流通業者の多くは規模が小さいために，メーカーと専属的な関係をもつことに積極的な誘因をもつ。優先的で排他的な製品・サービスの提供が期待できるとともに，ナショナルショップやパナショップといった看板を利用できるようになるからである。松下電器の場合，さらに特定地域の一手販売権が与えられることによって，流通業者は安定的な市場を確保することができた。ただし，資本関係がない以上，あくまでメーカーと流通業者は独立して経営を行う。経営責任はそれぞれが有し，売残りのリスクもそれぞれが分散して請け負うことになる。

一方で，流通系列化にも限界が存在していたことはいうまでもない。相互が独立して経営を行う以上，メーカーの思いどおりにすべてのことを運べるわけではない。新しい店舗開発に対して系列店が反対する，今であればオンラインへの出店を妨げるといった可能性もあるだろう。また，流通業者の存在理由の1つとして，たくさんのメーカーの製品・サービスを顧客のためにまとめて品揃えすることに意味があった。流通系列化は，こうした流通業者の重要な存在理由を失わせてしまう。

こうした限界をともないながら，今日でも，メーカーのマーケティングにおいて，流通系列化は重要な位置を占めている。その一方で，流通系列化に代わって，製販連携という関係も構築されるようになっている。製販連携では，メーカーと流通業者の戦略的な協業体制が重要視されることになり，流通系列化とは異なった関係のあり方が必要になる。

流通業者の規模が拡大した結果，メーカーに対するバイイング・パワーが向上し，メーカーと対等な形で取引を進めることができるようになったのである。このことは，取引依存度の変化として捉えることができる。かつては，流通業者1つひとつが零細であったため，メーカーにとって特定の1社に対する取引依存度は低かった。だが，流通業者が大規模化したために，取引依存度は高まった。

流通系列化と製販連携では，マーケティング・チャネルをどのように利用するのかという目的が異なる。流通系列化では，メーカーの大規模性を前提として，他社との競争優位性を流通の囲い込みを通じて実現する。これに対して，製販連携では，大規模メーカーと大規模小売が自らの強みを生かしながら，多頻度小口取引の実現などを通じて，在庫の減少や品切れの防止，その他全体的な事業効率の向上がめざされる。ちなみに，原材料の購買から始まって，最終消費者に製品・サービスが届くまでの一連の流れを切れ目なく管理しようという考え方を**サプライチェーン・マネジメント**とよぶ。サプライチェーン・マネジメントでは，組織内の活動自体が横断的に行われる必要があるというだけではなく，原材料の調達先までをも含めて，一体となった活動が求められることになる。

製販統合と延期−投機モデル

流通系列化や製販連携は，異なる企業であるメーカーと流通業者が連携することを意味する。これに対して，自らが製品・サービスを企画するとともに，自らの手で販売することによって，製販連携以上に在庫回転率や資本効率の向上を高めようとする試みがある。総じて**製販統合**とよばれるこの方法は，GAP やユニクロといったアパレル・メーカーにみられる **SPA**（Speciality store retailer of Private label Apparel，**製造小売業**）という業態としてよく知られている。

とくに SPA が優れているのは，売れ残りの可能性と逆に欠品の可能性を最小限に抑えるために，**延期型**の仕組みが構築されている点にある。すなわち，延期型の仕組みにおいては，製品形態や生産量の決定をできるだけ川下の市場に近い段階に先延ばしすることによって，より実需に対応した生産が行われる。当然，延期が可能になるためには，市場需要見込みの精度はもとより，生産過程と販売過程が密接に連携するという企業活動の仕組みが不可欠になる。

延期とは逆に，できるだけ川上の段階で大量の見込み生産を行うことによって生産コストを下げようという仕組みを**投機型**とよぶ。延期と投機のいずれをどの程度重視すべきであるのかという点については，それぞれの企業や連携のあり方によって最適な選択が変わる。過度な延期型は欠品の可能性を高めてしまうことになり，逆に，過度の投機型は，売れ残りの在庫を増やすことにつながってしまう。

メーカーが流通機能も担うという製販統合の場合，従来型のいわゆるダイレクト・マーケティング・チャネルとなる。これに対して，小売業側が製造まで手がけるという GAP やユニクロのような SPA を志向する場合，小売店という資源を生かしながら，ダイレクト・マーケティングとは異なるマーケティング活動が行われることになる。

最も端的な 1 つの例は，プライベート・ブランド（PB）の採用である。今日の多くの製品・サービスでは，ブランドが重要な価値を有するようになっている。この際，メーカーによって製造される通常の製品・サービスのブランドをナショナル・ブランド（NB）とよび，流通業者がメーカーに委託するなどして製造する製品・サービスのブランドをプライベート・ブランド（PB）とよぶ。

PBは，NBに比べて広告費などを抑えることで廉価で提供されることが多く，流通業者にとっては他の流通企業に対する競争優位性となるとともに，メーカー側とのパワー・バランスを考える必要が生じる。

メーカーによる流通管理という段階を超えて，製販連携や流通業者による製販統合の段階では，流通業者によるマーケティング活動が積極的になる。その方法はこれまでみてきたマーケティングと大きくは変わらないが，PBの取扱いや店舗のマネジメントにおいて違いがみられる。

チャネル管理

流通なくしては，メーカーと消費者の隔たりを埋めることはできない。それゆえに，流通機能を担う流通業者は，メーカーにとって不可欠なパートナーである。だが，その一方で，流通系列化や製販連携，製販統合の議論が示すように，流通業者はメーカーにとって対立する相手でもありうる。大規模化し，NBよりもPBを重視するようになる流通業者はもちろんのこと，中小の流通業者であっても，社会的品揃えを形成しようとするその活動は，自らの製品・サービスを優先的に販売してほしいと考えているメーカーにとっては，決して手放しで喜べる話ではない。

そのため，メーカーにとっては，チャネル管理の方策がきわめて重要になる。その具体的な分析については，**パワー・コンフリクト論**が知られている。パワー・コンフリクト論は，メーカーが自社のチャネルを管理するに際して必要になるであろう，大きく5つのパワーの源泉，すなわちパワー基盤を提示する。

1つめは，報酬パワー基盤とよばれ，具体的には流通業者へのリベートの提供や優先的な取引の実施などが挙げられる。2つめは，制裁パワー基盤とよばれる。これは，報酬パワー基盤の反対として，流通業者が非協力的である場合などに際して，取引の制限や停止を行うことをいう。3つめは，情報や専門性のパワー基盤である。これは，メーカー側が流通業者がもちえない重要な製品・サービスの情報や知識を有することによって生じる。4つめは，一体感パワー基盤である。メーカーと流通業者の間に，共感や帰属意識といった一体感を構築することをいう。1964年，松下幸之助が当時赤字に苦しんでいた系列店を一堂に集め，「共存共栄」の実現のために松下が悪かったと謝ってみせた

「熱海会談」などがその一例である。最後に5つめは，正当性パワー基盤である。メーカーに恩義を感じている場合など，流通業者はそのメーカーのために活動することが正しいことであると認識するようになる。

パワー・コンフリクトは，1対1のメーカーと流通業者という関係だけから生じるわけではない。たとえば，流通業者の大規模化は，メーカーに対する取引依存度を変化させ，メーカー主導のチャネル構築の見直しを迫ることになった。このことは，メーカーのパワー基盤が，他のチャネルとの関係からも生じることを示している。クリック・アンド・モルタル企業も同様である。新たにインターネット販売を始めるということは，既存の店舗にとっては脅威ともなるからである。チャネル管理は，こうしたコンフリクトをうまく調整するために必要となる。

考えてみよう

- □ オムニ・チャネルを実現している企業を探し，どのような特徴があるか考えてみよう。
- □ 製販連携している企業を取り上げ，その狙いを考えてみよう。

読んでみよう

- □ 奥谷孝司・岩井琢磨［2018］『世界最先端のマーケティング――顧客とつながる企業のチャネルシフト戦略』日経 BP 社
  ＊マーケティングと流通の関係を考えよう。
- □ 村田沙耶香［2018］『コンビニ人間』文春文庫
  ＊コンビニエンスストアの特徴を意識しながら読んでみよう。

やってみよう

- □ 『騙し絵の牙』（映画，松竹）を観てみよう。
  ＊流通の変化を考えよう。

第 7 章

マーケティング・ミックスの統合

（時事通信フォト提供）

◆ソニーの新型家庭用ゲーム機「プレイステーション（PS）5」の発売初日にディスプレーされた売場（2020 年）。世界各国で累計 3000 万台以上販売のヒット商品となった。

この章の位置づけ

第3章から第6章までは，マーケティング・ミックスの各要素を個別に取り上げてきた。製品政策や流通政策など，それぞれの要素を優れたものにすることは重要だが，それにも増して重要なのは，これらの要素をうまく組み合わせることである。

本章では，典型的なマーケティング・ミックスの統合パターンを学ぶ。マーケティング・ミックスはさまざまな組合せが考えられるが，典型的なパターンが存在する。それらを理解していく。

この章で学ぶこと

unit 17　基本戦略

どのような環境においても原則となるマーケティング・ミックスの統合パターンを学ぶ。基本戦略とよばれるもので，3つのパターンがある。それらを順に理解する。

unit 18　製品ライフサイクル別戦略

製品・サービスにはライフサイクルがあるが，その時期によって有効なマーケティング・ミックスは異なる。ここではライフサイクル別の戦略について学ぶ。

unit 19　市場地位別戦略

市場が成熟してくると，市場の地位によって，有効なマーケティング戦略が異なる。市場地位を4つに分類して，それぞれのマーケティング・ミックスの統合パターンを学ぶ。

unit 17

基本戦略

Case デンロー社：戦略の方向性

デンロー社は，ドローンの機体を製造しているベンチャー企業である。プロペラの角度を変えられる可変ピッチ機構の技術を開発した中木氏が，特許を取得したのを機に，会社を立ち上げた。

世界の民間用ドローン市場は，毎年10％以上伸びている成長市場である。市場の約40％が風景やスポーツを空撮するのに使われているが，農薬散布用や物流用，点検・監視用にも数％ずつの割合で使われていた。日本のドローン市場ではコスト・リーダーシップ戦略をとる中国企業のDKIが50％近いシェアを握りダントツのトップ企業である。DKIは空撮のセグメントをほぼ独占している状態だった。あとは，数％のシェアをもつ企業が，それぞれ特徴的な製品を販売していた。また，ベンチャー企業の参入も多い。

昨年，発売を開始したデンロー社の「ヒロシ」は，プロペラの角度を自由に変えられるドローンで，GPS（衛星利用測位システム）が届かず自動制御ができない場所でも安定したホバリングが可能である。この差別化要因を武器に，競合製品よりも20％近く高い価格で販売してきた。売行きは好調で，計画以上の台数が売れていた。

発売後1年が経過し，今後の戦略を検討する時期に来ていた。2回目の資金調達も準備していて，何に投資するかを決める必要があった。まずは，顧客の反応を知るべく市場調査を実施したところ，購入者の半数以上が点検・監視用に使っていることがわかった。「ヒロシ」は，主に橋梁などのインフラ点検用に使われていたのであった。

中木氏は，この結果をみて，今後の経営方針について迷いが生じていた。これまでの計画では，現在，最も規模の大きなセグメントである空撮セグメントへ向けて販売していこうと考えていたが，約半数が点検用として使われているのであれば，点検用にもっと適した機能を追求すべきかもしれないとも考え始めていた。現在のところ，点検用と明示して発売されている機種はなかった。

＊　＊　＊

あなたがデンロー社の中木社長であれば，空撮セグメントを狙うか。それとも点検セグメント向けに特化するか。

Keywords
基本戦略　コスト・リーダーシップ戦略　差別化戦略　集中戦略　スタック・イン・ザ・ミドル

基本戦略の類型

優れたマーケティング戦略は，マーケティング・ミックスが1つの考えのもとに統合されていて，なおかつ，それらがターゲット顧客のニーズに適合したものになっている。優れたマーケティング・ミックスといっても，さまざまな組合せを考えることができるが，典型的なパターンは存在する。unit **17**，**18**，**19** では，マーケティング・ミックスの統合パターンを紹介していこう。

第1のパターン群は，**基本戦略**である。基本戦略は，持続的競争優位を確立するための戦略を類型化したものである。企業は競合企業との競争に勝たなくてはならないが，それが一時的なものではなく，長期間にわたっていなければならない。持続的競争優位の確立とは，勝ち続ける状態をつくることである。

基本戦略は，図17-1のように，競争優位のタイプ（低コスト－顧客が認める特異性）と競争ターゲットの幅（業界全体－特定セグメント）の2つの軸で3つの戦略に分類している。業界を広くターゲットとし，低コストで競争優位を得ようとする戦略を**コスト・リーダーシップ戦略**，顧客が認める特異性で競争優位を得ようとする戦略を**差別化戦略**，ターゲットを特定の顧客に絞る戦略を**集中戦略**とよぶ。

コスト・リーダーシップ戦略

コスト・リーダーシップ戦略は，他社よりも低いコストを実現することによって，持続的競争優位を構築する戦略である。コスト面で他社よりも優位に立

図 17-1　基本戦略の類型

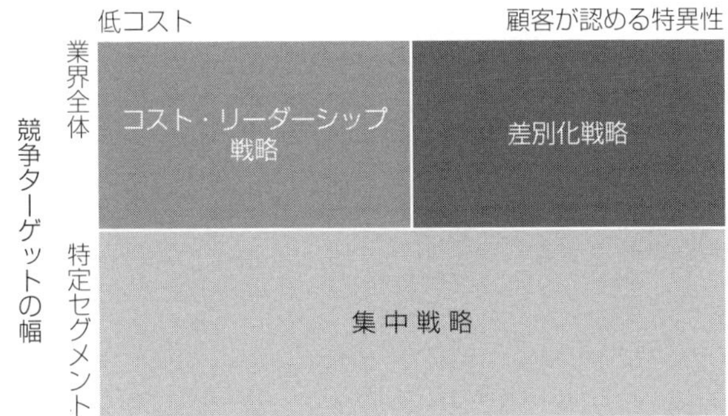

（出所）　Porter［1980］，邦訳 61 頁に加筆修正。

てば，一番低い価格を設定することができる。また，価格競争が起きても，最後まで競争に残ることができる。一方，価格競争が起きない場合でも，自社のコストが低いので，最も高い利益率を享受できる。その利益をマーケティング投資に費やせば，他社を圧倒できる。

長期的に低コストを維持するには，生産設備を積極的に建設し，大量生産体制を構築して，規模の経済や経験効果（unit **11** 参照）を効かせるのである。そして，市場浸透価格を採用し，相対的に高い市場シェアを獲得する。そうなれば，さらに大量生産が可能になり，いっそうコストが低減していく。このようなプロセスを繰り返すことによって，コスト優位が強化されていく。

コスト・リーダーシップ戦略では，高い市場シェアを獲得するために，幅広く市場全体か共通のニーズをもつ多数の消費者をターゲットとすることが多い。そして，ポジショニングは，競合製品と重なる位置となる。すなわち，製品・サービスは，競合製品と同質的なものとする。

コスト・リーダーシップ戦略をとる企業は，厳密なコスト統制が行われ，組織の公式化が進みやすい。製造が容易になるように設計されたり，製造工程において無駄の排除や熟練が高まったりする傾向がある。

コスト・リーダーシップ戦略は，通常，業界で 1 社しか生き残れない。複数の企業がコスト・リーダーシップ戦略をとると，過当競争が起こり，弱いほうが淘汰されてしまう。自動車市場では，トヨタがコスト・リーダーシップ戦略を採用している。カンバン方式に代表される効率的な生産工程と世界トップ・レベルの生産量により，他社に比べて低いコスト水準を達成している。

コスト・リーダーシップ戦略が崩れるのは，過去の投資や経験がまったく無駄になってしまうような新しい製品・サービスが生まれたときである。たとえば，音楽のネット配信が普及し始めると，CDの生産コストの優位性は意味がなくなってしまう。また，製品の技術革新ではなく，生産レベルでの技術革新が起こって，新規参入企業がこれまでよりも低コストで製品を生産できるようになる場合もある。

差別化戦略

差別化戦略は，コスト以外の要因で差別化して，業界のなかで独自性や特異性を認めてもらえる価値を提供する戦略である。差別化に成功すると，顧客から高い評価を得ることができ，価格競争に加わらなくてもよくなる。

差別化を生み出す変数は，ブランド・イメージやデザイン，顧客サービスなど，さまざまである。しかし，たんに競合企業と何かが違えばいいというわけではない。第1に，その差別化は，顧客ニーズに合致していなければならない。第2に，その差別化要因は，競合企業が模倣したくてもできないものでなければならない。一時的に差別化しても，競合企業がすぐに模倣できれば，差別化要因はすぐに消えてしまう。長期的に差別化を維持するには，他社が模倣できないように，比較的高い価格で得られた利益を再投資することで，差別化要因を磨いていく必要がある。

差別化戦略をとる企業は，創造的な人間を引きつける風土をもつことが多い。生産工程よりは，製品そのものの研究開発に注力し，R&D部門とマーケティング部門との調整も比較的よく行われる。

顧客によって重視する特性が異なる業界では，差別化戦略をとる企業は複数存在できる。デザインで差別化をしている企業やサービスで差別化をしている企業など，それぞれが業界内で一定の地位を確立できる。自動車市場では，ホンダが差別化戦略を採用しているといわれてきた。先進的なブランド・イメージを確立してきたことで，トヨタや日産とは異なる独自の評価を得てきたのである。また，運転する愉しさを追求するスバルも差別化戦略を採用している。

日本市場においても，差別化戦略を採用している複数の企業を数えることができる。

差別化戦略の最も大きなリスクは，他社が模倣してきたときである。他社が模倣製品を出してくると，差別化要因だったものがそうではなくなる。また，いくら差別化できていてもコスト面でコスト・リーダーシップ戦略をとる企業とあまりにも差がついてしまうと，価格差が広がってしまい，差別化された製品・サービスを評価していた消費者も安い製品・サービスを購入するようになってしまう。もちろん，技術革新が起きて，差別化要因の魅力がなくなることもある。さらに，差別化が極端になりすぎると，特定のセグメントだけを対象にしなければならなくなり，市場シェアの確保が難しくなる場合もある。

集中戦略

集中戦略とは，特定のターゲットへ企業の経営資源を集中する戦略である。業界全体の平均的なニーズとは異なるニーズをもつ特定のターゲットに絞ると，業界全体を対象にしている企業よりも，そのターゲットのニーズを十分満たすことができるとともに，効率も増す。

集中戦略と差別化戦略は区別がつきにくいが，差別化戦略が大きなシェアを狙うのに対して，集中戦略はシェアよりは高収益を狙うところが異なる。自動車市場では，いすゞやスズキが集中戦略を採用している。いすゞはトラックに，スズキは軽自動車に経営資源を集中している。『日経 MJ』は，マーケティングや流通に関心をもつ読者にターゲットを絞った新聞で，ヒット商品ランキングといったマーケティングや消費，流通に関連した情報を提供している。

集中戦略の効果が弱くなるのは，ターゲットのニーズと業界全体の平均的なニーズの差異が小さくなってしまうときである。そうなると，コスト・リーダーシップ戦略をとっている企業や差別化戦略を採用している企業とまともに競争することになってしまう。また，対象としたターゲットをさらに細分化した集中戦略を採用する企業が出現すると，顧客の一部を奪われる。

スタック・イン・ザ・ミドル

これら3つの戦略は，複数の戦略を同時に達成することはできず，どれかに絞らなければ競争に勝てないと考えられている。たとえば，コスト・リーダーシップ戦略を採用する企業が，品質を向上するために研究開発に大規模な投資をすれば，コスト増となりコスト優位を維持することが難しくなる。集中戦略を採用する企業が，売上増加のために対象セグメントを増やして，製品の仕様を変えると，もともと対象にしていたセグメントの顧客満足が落ちてしまうだろう。戦略の主目的が複数になると，組織においてもオペレーションにおいても徹底できず，中途半端な状態になってしまう。この状態を**スタック・イン・ザ・ミドル**とよぶ。戦略を達成するには，それに合った組織やオペレーションが必要になるが，複数の戦略を同時追求すると，複雑な組織運営や複雑なオペレーションをこなさなければならないため，従業員は混乱する。

一方，複数の戦略を同時に追求して，高業績を達成している企業も存在する。組織運営やオペレーションをうまくコントロールすることによって，生産性を向上させ，かつ不良品も減少して品質を向上させている。また，品質を重視する顧客層と価格を重視する顧客層とに二分される市場ではなく，品質と価格のバランスを重視する顧客層が多い市場では，複数戦略の同時追求が競争優位をもたらす場合もある。

考えてみよう

□ 特定の業界を取り上げ，コスト・リーダーシップ戦略，差別化戦略，集中戦略を採用している企業に分類し，それぞれの狙いを考えてみよう。

□ 基本戦略が変化した企業を取り上げ，その原因を考えてみよう。

読んでみよう

□ 弘兼憲史［2008］『社長島耕作』講談社
　＊初芝五洋ホールディングスの戦略に注目して読んでみよう。

□ 鈴木博毅［2019］『3000年の叡智を学べる 戦略図鑑』かんき出版
　＊イラストで戦略を理解しよう。

やってみよう

□ 『パリピ孔明』（TV アニメ，TOKYO MX）を観てみよう。
　＊英子をスーパースターにする戦略を観てみよう。

---

unit 18

製品ライフサイクル別戦略

Case 四菱：電気自動車「アイ」の事業計画

近年，電気自動車（EV）の成長が見込まれるようになっている。日本では，もともとエンジンとモーターをもったハイブリッド車（HV）が市場で一定のシェアをもっていたが，完全な電気自動車も登場している。先陣を切ったのは，2006年に発表された四菱の「アイ」である。四菱は，国内のシェアは7位であり，大手自動車メーカーが電気自動車を本格的に始める前に，電気自動車市場を開拓しようとしていた。当然，やがて電気自動車が普及すれば，大手自動車メーカーも参入すると考えられたが，いまのところ電気自動車を購買するユーザーは限定的であり，本格的な市場拡大時期はもう少し先のことだと考えられていた。

2017年，依然として電気自動車の普及にはいたっていない。その原因はさまざまに考えられたが，やはり電気自動車市場そのものがまだまだ確立されていないことが問題であるように思われた。今期からアイのブランド・マネジャーとなった佐々木氏は，短期的な計画はもちろん，中期的，長期的な事業計画を考え直すことにした。

＊　＊　＊

佐々木氏の立場になり，アイの売上を拡大するために，短期，中期，長期計画を策定しよう。

Keywords
製品（産業）ライフサイクル　先発優位性　後発優位性　デファクト・スタンダード　補完産業

図 18-1　製品・産業ライフサイクル

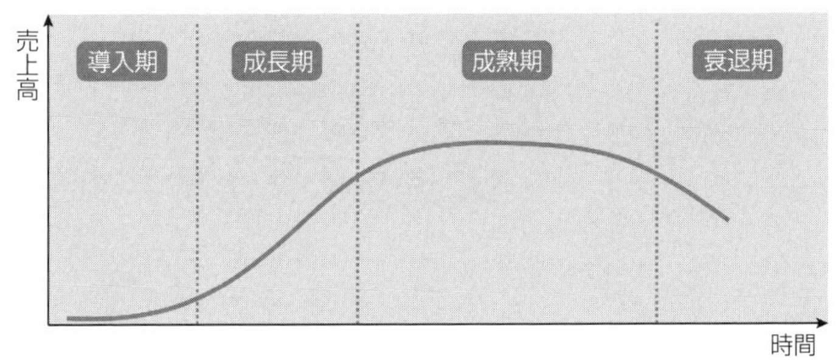

製品・産業の一生

人をはじめとする生物は，生まれ，成長し，成熟し，やがて死んでいく。こうした一連のプロセスは，生物ではない製品・サービスにも当てはめることができる。製品・サービスは，あるとき，新製品・サービスとして開発され，発売される。発売された製品・サービスは，徐々に市場に受け入れられながら市場規模そのものを拡大し，多くの類似製品・サービスを生み出していく。多くの企業が新しく生まれた市場に参入し，さらに新たな製品・サービスが開発されることによって，1つの製品・サービスから始まった事業は，やがて1つの産業を形成していくことになる。だが，市場規模は，いつまでも成長し続けるわけではない。激しい競争を通じて淘汰も進み，市場の寡占化が進む。やがて市場規模は飽和状態となり，個々の製品・サービスの売上の伸びも鈍化していく。そしていつか，次の製品・サービスに牽引された新しい産業へと主役は移っていく。

一般に**製品ライフサイクル**や**産業ライフサイクル**とよばれるこうしたプロセスは，導入期，成長期，成熟期，そして衰退期という4段階に分けられる。ライフサイクルの存在は，マーケティング活動に大きな意味をもっている。その製品や産業のライフサイクルを考えることによって，最も有効なマーケティング活動が異なってくるからである。ライフサイクルの段階に応じて，さまざまなマーケティング・ミックスの統合パターンを考えることが重要になる。

導入期

新製品・サービスが登場するとき，誰であれその未来のすべてを見通せるわけではない。いつかその製品・サービスを購入することになる顧客も，まだ，その新製品・サービスのよさはもちろん，その存在自体を知らないかもしれない。たとえば，かつてパソコンが市場に出回り始めた頃，今日のようにそれが家電として日常的に必要とされる製品になるとは考えられていなかった。パソコンは，高度な計算技術を必要とするごく限られた人々のためのものだと考えられていた。

新製品・サービスを理解できていないのは，その製品・サービスを利用する顧客だけではない。販売を取り次ぐ流通業者からみても，その製品・サービスを理解することは容易ではない。したがって，導入当初にあっては，売上は多くはならず，プロモーション活動を中心にして大きなコストが生じることになる。また，売上が少ないということは，当然，生産量も少ないということである。規模の経済や経験効果を利用することも難しくなるため，価格は高くなりがちである。結果として，導入期には，新製品・サービスをとくに必要とする限られた顧客を対象にすることになり，利益はきわめて少ないか，赤字の覚悟が必要になる。

導入期の困難は，さらにいえば，その新製品・サービスが顧客にとって必要なものであるかどうか判断しにくいという点にある。実際に販売すれば，その製品・サービスが本当に必要とされるものであったかどうかがわかる。しかし，販売の前に，その予測を行うことは容易ではない。このことは，新製品・サービスを開発するメーカーにとっても，その開発プロセスが先のみえないものになることを示している。逆にいえば，その予測の見込みを高めることは，新製品・サービスの導入にとって重要な意味をもつ。unit 4 で議論したマーケティング・リサーチが必要になる理由の1つがここにある。

もちろん，これまで存在していた製品・サービスとはまったく異なる何かが新しく開発される可能性は，総じて低い。多くの場合には，たとえばスマホのように，携帯電話やパソコンといった既存の製品・サービスと緩やかなつながりをもちつつ，すでにある市場や産業において新しい製品カテゴリーを開拓していくことになる。だが，それでも困難は変わらない。今やだれもが当たり前のようにスマホをもっているが，iPhoneが導入された2008年頃にはそこまで普及するとは考えられていなかった。パソコンに匹敵する機能を有する携帯電話に対して，当初，多くの人々は必要性を感じていなかったのである。そういったなかで，iPhoneは，優れた製品性能やその改良はもとより，国内ではソフトバンクによる長期割引を利用した価格設定，積極的なプロモーション展開や代理店を利用した販売網の充実などによって，現在のスマートフォン市場を作り出していったのであった。

ひとたび産業が立ち上がれば，こうした導入期の困難の見返りとして，先駆的な製品・サービスは**先発優位性**を得ることができる。先発優位性は，産業が立ち上がる初期においては競争相手がほとんど存在していないこと，そのなかで率先した市場シェアの獲得によって最初に規模の経済や経験効果を生かせること，さらには顧客に自らの製品・サービスを理解してもらいやすいことによって生じる。その一方で，産業の立ち上がった当初は多くのリスクをともなうため，一定の市場規模が生まれた後で後発として参入し，新たな価値や確立された技術を廉価で利用することによってコスト優位性を獲得しようとする**後発優位性**の考え方も存在している。

成長期

新製品・サービスの導入がうまく進めば，売上が急速に拡大していく成長期に入ったことになる。当初は限られた顧客だけが必要とした製品・サービスは，より広く多くの人々にも受け入れられるようになっていく。同時に，その成功を目にした競合からの新製品・サービスも次々と投入され始め，激しい競争が始まる一方で，市場規模そのものが大きく成長していく。市場規模が拡大することによって，生産量も増える。規模の経済や経験効果が働き始め，より低いコストで生産を行うことができるようになる。

成長期には，導入期とは異なるマーケティング戦略が求められるようになる。すなわち，限定的な顧客をターゲットとするのではなく，より広い市場を見据えたセグメンテーションが重要な意味を持ち始める。競合の存在に留意し，差別化された製品・サービスの開発が必要になる。価格もいよいよ引下げの圧力が生じ始めるとともに，プロモーションや流通についても競争上優位な戦略が

表 18-1　製品ライフサイクルに合わせたマーケティング戦略の一例

製品ライフサイクル	導入期	成長期以降
顧客	初期ユーザー	一般ユーザー
製品	新技術	改良技術
価格	高価格	低価格
流通	高マージン	低マージン
プロモーション	営業，店頭	マス広告

求められるようになる。

導入期では，製品・サービスになじみがないため，メーカーが積極的に製品・サービスを説明し，川上から川下へと製品・サービスをうまく流していくマーケティングが必要であった。つまり，流通に対する高いマージン（販売促進のためにメーカーが支払う手数料）の設定や顧客に対する製品情報の提供，さらにはこれらのコストを賄う価格設定がワンセットとされる。これに対して，成長期に入り，製品・サービスに対する知識が流通や顧客の側にも形成され，それとともに，競合他社の参入などで競争環境が激化している場合には，差別化や価格の引下げが求められることになる。

さて，こうしていよいよ産業が形づくられていく成長期は，大きな変化の時期でもある。成長期には，産業の形がはっきりと定められていく。たとえば，次世代DVDの規格が競合間で決まっていくと，顧客との間でもそれがどういう製品であって，どういう機能をもっているのかについての共通認識が生まれていく。こうした「事実上の標準となる製品技術規格」のことを，**デファクト・スタンダード**とよぶ。デファクトが「事実上の」を意味するとおり，ここで定められた製品技術の規格や形は，強制的に定められたものではなく，相互に自発的な関係のなかで形成されたものである。法律などによって強制的に規格が定められている場合は，とくにデジュレ・スタンダードとよぶことがある。

デファクト・スタンダードの確立は，その後の産業の成長の方向性に大きな影響を与える。デファクト・スタンダードが確立されることで，産業の将来に対して見通しが得られるようになるため，大規模な投資を行うことが可能になる。大規模な投資は，製品・サービスの価格を押し下げることになるとともに，多様な製品のレパートリーを作り出し，さらなる産業の成長につながる。

また，見通しが得られることで多くの企業が新たに参入し，競合するだけではなく，その製品・サービスを支える補完的な製品・サービスを生産するようになる。次世代DVDの規格が定まれば，それに収録する音楽や映画といったコンテンツを用意する企業が数多く登場することになる。あるいは，次世代DVDをレンタルする店舗ができていくかもしれない。直接的な次世代DVDプレイヤーの生産に関わる産業の周辺に次々と**補完産業**が形成され，全体としてより大きな産業が形成される。逆に，こうした補完産業の存在が，デファクト・スタンダードを決めることもある。

デファクト・スタンダードの形成は，メーカー側だけではなく，顧客側にとっても，その製品・サービスを購入する契機を作り出す。たとえば，次世代DVDプレイヤーの競争では，ブルーレイとHD-DVDという2つの規格に分かれて競争が続けられてきた。どちらがデファクト・スタンダードとなるかわからない状況では，顧客は購入に慎重にならざるをえない。購入した製品の規格が，すぐに使えなくなってしまうかもしれないからである。しかし，ひとたびデファクト・スタンダードがブルーレイに定まれば，顧客は安心してその製品を購入できるようになる。供給と需要の好循環が生まれ，産業はますます成長することになる。

このようにデファクト・スタンダードの確立は産業にとって大きな意味をもつため，しばしば企業間の競合の原因となる。どの製品技術規格がデファクト・スタンダードとなるのかによって，その後の競争優位性が大きく変わるからである。デファクト・スタンダード競争に敗れた場合，その後の競争で大きなハンデキャップを背負うことになりかねない。

成熟期から衰退期

競合から類似した製品・サービスが投入されるようになるにつれ，当初は市場規模そのものが大きくなるものの，いずれ市場規模は飽和状態となる。市場規模が飽和するにつれ，限られた市場をめぐっての競争が繰り広げられることになる。成長期を経て成熟期へと移行することで，企業は改めてこれまでとは異なったマーケティング戦略を必要とするようになる。

顧客の多くは，その製品・サービスの特性をよく理解するようになっている。耐久消費財の場合は，すでにその製品を顧客は手にしていることになるかもしれない。この場合には，新規の需要を掘り起こすというよりも，買替えや継続的な取引関係の構築が重要になる。

もはや認知のためのプロモーション活動は不要となり，価格も十分にこなれたものとなっている。開発に必要となったであろう研究開発費用の回収もある程度終わり，収益性はこれまでよりも向上することが多い。競合の存在も，限られた市場での競争となる一方で，競合相手の数自体は減少していく。また競合の製品・サービスの特徴もはっきりとわかるようになるため，相互に棲み分けが進んでいく。成長期に比べ，よりいっそう慎重にセグメンテーションやポジショニングを考え，競合との差別化を行う必要が生じる。

産業についていえば，今日では多くが成熟期にあるといえる。したがって，多くの企業にとって，成熟期のマーケティング戦略を理解することは，いま自らが置かれている状況を理解することにつながる。

たとえば，成熟期には，流通企業が力をもつようになる。導入期には最先端であったかもしれない製品技術は，もはや当たり前のものとなっている。価格訴求がより必要になるため，大手チェーン小売企業は，メーカーから製品を直接供給してもらい，プライベート・ブランドを販売するようになる。ナショナル・ブランドを生産するメーカーにとっては，大きな競合相手が登場することにもなる。

導入期や成長期に比べ，成熟期は長期間続く可能性も高いが，多くの製品・サービスはいつか売上が減少していくことになる。競合から画期的な新製品・サービスが投入されたことで一気に衰退していく製品・サービスも存在するであろうし，顧客の飽きによって衰退していくということもありうる。とくに後者は，いわゆる流行といった現象の終末を示すものであろう。産業についても同様である。石炭産業やラジオ産業などを考えてみると，産業の衰退は新しい産業の成長に呼応していることが多いともいえる。

衰退期と成熟期はとくに見分けがつきにくい。緩やかに市場規模が縮小していくという傾向は，しばしば多くの製品・サービス，さらには産業においてよくみられる傾向である。このとき，現在の製品・サービスにてこ入れすべきなのか，それとも新しい製品技術やニーズを探すべきなのかは，企業にとって難しい決定となる。たとえば，医療機器において患者の体内の断面図を撮影することができるCTは，3Dでの撮影を可能にするMRIの登場によって衰退期に入るものと考えられていた。しかし，実際には，CTはその簡易な調査方法を生かした移動型CT機や連続撮影による画像の3D化といった新しい革新が起こり，現在ではCTとMRIはそれぞれに異なった用途に利用され棲み分けるようになっている。

マーケティング戦略とライフサイクルの相互作用

成熟期と衰退期の見分けがつきにくいのは，結局のところ，製品ライフサイクルにせよ，産業ライフサイクルにせよ，これらは客観的に与えられているわけではないからである。いうまでもなく，成長期だと思っていた製品・サービスが成熟期を経ずにそのままなくなってしまうこともあるであろうし，衰退期だと思っていた製品・サービスが，その後いま一度急成長を遂げ，後からみれば実は成長期のなかのちょっとした踊り場にすぎなかったということになるかもしれない。

ライフサイクルの段階によって，必要とされるマーケティング戦略の組合せは変わる。同様に，マーケティング戦略の行い方次第で，ライフサイクルも変化する。すなわち，逆の因果関係を考慮することが重要となる。

たとえば，導入期において，企業が戦略的に低価格設定を行った場合を考えてみよう。任天堂のファミリーコンピュータは，浸透価格戦略を用いて当初から破格の低価格に設定し，テレビゲーム機市場を一気に拡大した。このとき，本来であれば，導入期には価格が高めになることを前提として，成長期に向けて少しのがまんが必要とされよう。しかし，ファミコンは低価格設定を通じて，テレビゲーム機産業を一気に成長期や成熟期の段階へと推し進めた。同様に，その後成熟期や緩やかな衰退期に入ったと思われていたテレビゲーム機産業は，海外進出や携帯型ゲーム機の登場によって，再び成長期へと反転することになる。このとき，ライフサイクルが変化したようにみえるのは，任天堂やソニーといった企業が，自らの置かれた環境を変えるべくマーケティング活動を行ったからにほかならない。

ライフサイクルに応じてマーケティング戦略をコントロールする。同時に，マーケティング戦略を通じてライフサイクルに働きかける。マーケターに求められるのは，この相互依存的な関係をうまく捉えるセンスである。

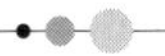

考えてみよう

- □ マーケティング戦略を通じてライフサイクルを変化させた事例を探し，その原因を考えてみよう。
- □ デファクト・スタンダードが形成されたと思われる産業を調べ，どのように形成されたのかを考えてみよう。

読んでみよう

- □ 大原通郎［2021］『ネットフリックス vs. ディズニー――ストリーミングで変わるメディア勢力図』日本経済新聞出版
  ＊メディアのライフサイクルに注目して読んでみよう。
- □ ジェフリー・ムーア（川又政治訳）［2014］『キャズム Ver. 2――新商品をブレイクさせる「超」マーケティング理論（増補改訂版）』翔泳社
  ＊導入期から成長期へ移行するポイントに注目して読んでみよう。

やってみよう

- □ 『行列の女神――らーめん才遊記』（TV ドラマ，テレビ東京）を観てみよう。
  ＊各ラーメンチェーンの戦略に注目して観てみよう。

unit 19

市場地位別戦略

Case 松川食品：新製品への対抗策

アイスクリーム市場は成熟しており，市場規模は長期間横ばいである。その市場で，十数社が競争している。最大手の松川食品は，市場シェアの約30%を占めていた。主力製品の「ゴールド」シリーズは，やや高級なイメージのアイスクリームとして長年親しまれている。業界2位の竹下製氷は20%，3位の梅谷製菓が15%のシェアを確保し，残りの35%に約10社がひしめき合っている。価格競争は激しいが，各社とも単価を上げるために，高級化路線を志向していた。

3カ月前，2つのユニークな商品が新発売された。樫村乳業が発売したのは，高所得者向けのぜいたくなアイスクリームである。やや小さめのカップに入っており，牛乳のおいしさをそのまま生かした味である。価格は業界平均よりもかなり高く設定されており，コンビニのみで販売されている。

もう1つは，青山乳業が発売を始めた新製品で，アイスクリームの材料をセットにしたものである。これと牛乳を混ぜて冷凍庫に入れるだけで，簡単に家庭でアイスクリームができる。チョコレートを加えたりすれば，好みの味にすることも簡単だった。子どもをもつ母親に向けて広告され，スーパーでアイスクリームケースの隣に常温で陳列されている。価格は非常に安く設定されており，牛乳代を含めても約3分の2の値段でアイスクリームを食べることができた。

これら2つの新製品は出だし好調で，新発売のキャンペーン後も売れ続けていた。松川食品のシェアもわずかながら浸食しているようで無視できない状況と思われた。松川食品の桜田社長は，どのように対抗すべきか思案していた。

＊　＊　＊

あなたが松川食品の桜田社長の立場であれば，2つの新製品に対してどのような対抗措置をとるか。

Keywords
市場地位別戦略　リーダー　チャレンジャー　フォロワー　ニッチャー

市場地位別戦略の考え方

unit 17 でみた基本戦略は，競争に勝ち続けるための一般的な考え方を示したものであるが，すべての企業が，これらの3つの戦略を自由に選べるわけではない。小さな市場シェアしか獲得できていない企業が，いきなりコスト・リーダーシップ戦略を採用しても，成功するのは難しい。また，最大の市場シェアをもっている企業が，顧客を絞って集中戦略を採用するのは現実的ではない。つまり，企業は，市場における地位を考慮せずに，戦略を決めることはできないのである。とくに，unit 18 でみた製品ライフサイクルの成熟期以降において，その傾向は強くなる。市場が成長している場合は，まだ市場における地位が大きく変化する可能性があるが，市場が成熟すると市場における地位も固定化してくるからである。

市場地位別戦略は，市場における地位によってとるべき市場目標や戦略は異なるという前提に立ち，戦略定石をまとめたものである。

市場地位の分類

企業の市場における地位は，4つに分類される。最大の市場シェアを有する企業を**リーダー**，市場シェアが2番目以降で，リーダーの地位を脅かそうとする企業を**チャレンジャー**という。市場シェアはそう大きくなく，その市場シェアを維持することに主眼を置いている企業を**フォロワー**，特定のセグメントを対象としているため，市場シェアが小さい企業を**ニッチャー**という。図19-1は，ある市場での市場地位を示す例である。

市場地位は，市場シェアではなく，市場シェアの違いを生み出している原因である競合企業に対する相対的な経営資源（unit 21 参照）で考えることもできる。図19-2のように，経営資源の量と質で4つに分類する。量的な経営資源とは，営業所や営業パーソンの数，生産能力，資金力など，ヒト・モノ・カネに関わるものである。これに対して質的な経営資源とは，ブランド・イメージ

図 19-1　市場シェアによる市場地位の分類

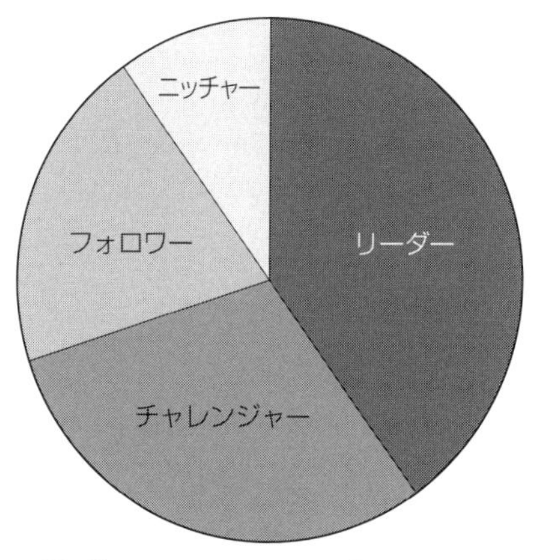

（出所）Kotler and Keller［2006］，邦訳 434 頁に加筆修正。

図 19-2　相対的経営資源による市場地位の分類

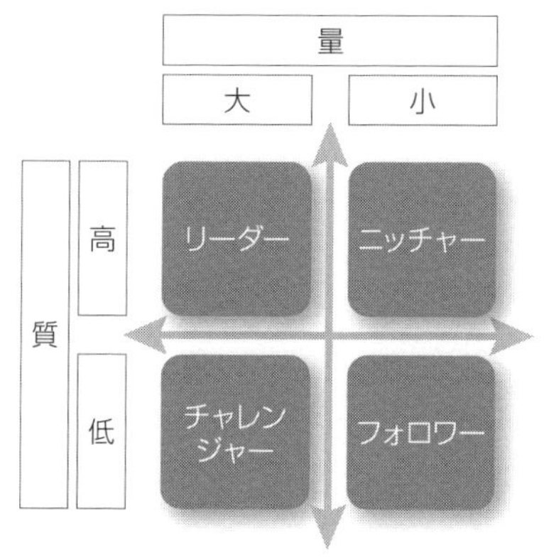

（出所）嶋口・石井［1995］，198 頁。

や顧客のロイヤルティ，品質，広告や営業ノウハウ，トップのリーダーシップなど，無形の資源をいう。

経営資源の量も大きく質も高い企業をリーダー，量は大きいが質は低い企業をチャレンジャー，量は小さいが質は高い企業をニッチャー，量も小さく質も低い企業をフォロワーと分類する。

リーダーの戦略

リーダー企業がめざすべき市場目標は，リーダーであり続けることである。すなわち，市場シェアの維持・拡大である。だからといって，利益を度外視するわけではない。しっかりと利益も獲得することが重要である。さらに，リーダー企業は，業界で最高の市場地位に到達しているので，最大の名声とイメージの確保にも心がけるべきだろう。

このような市場目標を達成するには，リーダーはその市場のなかで最も利益の出やすいセグメントを優先し，さらに幅広いセグメントを対象として，全方位型のオーソドックスな戦略を採用することが必要になる。

リーダー企業の戦略は，第 1 に市場規模の拡大である。市場全体が拡大すれば，その拡大した需要は，既存の市場シェアに応じて獲得できる可能性が高い。

すなわち，リーダーが，最も多く需要を取り込めることになる。具体的には，新規ユーザーを取り込んだり，製品の新しい用途を開発したり，使用頻度や使用量を増加させる方法がある。

たとえば，ウイスキー業界のリーダーであるサントリーは，ハイボールという飲み方を提案し，ウイスキー需要を伸ばした。これまでウイスキーを飲んでいなかった若い人たちが飲むようになった。他社のウイスキーでハイボールを楽しむ消費者もいるだろうが，一番売上が伸びたのは，リーダーのサントリーだろう。裏を返すと，リーダー以外が市場規模の拡大をしようとすれば，リーダーを利することになってしまう。

第2は，市場シェアの防衛である。リーダーは，競合企業からの攻撃に備えておく必要がある。最も前向きな方法は，競合企業に先だって，継続的にイノベーションを起こすことである。新しい技術の開発などを通して，チャレンジャーの攻撃の芽を摘むことである。

競合企業から攻撃を受けた場合は，反撃に出るしかない。たとえば，攻撃した企業が差別化してきた点を模倣し，同質化することによって，規模の勝負に持ち込むことができる。トヨタは，ホンダが2000年に発売し人気を博していた車幅が狭めのミニバン「ストリーム」に対抗して，2003年に類似したデザインとコンセプトの「ウィッシュ」を発売した。トヨタの販売店数はホンダに勝るため，販売台数で逆転し，2014年には「ストリーム」は生産中止となった。

第3は，市場シェアの拡大である。広告費や販売促進費を増加させたり，販売員を増やしたりして，市場シェアを拡大することができる。ただし，価格の引下げによる市場シェアの拡大策は勧められない。競合企業が追随して価格を下げ，シェアが増えないばかりでなく，市場全体が金額的に縮小し，結果的にリーダーの利益損失が最も大きくなってしまうからである。

市場シェアは上げれば上げるほどいいというわけではない。まず，独占禁止法に触れる場合がある。また，図19-3のように市場シェアを増やすと利益率が落ちることもある。市場シェアが上がれば，販売量が増え規模の経済が効いて生産コストが下がるメリットがあるが，一方で，市場シェアを上げすぎると，僻地に販売店を置いたり，要求の厳しい顧客に対応したりと，コストが上昇す

図19-3　最適市場シェア

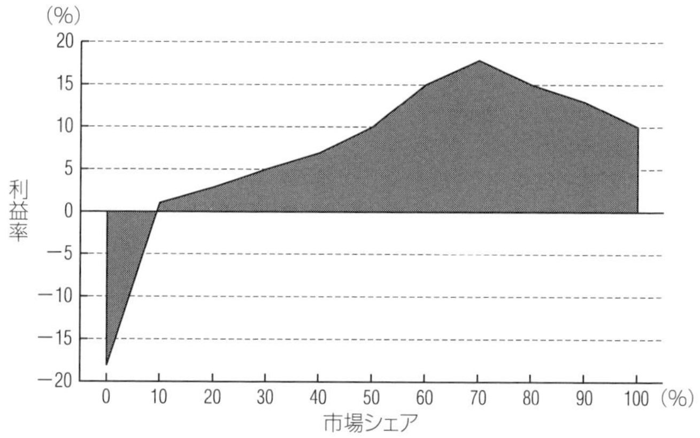

（出所）　嶋口［1984］，247頁に加筆修正。

るデメリットもある。なお，この図では，70％が最も利益率が高くなっているが，利益が最大となるシェアは業界によって異なる。

リーダーのマーケティング・ミックスは，表19-1のようになることが多い。まず，製品政策は，市場ターゲットをフルカバレッジとしているので，フルラインが当然の帰結となる。価格政策は，品質水準に合わせて，業界の平均価格よりも高めになる。流通チャネル政策は，フルカバレッジとしている以上，開放的チャネル政策になる。プロモーション政策も，業界平均よりも高めに支出することになる。

チャレンジャーの戦略

リーダーを狙う地位にいるチャレンジャーは，リーダーの地位をめざして，市場シェアの拡大を図ることを市場目標とする。しかし，そのためには，それ相応の投資が必要となり，利益は犠牲にせざるをえない。また，名声を得ることにこだわらず，思い切った戦略をとらなければ，リーダーをしのぐことは難しい。

チャレンジャーが市場シェアを拡大するためには，リーダーと同じように旨みのあるセグメントを対象にすべきである。しかし，このセグメントはリーダーが最優先でチャレンジャーを上回る経営資源を投入しているので，リーダー

表 19-1 各戦略の需要対応

競争地位	市場目標	競争基本方針	ターゲット	マーケティング・ミックス
リーダー	最大シェア，最大利潤，名声	全方位	フルカバレッジ	中～高品質のフルライン，中～高価格，開放チャネル，中～高水準・全体訴求型
チャレンジャー	市場シェア	差　別	セミフルカバレッジ	対リーダーとの差別化
フォロワー	生存利潤	模　倣	経済性セグメント	他社並み・以下の品質，低価格，価格訴求，低プロモーション
ニッチャー	利　潤，名　声	集　中	特定市場セグメント	限定ライン，中～高品質，中～高価格，限定型・特殊型チャネル，特殊訴求

（出所） 嶋口・石井［1995］，214 頁。

と同質的な戦略をとっていてもチャレンジャーには勝てる見込みはない。したがって，リーダーとの徹底した差別化が基本方針となる。

チャレンジャーの差別化は，製品・サービス，価格，マーケティング・チャネル，プロモーションなど，いろいろな政策で実行しうる。しかし，その差別化は，市場のニーズに適応していると同時に，リーダーが同質化できない戦略であることが必要である。リーダーの戦略の項で取り上げたホンダの「ストリーム」の事例のように，リーダーが同質化をしてくると勝てない。リーダーが同質化したくてもできないという差別化が本当の差別化である。

チャレンジャーのマーケティング・ミックスは，決まったパターンはない。リーダーと差別化を図るために，リーダーのマーケティング・ミックスによって変わってくる。

たとえば，宅配業界では，リーダーのヤマト運輸がサービス品質で定評があるのに対して，チャレンジャーの佐川急便はスピードを訴求している。サービス品質を高めるためには，スピードを犠牲にしなくてはならないので，スピードはリーダーが同質化しにくい差別化要因になっているのである。

フォロワーの戦略

フォロワーは，チャレンジャーと違ってリーダーに挑戦することはしない。市場シェアの拡大や名声などは求めず，あえてリーダーを刺激しないようにしながら，生存できるだけの利潤を確保するのである。

フォロワーがとりうる戦略方針は，リーダー企業の模倣である。直接他社と戦っても勝ち目はないため，むしろ他社の力を利用することを考える。つまり，市場で成功している製品を模倣し，他社にとってあまり旨みがないセグメントの需要を確実に押さえるのである。フォロワーは，リーダーやチャレンジャーの戦略を観察して迅速に模倣し，価格に敏感なセグメントに対して低価格で販売する。製品開発にあまりコストをかけなくて済み，また売れている製品だけを模倣するので，低価格でも利益が出るのである。

サムスン電子は，現在では半導体市場でインテルに次ぐシェア第2位のチャレンジャーであるが，この市場へ参入した当時はフォロワーだった。最先端技術を必要としない顧客を対象にし，一世代前の製品を製造していた。しばらくの間はフォロワー戦略を続け，徐々に技術力を蓄積していき，経営資源が充実した時点で，市場における地位をチャレンジャーへと変化させたのである。

ニッチャーの戦略

ニッチャーは，リーダーの地位を狙うほどの経営資源を持ち合わせていないので，市場シェアを追わない。しかし，優位性が生かせる特定のセグメントにおいては，疑似的な独占状態に持ち込み，利益と名声を獲得する。

ニッチャーの基本戦略方針としては，他社との競争を避け，棲み分けを行い，製品・サービスの対象セグメントを絞り込んで，経営資源をそのセグメントに向けて集中させる。ニッチャーは，特定のセグメントにおいてはリーダー的存在であるため，戦略定石も特定セグメント内でリーダーの戦略定石を原則とする。すなわち，ニッチ市場そのものの拡大，ニッチ市場内での非価格対応，ニッチ市場に参入する弱小企業に対する同質化である。

不動産事業を手掛けるリブランは，「ミュージション」というブランドのマンション賃貸ビジネスを行っている。これはミュージャン向けのマンションで，防音設備はもちろん，楽器の大敵である湿気にも配慮されている。首都圏に29棟ほどあるが，その多くが音楽大学の近くにあり，音大生が賃借している場合が多い。また，音楽教室として使われている物件もある。賃貸料は周辺の同規模のマンションより約20%高く設定しており，その価格でも空室はなく，ウェイティング・リストができるほどである。

市場地位の変化

市場における地位は，時間とともに変化する場合もある。フォロワーの項で触れたサムスン電子は，フォロワーからチャレンジャーへ変化した事例である。また，モスバーガーも，創業当初は，価格が高くてもおいしさを求める顧客にターゲットを絞ったニッチャーであったが，現在では店舗数が増加し，リーダーのマクドナルドに挑むチャレンジャーになっている。

リーダーが市場地位を追われる場合もある。市場地位の逆転が起こるときは，マクロ環境の変化が背景にあることが多い。たとえば，技術革新が起こって画期的な製品が生まれた場合，リーダーが蓄積してきた経営資源が役に立たなくなることが多い。家庭用ゲーム機市場でリーダーだった任天堂は，スマホの普及によって，いわゆるスマホ・ゲームに顧客を奪われ，ソニーのプレイステーションにリーダーの座を譲った。なぜ，任天堂だけがスマホ・ゲームの影響を強く受け，ソニーはそれほど受けていないのだろうか。それは，任天堂の顧客はゲームのライト・ユーザーで，スマホ・ゲームで代替できる程度のゲームを行っていたからである。一方，ソニーのプレイステーションの顧客は，グラフィックにも優れた高機能のゲームに魅せられており，スマホ・ゲームでは彼らの欲求は満たされないからである。

リーダーの交代が起こる別の理由としては，法律や制度の変更がある。規制が緩和され，より大きな経営資源をもつ異業種の企業が参入して，リーダーの地位を奪うこともある。

考えてみよう

□ 特定の業界を取り上げ，リーダー，チャレンジャー，フォロワー，ニッチャーに分類し，それぞれの狙いを考えてみよう。

□ 市場地位別戦略が変化した企業を取り上げ，その原因を考えてみよう。

読んでみよう

□ 勝木光［2008］『ベイビーステップ』講談社

＊テニスで勝利する戦略に注目して読んでみよう。

□ 横山光輝［1997］『三国志』潮漫画文庫

＊群雄割拠での戦略を学ぼう。

やってみよう

□ 『キンキーブーツ』（映画，松竹）を観てみよう。

＊ニッチ戦略の事例として観てみよう。

第8章

戦略的マーケティング

（時事通信フォト提供）

◆すかいらーくホールディングスがファミリーレストラン「ガスト」などで導入を始めたロボット「BellaBot」。料理や飲み物の配膳を行うほか，注文した顧客とコミュニケーションできる機能をもつ。

Introduction 8

この章の位置づけ

本章では，単一事業の戦略，すなわち事業戦略ではなく，複数の事業を同時に営む企業の戦略，すなわち企業戦略について学ぶ。企業戦略には，どのような事業を行うかといった事業領域の問題と，どの事業に注力するかといった資源展開の問題がある。これらの 2 つの問題について学んでいく。

この章で学ぶこと

unit 20　事業領域と成長戦略

企業は常に成長を求められる。この unit では，企業はどのような事業で成長するかについて考える。まず，その指針となる事業領域，そして成長の方向性，最後に成長戦略の類型と成果をみていく。

unit 21　資源展開

企業は複数の事業を営んでいると，すべての事業に注力するわけにはいかない。なぜなら経営資源は限られているからである。この unit では，経営資源の展開方法を導く，プロダクト・ポートフォリオ・マネジメントについて学ぶ。

unit 20

事業領域と成長戦略

Case 冬の港：成長を求めて

居酒屋「冬の港」は，日本全国に250店舗を展開する居酒屋チェーンである。創業からこれまで，売上は順調に伸びてきた。ターゲットは若いビジネスパーソンに絞っていて，店内は明るく，サワーやカクテルの品ぞろえも豊富で，スマホが使えるように無線環境をいち早く整えた。食材は，国内3カ所の仕込みセンターで集中的に加工している。店舗での仕込み作業が減り，店舗の人件費が低減されるだけでなく，店舗間の味の均質化も図れている。

同社は，5年前に介護事業に参入した。居酒屋事業で培った接客の教育ノウハウを活用し，介護施設を運営している。食事はすべて，冬の港の仕込みセンターから調達している。介護事業も順調に推移している。

これまで順調に成長してきた冬の港だったが，ここ3年間，売上が横ばいになっている。理由は，居酒屋業界の競争激化である。また，介護事業も参入企業が増加している。

船川社長は，今後同社が居酒屋事業と介護事業で成長するのは難しいと考えていた。さらなる成長を求めるならば，新たな分野への進出が必要と感じていた。成長の方向性として，彼が考えていたのは，第1に，居酒屋事業の海外展開である。第2に，冬の港と同じターゲットに対する，新しい業態の外食チェーンの開発である。第3に，介護事業での経験を活かした，介護専用コミュニケーション・ロボットの開発である。要介護者を常に機嫌の良い状態に保つためにコミュニケーションがとれるロボットを開発しようと考えていた。これら3つの方向性には，一長一短あり，どれが適切なのか，なかなか決断ができないでいた。

＊　＊　＊

あなたが船川社長の立場であれば，3つの選択肢のうち，どれに進出するか。

Keywords
事業戦略　企業戦略　事業領域　物理的定義　マーケティング近視眼　機能的定義　マーケティング遠視眼　成長マトリクス　関連型　非関連型　集約型　拡散型　シナジー効果　逆シナジー効果

企業の戦略

これまでの unit では，1 つの事業に焦点を当ててマーケティング戦略を考えてきた。とくに unit **17**，**18**，**19** では，ある事業が顧客に支持され，競争に勝つための定石を示した。しかし，企業は 1 つの事業だけを営んでいるとは限らない。複数の事業を営んでいる企業も多く，その場合，事業ごとの戦略だけでなく，企業全体としての戦略も考える必要がある。前者のように，事業を 1 つの単位とした戦略を**事業戦略**というのに対して，後者のように企業全体を 1 つの単位とした戦略を**企業戦略**という（図 20-1）。

企業戦略では，主に 2 つの点について考えなければならない。1 つは，**事業領域**である。企業は，どのような事業を行うのかを明確にする必要がある。日常の業務推進時には，事業領域を意識することは少ないが，新しい事業を手掛けたり，事業数を削減したりするときには，事業領域の決定を迫られる。もう 1 つは，資源展開である。企業は，複数の事業を営んでいる場合，どの事業に力を入れるのかも決めなくてはならない。具体的には，資金などの経営資源を，どの事業にどのくらい充てるべきかを決める必要がある。この unit **20** では事業領域を，次の unit **21** では資源展開をみていこう。

事業領域

企業は，成長することを求められている。株主は，所有している株式の価値を上げたいので，経営者に企業の成長を要求する。とくに上場企業の株主の場合は，その傾向が顕著である。従業員も，企業が成長すれば，昇給や昇進，社会的なステータスも獲得することができるので，企業の成長は望むところだろう。また，地方自治体も税収や雇用数の増加を期待している。したがって，企業は，ステークホルダー（unit 27 参照）から成長への圧力を受けているのである。

企業が成長するには，1 つの事業だけをやっていては限界がある。unit **18**

図 20-1　戦略の階層性

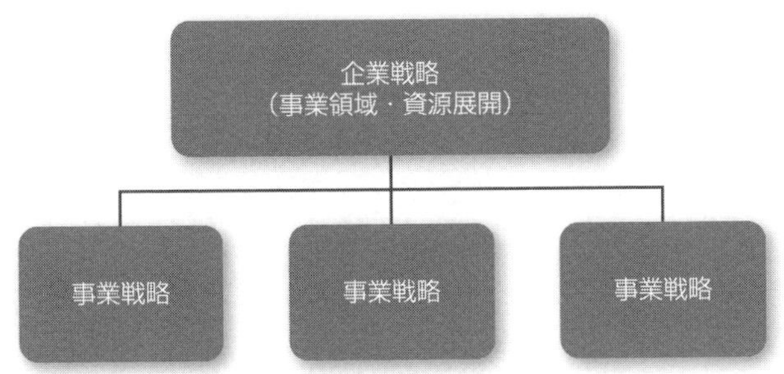

（出所）　石井ほか［1996］，12 頁に加筆修正。

でみたように，製品（カテゴリー）にはライフサイクルがあり，ある時期に成長していても，必ず成熟する時期を迎え，やがて衰退していく。したがって，企業は，1 つの事業に頼っていると，ライフサイクルの衰退期には，企業そのものも衰退してしまう。このようにステークホルダーが企業の成長を求めるなかで，既存事業の成長が止まり始めると，企業は成長のために新たな事業に挑戦することになるだろう。

では，どのような事業を手掛ければいいのだろう。儲かりそうな事業ならば，何でもいいのだろうか。このような状況で，どのような新規事業をするべきかという問いに対する回答の指針となるのが，事業領域である。事業領域とは，企業が行う事業活動の展開領域のことである。領域を意味する「ドメイン」という言葉を使うこともある。事業領域を設定するときには，現在実施している事業のみを表現するのではなく，現在は手掛けていなくとも将来実施しようとしている事業も考慮して設定することが多い。

事業領域の実例をいくつかみてみよう。ニコンの事業領域は，カメラ事業だけでなく，「光利用技術と精密技術をもとに，多彩な製品やソリューション」と設定されており，精機事業やヘルスケア事業なども事業領域内に入っている。凸版印刷は，印刷事業で蓄積された「彩の知と技」という強みを基盤に，「情報コミュニケーション」「生活・産業」「エレクトロニクス」の 3 つの事業領域を設定している。エレクトロニクスには半導体関連事業などが，生活・産業には建装材事業などが含まれている。

事業領域を明確にしておくと，次のようなメリットがある。第1に，従業員の活動の方向性を合わせることができる。事業領域が明確に設定されていないと，従業員はそれぞれが重要と思う事業活動にエネルギーを費やしてしまい，企業全体としてはバラバラな動きとなってしまう。逆に，事業領域が明確ならば，従業員は領域の範囲内で活動を行い，企業全体の活動は統一感をもつ。

第2に，企業が必要とする経営資源が明確になることである。上記のニコンや凸版印刷の事業領域で技術について言及しているように，事業領域と経営資源は表裏一体である。事業領域が決まれば，自ずと必要な経営資源は決まる。

第3に，企業のアイデンティティが形成されることである。事業領域の設定は，社会に対して，その企業の存在意義を明示することになる。顧客は，事業領域を知ることで，その企業がどのような企業であるかをよく理解することができる。また，従業員も一体感を感じることができるだろう。

事業領域の定義方法

事業領域はどのように設定すればいいのだろうか。最も簡単でわかりやすい方法は，「鉄道事業」「映画事業」といった具合に，製品の観点から定義することである。こうした定義方法を**物理的定義**という。物理的定義は，聞いただけでどのような事業を行っているか，すぐに理解できる。また，企業のアイデンティティも形成しやすい。しかし，製品にはライフサイクルがあるので，製品の観点で事業領域を定義していると，その事業領域はいずれ縮小してしまう。また，将来の成長の方向性も示してくれない。すなわち，物理的定義は，現在の事業領域は明快に示すことができるが，将来のことはほとんど示してくれない定義方法である。このような特徴を，近くは見えるが遠くは見えない「近視」にたとえて，**マーケティング近視眼**とよんでいる。

一方，製品ではなく，事業が果たす機能から定義する方法を**機能的定義**という。鉄道事業は，ヒトやモノを輸送するという機能をもっているので，機能的定義では「輸送サービス事業」となる。映画事業は，「娯楽事業」となる。機能的定義は，物理的定義に比べて抽象度が高いため，多くの事業を含めることができる。輸送サービス事業は，鉄道事業はもちろん，バス事業もタクシー事業も含んでいる。したがって，現在，鉄道事業しか行っていない企業が，事業領域を輸送サービス事業と定義すれば，バス事業やタクシー事業に参入してもよい。参入しておけば，たとえ鉄道事業の採算が悪くなったときでも他の事業で企業を維持することができる。機能的定義は，事業の幅や柔軟性，発展性に優れた定義方法なのである。しかし，抽象度が高いので，あいまいすぎるというデメリットもある。輸送サービス事業には，バス事業やタクシー事業の他にも航空事業，宅配事業，引っ越し事業など，たくさんの事業が含まれうる。したがって，事業領域が広すぎて，従業員の行動指針としては役に立ちにくい。このような特徴を，遠くは見えるが近くが見えない「遠視」にたとえて，**マーケティング遠視眼**という。

事業領域を，「市場」と「技術」の2次元の組合せとして定義する方法もある。物理的定義や機能的定義は1次元で定義されており，2次元での定義は，より具体的な定義が可能である。これに「顧客機能」を加えて，3次元で定義する方法もある。顧客機能とは顧客のニーズである。市場が成熟すると，顧客のニーズが多様化してくる。喫茶店に対して，おいしいコーヒーを求める顧客もいれば，リラックスできる空間を求める顧客もいる。そうすると，顧客のニーズも特定しておく必要がある。

事業領域は，一度設定してしまえば終わりというわけではない。技術や顧客ニーズなどの環境の変化が起きて，新しい事業に参入したり，事業構造を変えたりする場合は，事業領域を再定義する必要が出てくる。たとえばセコムは，業容を拡大していくに従って事業領域を見直しており，警備保障事業から安心・安全事業，そして現在は社会システム産業へと変えている。

成長戦略の方向性

企業が成長しようと新しい事業を手掛けるとき，原則的には，自社が決定した事業領域の範囲内で，手掛けるべき事業を決めることになる。もしも事業領域の範囲外の事業へ進出する場合は，事業領域を再定義することになるだろう。

すでに記したように，事業領域は成長戦略の指針である。事業領域を機能で定義している場合は，成長の方向性を打ち出しやすい。たとえば，ハローキティで有名なサンリオは，事業領域をソーシャル・コミュニケーション事業と定義しているので，インターネットの事業やテーマパークの事業も手掛けている。

表 20-1　成長マトリクス

	既存製品	新 製 品
既存市場	市場浸透	製品開発
新 市 場	市場開発	多 角 化

（出所）Ansoff［1965］，邦訳 137 頁に加筆修正。

上記のように，「市場」と「技術」の 2 次元定義を使うこともできる。製品は特定の技術を具現化したものなので，技術を製品と言い換えることができる。「市場」と「製品」の 2 次元を使っているのが，**成長マトリクス**である。成長マトリクスでは，製品が既存製品か新製品か，対象市場が既存市場か新市場か，で成長の機会を 4 タイプに分類している（表 20-1）。

既存製品・既存市場のセルは「市場浸透」とよび，使用量の増加や使用頻度の増加，新しい使用方法や使用シーンの提案がこれに当たる。他には，競合企業の顧客を奪うことや，現在使用していない顧客を獲得することも含まれる。

既存製品・新市場のセルは「市場開発」とよび，自社の既存の標的市場に提供してきた製品を異なる標的市場に展開することである。新しいチャネル構築や海外への製品輸出などがこれに当たる。

新製品・既存市場のセルは「製品開発」とよび，既存の標的市場に新しい製品を提供することである。既存製品を補完する製品の販売やモデルチェンジも含まれる。

新製品・新市場のセルは「多角化」とよび，新しい市場に新しい製品を提供することである。

3 次元の定義も，成長戦略に具体的な指針を提供してくれる。表 20-2 のように 7 つの成長の方向性を考えることができる。

成長戦略の類型と成果

大企業の多くは新規事業に乗り出すことを通じて成長を遂げている。成長のタイプはさまざまで，企業の数だけあるといってもよいが，大まかに分類してみよう。

1 つの分類法は，関連型と非関連型である。**関連型**とは，既存事業と新規事

表 20-2　3 次元定義を使った成長の方向性

成長の方向性	市　場	顧客機能	技　術
1	そのまま	そのまま	変える
2	そのまま	変える	そのまま
3	変える	そのまま	そのまま
4	そのまま	変える	変える
5	変える	変える	そのまま
6	変える	そのまま	変える
7	変える	変える	変える

（出所）　Abell［1980］，邦訳 228 頁に加筆修正。

業との間に，開発技術や製品の用途，流通チャネル，生産技術，管理ノウハウなどで共通に使えるものがあるタイプである。一方，**非関連型**とは，既存事業と新規事業にほとんど共用できる知識やスキルがないタイプである。

もう 1 つの分類法は，集約型と拡散型である（図 20-2）。これは，関連型を再分類する方法である。**集約型**とは，進出した事業間で少数の種類の経営資源を共用しており，相互に網の目のように緊密に関連しているタイプである。先述したニコンは，光利用技術と精密技術を利用できる事業で成長しており，各事業が技術で緊密につながっている。一方，**拡散型**は，新事業で蓄積した経営資源を使って，さらに新しい事業に取り組み，その事業はもともとの既存事業とは関連性が薄いタイプである。帝人は，もともとレーヨン長繊維事業で創業

図 20-2　集約型と拡散型

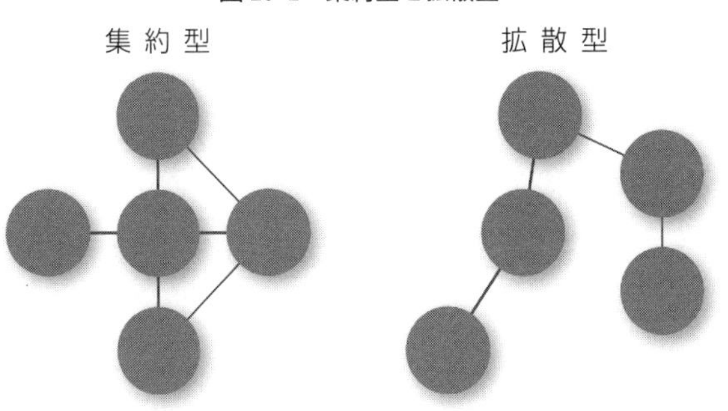

（出所）　石井ほか［1996］，114 頁。

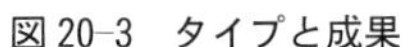

図 20-3　タイプと成果

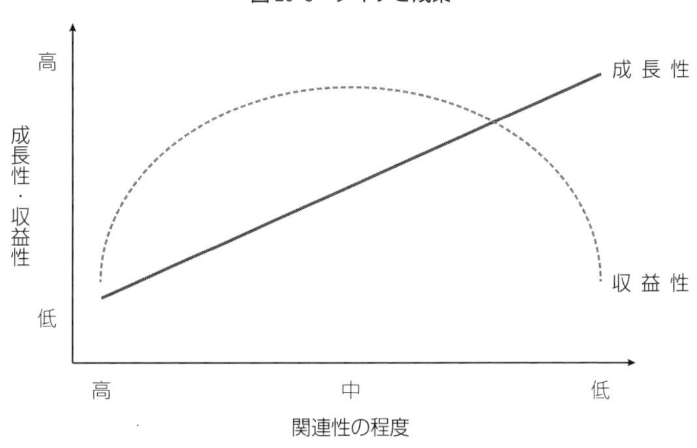

（出所）　吉原ほか［1981］，181 頁に加筆修正。

したが，合成繊維事業へ拡大し，それを基盤に化学品事業や医薬品事業にも進出し，今ではヘルスケア向け IT サービスからデジタル・コンテンツ管理サービスまで手掛けている。

これらのなかで，どのタイプが良い業績を収めているのだろうか。これまでの研究で明らかになっているのは，第 1 に，事業間の関連性の程度が低いほど成長性（売上や利益の伸び）は高い傾向にあることである。第 2 に，事業間の関連性の程度が中程度の場合に収益性（利益率）が高い傾向があるということである（図 20-3）。したがって，収益性を高めたいときには，関連型かつ集約型を行うのがよい。しかし，成長性を求めるのであれば，非関連型を推進する必要がある。

シナジーと逆シナジー

関連型かつ集約型の多角化が高い収益性を生むのはなぜだろうか。それは，既存事業と新規事業の間に相乗効果があるためである。この相乗効果のことを**シナジー効果**とよぶ。10 億円の利益が得られる 2 つの事業があったとしよう。これらの事業を別々の企業で個々に行えば，利益合計は 10 億円＋10 億円で 20 億円である。しかし，これらの事業を 1 つの企業で行いシナジー効果が働けば，利益合計は 20 億円を超えるだろう。

シナジー効果には，「経営資源の共用」と「相互の補完性」の2つのタイプがある。経営資源の共用とは，複数の事業で何らかの経営資源を同時に利用することである。たとえば，既存事業の流通網を使って新規事業の製品を販売すれば，別々に流通網を構築するよりもコストがかからない。また，生産技術や業務スキルを複数の事業で利用することも，これに含まれる。もう1つの相互の補完性とは，ある製品が別の製品の顧客にとっての価値を高めることである。たとえば，ゲーム機の販売をしている企業がゲームソフトの販売もしていれば，ゲーム機が売れるとゲームソフトも売れる可能性が広がる。こういうタイプのシナジーである。

一方，企業内に多くの事業を抱えると，シナジー効果よりも，事業間の調整コストのほうが大きくなってしまう場合がある。関連がある事業間で，共同で業務を行おうとしても，社内の組織やルールが複雑になると，調整業務にかなりの時間を割かれる。また，企業規模が大きくなると，自分の会社で何をやっているのかさえ理解していない従業員も増えて，どのようなシナジー効果が得られるかというアイデアも出なくなってくる。このような状態になってしまうと，同じような市場調査を複数の事業部で同時に実施してしまったり，事業部間の意思疎通の欠如で事業の推進が遅れたりと，非効率な面が増大してくる。このような状態を**逆シナジー効果**とよぶ。逆シナジーが大きいと，専業で事業を行っている競合企業との競争に勝てなくなる。

考えてみよう

- □ 少数の事業しか営んでいない企業を取り上げ，その企業の成長戦略の方向性を考えてみよう。
- □ 複数の事業を営んでいる企業の成長の歴史を調べ，その成長が集約型か，拡散型かを考えてみよう。

読んでみよう

- □ 三田紀房［2005］『マネーの拳』小学館
  ＊企業成長の方法とそのマネジメントに注目して読んでみよう。

□ 原泰久［2006］『キングダム』集英社

＊秦が天下統一していくプロセスに注目して読んでみよう。

□ 『ソーシャル・ネットワーク』（映画，ソニー・ピクチャーズエンタテインメント）を観てみよう。

＊Facebook の成長のプロセスを観てみよう。

unit 21

資源展開

Case ベビネットしばた：製品ラインの整理

ある春の日の午後，経営企画室の落合室長は，マーケティング部の安永部長とミーティングを行っていた。先週末に帯津社長からよばれて，「製品の種類が多くなってきており効率が悪くなっている。製品群を整理統合せよ」との指示をうけていた。落合室長は安永部長から各製品の市場データを聴取して，整理すべき製品を社長へ提示する予定である。

ベビネットしばたは，ベビー用品や玩具をインターネット上で販売している直販メーカーである。創業当初はミルクビンなど乳幼児向け製品が主力であったが，3歳児や小学生向けの製品も販売するようになり，製品数が徐々に増えていった。現在は8種類の製品群を生産・販売している。

帯津社長への報告期日は，明日の朝である。落合室長は，安永部長から入手し

表　製品群のデータ

製品群	売上高（百万円）	市場の成長率（%）	市場シェア（%）	トップ企業のシェア（%）*
A	122	−7	25	15
B	12	3	12	45
C	48	−8	6	11
D	46	−1	41	48
E	18	8	3	12
F	65	12	65	26
G	89	−6	13	52
H	45	22	16	17

（注）＊：ベビネットしばたがトップ企業の場合，トップ企業のシェア列には，2位企業のシェアを記入している。

たデータを見ながら腕組みをした。

＊　＊　＊

あなたが落合室長の立場であれば，どの製品の生産を中止するか。

Keywords

資源展開　経営資源　人的資源　物的資源　資金的資源　情報的資源　プロダクト・ポートフォリオ・マネジメント（PPM）　金のなる木　花形製品　負け犬　問題児　戦略事業単位（SBU）

資源展開の重要性

企業は成長を求められている。単一の事業で成長してきた企業でも，その事業の成長が止まると，他の事業に進出して成長性を維持しようとする。そのため，多くの企業は複数の事業を並行して同時に営むことになる。

パソコン用のパッケージソフトの流通で創業したソフトバンクは，次にパソコンやソフトを紹介する雑誌事業を始め，その後，インターネット接続サービスや球団経営，携帯電話事業，ロボット事業，電気事業へ業容を広げ，今ではさまざまなベンチャー企業への投資まで手掛けている。

複数の事業を経営する企業は，すべての事業に全力を傾けたいが，なかなかそうもいかない。経営者の時間には限りがあるし，企業が使える資金にも限りがあるからだ。したがって，どの事業に注力するのかを決めなければならない。企業に蓄積された経営資源を効率的，かつ効果的に各事業へ配分していくことを**資源展開**という。

では，どうすれば効率的，かつ効果的に配分することができるだろうか。各事業で働いている人は，自分が携わる事業に資金などの経営資源を最大限配分してほしいと思っている。公平を期するために，すべての事業に平等に資源を配分すると，ある事業では資金が足りず，ある事業では人が余ってしまうなど，不都合が生じるだろう。したがって，資源展開は一定の合理的な根拠のもとに行われなければならない。この unit では，資源展開を決めるための指針を導いてくれるフレームワークを中心にみていこう。

経営資源

フレームワークの説明に入る前に，まず経営資源について整理しておこう。**経営資源**とは，企業が経営活動をするうえで必要なさまざまな要素である。具体的には「人的資源」「物的資源」「資金的資源」「情報的資源」の4つである。一般的には，「ヒト」「モノ」「カネ」「情報」という表現を使うことが多い。

人的資源とは，すなわち従業員のことである。人的資源の特徴は，第1に，その他の資源を動かす原動力になることである。経営の神様とよばれた松下幸之助が「企業は人なり」といったように，人的資源次第で他の資源が活きるかどうかが決まる。第2に，人的資源は教育によって価値が増大することである。新人の従業員とベテラン従業員とでは，処理できる業務量や質において差があるが，それはそれまでの教育や経験によって生じている。第3に，人的資源の価値は，マネジメント次第で上下することである。人は感情をもっているので，たとえ高い能力をもつ人でも，やる気が出なければ業務量は減ってしまう。

次に，**物的資源**とは，土地や工場，生産設備，物流設備などである。そして，**資金的資源**とは，現金や有価証券のことである。資金的資源が豊富であれば，採用活動をして人的資源を増やすことや工場を建設して物的資源を増やすこともできるので，万能な資源ともいえる。したがって，資源展開では資金的資源の配分を中心に議論されることが多い。

最後の**情報的資源**は，技術やノウハウ，ブランドや企業のイメージなどである。昨今，経営資源のなかで情報的資源が最も重要と主張する人は多い。なぜなら，情報的資源は，企業の個性の源で，競争上の優位性になりうるからである。情報的資源の特徴は，第1に，自然蓄積性である。企業は活動すれば必ず情報を得ることになる。活動の経験という情報や対面した顧客の情報など，入手を意識せずとも蓄積される。第2に，多重利用可能性である。情報や知識は何度使ってもなくならない。複数の事業で同じ情報を使うことができる。第3に，消去困難性である。いったん蓄積した情報は，簡単に捨てられない。長年，実施してきた仕事の進め方を，新しい進め方へ変更するのは簡単ではない。また，いったん付いた企業イメージを変更するにも，長い時間がかかるだろう。

成長する企業は，これら4つの経営資源を適切に配分しているのである。

プロダクト・ポートフォリオ・マネジメント

複数の事業を抱える企業が，持続的な成長をしていくためには，限られた経営資源を効果的に配分する必要がある。資源配分がうまくいかないと，個々の企業の業績が低下するだけでなく，全社的に競争力を失いかねない。したがって，合理的な資源配分の指針が必要になってくる。

こうした経営課題に応えるべく，1970年代初めにボストン コンサルティング グループが開発したのが，**プロダクト・ポートフォリオ・マネジメント**（PPM）である。「ポートフォリオ」とは，もともと複数の株券を入れるフォルダの意味で，株券を製品もしくは事業に置き換えて，全体のリスクと収益性のバランスを管理するという意味で名前が付けられている。

PPMの基本的な考え方は，経営資源が必要な事業と経営資源を生み出す事業とに分類して，生み出された経営資源を必要な事業へ振り分けるというものである。とくに資金的経営資源を想定して考えられている。

事業を分類する軸は，2つある。1つめは，その事業の市場成長率である。資金を必要とするかどうかは，市場成長率に依存すると考えている。unit **18** で示したように，製品にはライフサイクルがあり，市場成長率が高い市場では投資が必要だが，市場成長率が低い市場では投資は必要なくなるという前提をとっている。

2つめの軸は，自社の相対的市場シェアである。相対的市場シェアは，具体的には，次のような計算で求める。自社の市場シェアが20％で，市場シェアが一番大きい競合企業が40％である場合は，20/40=0.5となる。自社の市場シェアが20％で，市場シェアが一番大きい競合企業が60％である場合は，20/60＝0.33となる。一方，自社が市場の最大シェアをもち40％で，2位の競合企業が20％である場合，40/20＝2.0となる。

事業が資金を生み出すかどうかは，他社との相対的な市場シェアに依存すると考えられている。相対的市場シェアが大きければ多くの資金を生み出し，相対シェアが小さければほとんど資金を生み出さない。この考え方の背景には，unit **11** で触れた経験曲線が想定されている。市場シェアが大きければ，累積生産量が大きくなり，そうすると単位コストが下がる。したがって，利益が出て，資金を生むという論理である。

図 21-1　プロダクト・ポートフォリオ・マネジメント

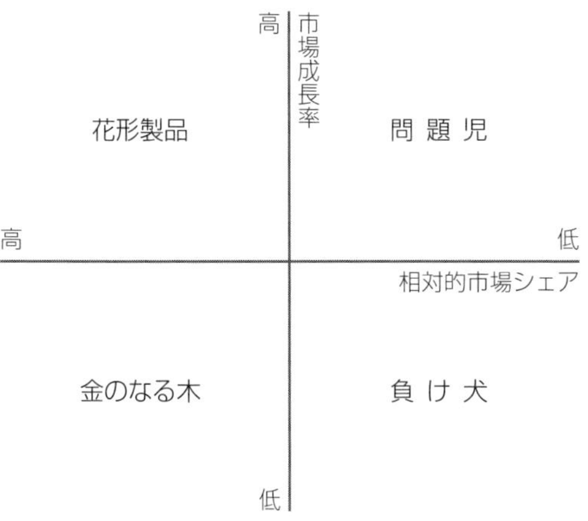

（出所）　水越［2003］，136 頁に加筆修正。

この 2 軸で事業を分類すると図 21-1 のように 4 つの象限に分けることができる。相対的市場シェアが大きく，市場成長率の低い事業を「**金のなる木**」とよぶ。シェア維持に必要な投資資金を大きく超える資金をもたらすためである。

相対的市場シェアが大きく，市場成長率が高い事業を「**花形製品**」とよぶ。そうよぶのは，社内で脚光を浴びる存在であるからである。資金をたくさん生み出す反面，成長のための資金需要も大きいので，差し引きで資金が余るかどうかはわからない。ただ，市場でトップのシェアを維持できれば，いずれ市場成長が鈍化した際に資金需要は減って，大量の資金を生み出す「金のなる木」になる。

相対的市場シェアが小さく，市場成長率も低い事業は，「**負け犬**」と名づけられている。すでに勝負が終わった業界で，業界のトップになれずに敗れた事業だからである。資金を使いもしないかわりに生み出しもしないので，資金は大きなプラスにもマイナスにもならない。

相対的市場シェアが小さく，市場成長率が高い事業を「**問題児**」とよぶ。資金はほとんど生み出さず，かつ資金を必要とするので，大量の資金が流出する。投資を怠れば他企業に後れをとることになり，現状の低いシェアを維持する程度の投資に留まった場合には，市場成長が止まった時点で「負け犬」になって

図 21-2　日本コカ・コーラの PPM（2013 年）

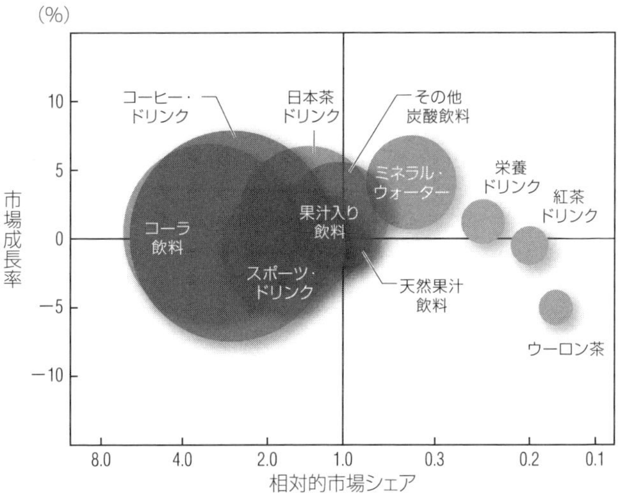

（出所）　嶋口ほか［2016］，184 頁。

しまう。

図 21-2 は，日本コカ・コーラの 2013 年時点での製品カテゴリー別のポートフォリオである。この時点では，金のなる木がコーラ飲料，スポーツ・ドリンク，花形製品には日本茶ドリンク，問題児にはミネラル・ウォーター，栄養ドリンク，負け犬にはウーロン茶が位置している。

資金の配分方法

4 つの象限に分類された事業のうち，唯一，資金を生み出してくれるのは，「金のなる木」だけである。したがって，成長を長期にわたって維持するには，金のなる木で得た資金を使って，将来の金のなる木を育てなければならない。

その方法は 2 つある。1 つは，資金を「問題児」に投入して，成長性の高い間にそれを「花形製品」に育て上げることである。もう 1 つは，研究開発に投資をして，直接「花形製品」を作り出すことである。

このような資金の循環を実現するためには，それぞれの象限に分類された事業の戦略的位置づけは，次のようになる。

「花形製品」では，相対的市場シェアを維持しなくてはならない。将来，「金のなる木」にしなくてはならないからである。したがって，市場成長率と同程度で成長可能な程度の資金配分が望ましい。

「負け犬」では，多少の資金が生まれることもあるが，いくら投資をしても，相対的市場シェアを大きくするのは難しい。したがって，ここに多額の資金を注入しても無駄である。

「金のなる木」は，企業内で最も利益の出ている事業であるため，この事業部は社内での発言権も強い。したがって，再投資をしがちだが，この事業に過剰の投資をするのは得策ではない。相対的市場シェアの維持に必要な程度の投資に抑え，余った資金は「問題児」や研究投資に回すほうがいい。

「問題児」へは，莫大な投資が必要になる。「花形製品」に育てるには時間もかかる。したがって，問題児が複数ある場合は，投資する問題児を選択しなければならない。それに漏れた問題児は，諦めることになる。

戦略事業単位

これまでの説明では，PPM を作成する際の単位を製品もしくは事業としていた。それぞれの製品もしくは事業が独立して経営できるのであれば，そのままで構わないが，複数の製品もしくは事業が相互に関係している場合には，単位を変更したほうがいい場合もある。たとえば，金のなる木の自動車事業と負け犬の二輪車事業を経営していたとする。両事業は，共通の技術や部品を利用することが多いので，負け犬だからといって二輪車事業から撤退すると，自動車事業のコストが上昇し，利益が出なくなるかもしれない。こうした場合は，自動車事業と二輪車事業を1つの単位として考えたほうがいい。このような，PPM 上での計画・実績掌握・評価のための事業単位を**戦略事業単位**（Strategic Business Unit：**SBU**）という。

SBU は，戦略上の単位なので，日常のオペレーション上の組織と同一である必要はない。ただし，他の SBU とは独立した計画を策定し，その計画を遂行するための責任者を置いて，計画を達成させなければならない。

SBU を単位として描いた PPM と，製品や事業を単位として描いた PPM では，明らかに異なったものになってくる。また，SBU の括り方が変わっても異なった PPM が浮かび上がるだろう。異なる PPM を使えば，資金展開の判断も異なってくる。したがって，どういう単位でPPMを描くかは，非常に重要な判断になる。

PPMの長所と短所

PPMは資源配分の指針を提供する優れたフレームワークであるが，とくに3つの長所をもっている。第1に，スナップショット的に事業構成のバランスを定量的に把握することができることである。第2に，「健全な赤字部門」を論理的に説明できる。赤字部門は，とかく撤退を求められやすいが，将来の花形製品になる可能性のある事業であれば，継続して経営することを社内で認められやすくなる。第3に，競合企業の戦略を予測することができることである。競合企業のPPMを描けば，どの事業に投資をして，どの事業の投資を抑制するかを予測しやすい。

このように，PPMはシンプルで，かつそこから引き出される示唆は明快なため，非常に強力なフレームワークであるが，注意すべき点もある。第1に，前述したように，分析単位をどうするかによって，PPMが異なってくることである。SBUの捉え方次第で，得られる結論が大きく変わる可能性がある。第2に，市場シェアと市場成長率の定義である。前者は，「国内市場」にするか「世界市場」にするか，「セグメント別」にするか「チャネル別」にするか，「売上高ベース」にするか「数量ベース」にするか，などの定義を明確にする必要がある。後者は，本来は今後の予想市場成長率を用いるべきだが，客観的データの入手が難しい。実務上は直近の単年度成長率や3〜5年の年平均成長率を採用することが多いので，それが適切かどうか検討する必要がある。

考えてみよう

- ☐ 複数の事業を営んでいる企業を取り上げ，それらの事業をどのような戦略事業単位にまとめられるか，考えてみよう。
- ☐ 最近，企業買収を実施した企業を取り上げ，その買収した企業がPPMの4つの象限のどれに当てはまるか確認し，買収した狙いを考えてみよう。

読んでみよう

- □　川村隆［2016］『100 年企業の改革――私と日立』日本経済新聞出版社
  ＊日立の事業の組み替えに注目して読んでみよう。
- □　三枝匡［2016］『ザ・会社改造――340 人からグローバル 1 万人企業へ』日本経済新聞出版社
  ＊経営資源の配分に注目して読んでみよう。

やってみよう

- □　『舟を編む』（映画，松竹，アスミック・エース）を観てみよう。
  ＊不採算事業を続ける意味を考えながら観てみよう。

第 9 章

市場資源のマーケティング

(picturedesk.com/時事通信フォト提供)

◆2019年にオープンしたApple 丸の内。東京・丸の内の一等地に建ち，iPhoneの新作が発売されたときは多くの来場者でにぎわう。

Introduction 9

この章の位置づけ

本章では，マーケティング戦略によって構築されるとともに，マーケティング戦略を長期的に可能にする市場資源について学ぶ。具体的には，ブランディングと関係性を紹介する。

この章で学ぶこと

unit 22　ブランド

マーケティング活動全般において，とくに重要視されてきた市場資源の1つはブランドである。第3章で説明した製品政策にも関わるブランドは，製品・サービスの範囲を超えて，市場資源となることを確認する。

unit 23　関係性マーケティング

もう1つの市場資源として，顧客との関係性を確認する。サービス財や産業財で重視されてきた考え方が，今日では通常の消費財にも広まっていることを学ぶ。

unit 22

ブランド

Case ウォーターオーバー社：Tsukamu ブランドの再生

ウォーターオーバー社の化粧品ブランド「Tsukamu」は，すでに日本で 60 年を超えるベストセラーである。認知度は老若男女問わずほぼ 100% であり，カテゴリー内での再生率もきわめて高い。毎年若干のリニューアルを施しながらも，30 代から 50 代の女性をターゲットにして，白くしっとりとした肌をつくるというコンセプトは変わっていない。

ところが最近になり，競合他社から新ブランドが投入され，急激に Tsukamu の売上が落ちてしまった。ターゲット層は同じで，価格帯も変わらない。投入に際して，今人気の女優を起用して大々的な広告プロモーションを展開していた。ターゲット層にリサーチをしてみると，依然として Tsukamu の認知度や再生率は高く，連想イメージについては次のキーワードが上位だった。「美白」「無難」「主婦」「定番」「べったり」「安心感」「昭和」「お母さん」「高級」「高い」。一方の競合ブランドは，「新しい」「スタイリッシュ」といったイメージで捉えられていることがわかった。

化粧品は製品機能の差別化が難しく，また安易な値下げは製品イメージを損なう危険性がある。まさにブランドを考える必要があると考えられた。

＊　＊　＊

ブランド・マネジャーとして，Tsukamu ブランドをどうすればよいか考えてみよう。

Keywords
（顧客ベースの）ブランド・エクイティ　ブランド・アイデンティティ　保証機能　識別機能　想起機能　ブランド認知　ブランド連想　ブランド再認　ブランド再生　ライン拡張　ブランド拡張　マルチブランド　新ブランド　共同ブランド　ノーブランド　プライベート・ブランド　ブランド・パワー

ブランド・エクイティ

製品・サービスという言葉の代わりに，ブランドという言葉が使われることがある。あの製品・サービスはよい，あの製品・サービスが欲しいという代わりに，あのブランドはよい，あのブランドが欲しいというようにである。組織においても，プロダクト・マネジャーではなく，ブランド・マネジャーが置かれていることがある。

当然，ブランドは，製品・サービスそれ自体のことではない。ブランドとは，製品・サービスを特徴づける名称やシンボル，マークなどの総称である。

ならばブランドがよいとは，名前やシンボル，マークが優れているということを意味するのだろうか。この認識は間違っているわけではないが，十分ではない。たとえば，「Apple」がよい，という言葉が意味しているのは，「A-p-p-l-e」という綴りや，よく知られたリンゴのマークが優れているというわけではないだろう。ブランドがよいということが意味しているのは，その名前やシンボル，マークに付随して，さまざまな価値が生まれているということである。鍵となるのは，ブランドに付随する「意味」である。

顧客側に蓄積された意味の集合は，とくに**顧客ベースのブランド・エクイティ**という。人々がそのブランドを認知し，具体的なイメージをもつことで，ブランドには付加価値が生まれるというわけである。これに対応していえば，企業側にあるブランド・エクイティとして，企業ベースのブランド・エクイティを考えることもできる。特許や商標といった権利はこれに該当するだろう。それから，企業側がそのブランドを顧客にどのように理解してほしいかという目標や理想像を提示するという場合には，**ブランド・アイデンティティ**の構築が重要になる。当然，企業側が考えるブランド・アイデンティティと，顧客側に実際に蓄積される意味の間には齟齬がありうる。

図 22-1　製品とブランド，ブランド・エクイティ

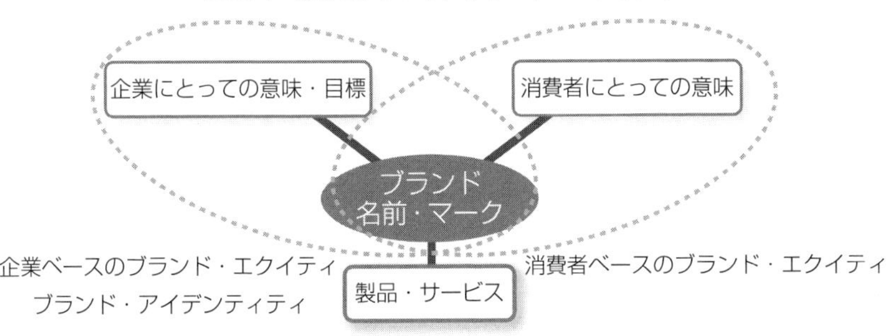

ブランドは，製品政策はもちろん，マーケティング活動の全般にあたって重要な位置を占めている。確かに，ブランドは古くから用いられてきた。しかし，今日，改めてブランドの重要性が指摘される背景には，グローバル化をともなう競争環境の激化や小売企業の大規模化など，大きな環境の変化がある。グローバル化を通じて，模倣や同質化が新興国を含めて盛んに行われるようになり，技術的な価値だけで生き残ることが難しくなっている。また，海外進出という場合にも，規模の経済を生かす世界的企業への対応が必要になっている。さらに小売企業の大規模化にともない，小売企業自身が製品を廉価に開発・販売するようにもなってきており，いよいよブランドが重要になっている。今やマーケティングにおいて，ブランドの構築は至上命題でもある。

ブランドの 3 つの機能

名前やマークである以上，ブランドは，それ自体としては実質的な中身をもたない。それゆえ，意味を中心に成り立つブランド・エクイティは「見えざる資産」ともよばれる。見えざる資産を構築するブランドには，大きく分けて 3 つの機能がある。それは，保証機能，識別機能，想起機能である。

保証機能とは，製品にブランドをつけることによって，その製品が誰によってつくられたかが明示され，責任の所在が保証されることをいう。保証を通じて，企業は顧客から信頼を得ることができる。

識別機能とは，ブランドの付与によって，他の製品との明確な区別が可能になることをいう。逆に，同一ブランドによって供給される製品は同質と認識さ

図22-2　ブランドの機能

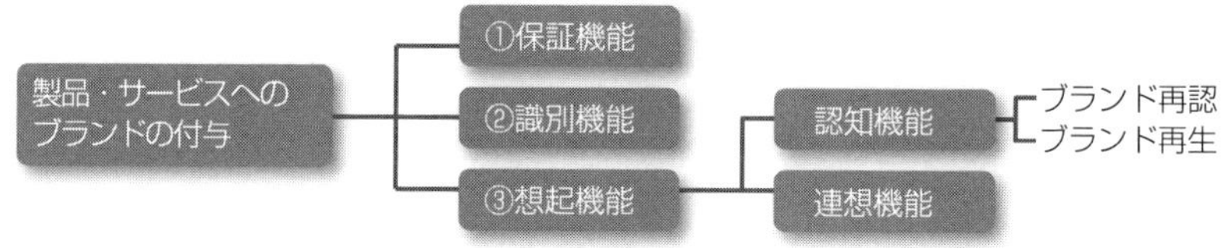

（出所）石井ほか［2013］，434頁をもとに筆者作成。

れる。この同質性については，農作物にブランドを付与した場合がわかりやすいだろう。製品そのものは少しずつ形が異なるはずだが，それらは同じものとして理解される。

保証機能や識別機能は，ことさらブランドを強調せずとも当たり前の機能である。古くから存在していたブランドの役割とは，その製品が誰によってつくられたのかを示し，偽物を含む類似した他の製品と異なることを強調することにあった。

今日，ブランドがエクイティとして注目される背景には，**想起機能**への注目がある。想起機能とは，ブランドの付与によって，特定の製品・サービスを通じて，ある種の知識や感情，あるいはイメージなどを思い起こさせることをいう。

想起機能は，細かくは**ブランド認知**と**ブランド連想**とに分かれる。そして，ブランド認知には，**ブランド再認**と，**ブランド再生**がある。たとえば，ナイキのマークである「スウッシュ」（Swoosh）を見て，そのマークを知っていると答える人の比率が高いのであれば，ナイキ・ブランドの再認率（知名度）は高いということになる。また，シューズといえば「ナイキ」を思い出すという人の比率が高いのであれば，ナイキ・ブランドの再生率が高いということになる。多くの人々に再生されるブランドは，購買時に思い出される可能性も高く，購買される確率も高まる。

一方，ブランド連想は，そのブランドから，買い手が何らかの知識やイメージを連想する効果を指す。たとえば，「Apple」というブランドは，人々の心のなかで「iPhone」や「iTunes」といった製品の直接的な知識はもちろんのこと，「創造性」や「デザイン」といった知識やイメージと結びついている。

あるいは，近年の「キットカット」であれば，「お菓子」や「チョコレート」というだけではなく，「きっと勝つ」や「お守り」「受験」「青春」といったイメージが連想されるだろう。その具体的な意味やイメージは人それぞれに異なっており，言葉ではうまく表せないような体験も含まれる。だが，いずれにせよ，ブランド連想の内容によって，当該ブランドは製品・サービスを超えた付加価値を手に入れることになる。

消費者にとってのブランドの効果

企業にとってブランドが大きな資産となることは当然だが，消費者にとっても，ブランドの存在は大きな意味をもっている。第1に，ブランドが存在することで，彼らの購買意思決定に関わる時間が短縮される。もしブランドが存在しなければ，コンビニで菓子を買おうと思ったとき，消費者は自らの問題を解決してくれるであろう製品を1つひとつ検討し，選択しなくてはならない。その購買意思決定には，当然，時間も費用もかかる。だが，ブランドが存在しているのならば，ブランドを手掛かりにすることで簡単に意思決定ができる。「ポッキー」が何であるかを知っており，「トッポ」と何が違うのかを知っており，さらに「ポッキー」に対して好ましいイメージを有しているのならば，それ以上に情報を収集・分析する必要はない。

第2に，ブランドの存在は，消費者の自己表現を媒介する役割を果たす。「エルメス」のバッグを所有することで，「エルメス」に付与されたブランド連想を自らのものとすることができる。ラグジュアリー・ブランドとしてのそれは，たとえば「セレブ」「高級」「エクセレント」といった意味をともない，自らのステータスを示すことになるだろう。当然，消費者の満足度は高まり，また自尊心も満たされる。

第3に，ブランドの存在は，消費者に対して有用性と購入判断の基準を作り出す。先にブランドの機能として挙げたブランド連想が，まさにこれである。消費者はブランドに対してさまざまな意味を付与し，ロイヤルティ（愛着心，忠誠心）を高めることになる。さらに，一度高められた有用性は，消費者の購入判断の基準として機能するようになる。キットカットを見て「お守り」としての有用性が認識されれば，それが購入判断の基準となるため，板チョコなど他の菓子と単純には比較されにくくなる。それだけ，選択されやすくなるわけである。

ブランドの基本戦略

ブランドを具体的に運用するにあたっては，ブランド自体の基本戦略として，大きく4つの選択肢がある。1つめは，**ライン拡張**であり，すでにあるブランドのなかに新しい製品を加えるという方法である。この方法は，すでに unit 9 でみた製品ミックスの考え方と基本的に変わらない。ただし，製品ミックスとは異なり，ライン拡張によって新たに付け加えられた製品によって，ブランド・エクイティが変化する。

2つめの方法は**ブランド拡張**である。ブランド拡張では，既存ブランドの名称やマークなどを，他のカテゴリーにも利用する。液晶テレビで強いブランドを構築したシャープは，AQUOS というブランドを携帯電話にも付与することによって，シェアを伸ばすことに成功した。ブランド拡張では，ブランドに付随した意味の集合を，他のカテゴリーに移し替えることができる。

3つめは**マルチブランド**とよばれる。同じカテゴリーでも複数のブランドを用意することができる。たとえば P&G の洗剤を考えた場合，洗浄力とともに抗菌・防臭のイオンパワージェルを売りにするアリエールと，柔軟剤入りで香りを売りにするボールドはブランドが分けられている。花王も，アタックとニュービーズが異なるブランドとして展開されているが，ライオンの場合には，トップで多くの製品が展開されている。

4つめは，**新ブランド**を立ち上げる方法である。新しいカテゴリーで新しいブランドを立ち上げる。自由度はとても高くなるが，新ブランドの導入には大きなコストがかかるということに注意する必要がある。また，先のライン拡張やブランド拡張と比較して，どちらが効果的であるかを考える必要がある。たとえば，グリコのポッキーは，ポッキーという新しいブランドを使わずに，すでに認知されていたブランドであるプリッツを使ったプリッツ・チョコレートというライン拡張やブランド拡張をするという選択肢もあったはずである。どの選択をするのかによって，その製品の未来は大きく左右される。

4つの戦略は，ブランド戦略を立案する企業において，すでに製品カテゴリ

表 22-1 ブランド戦略の類型化

		ブランド	
		既存	新規
製品カテゴリー	既存	ライン拡張	マルチブランド
	新規	ブランド拡張	新ブランド

ーを有しているかどうかという軸と，既存ブランドが存在しているかどうかという軸によって分類することができる。なお，当然，製品カテゴリーを有しているということは，そのカテゴリーにおいて何らかのブランドを先行して有しているということを意味している。

共同ブランド

4つの基本戦略は，1つの製品・サービスはただ1つのブランドを利用することを前提としている。これに対して，1つの製品・サービスに対して，複数のブランドを組み合わせる**共同ブランド**（二重ブランド）が利用されることもある。戦略的には，複数のブランドを利用することで，より大きなブランド・エクイティを期待できるようになる。

共同ブランドについては，4つの基本戦略を基礎としながらも，さらにさまざまな組合せを考えることができる。たとえば，アップルとナイキは，お互いのブランドを用いながら，iPhone とランニング・シューズを組み合わせた製品・サービスの開発・販売を行っていた。近年でも，Apple Watch Nike のアルミケースを提供している。相互にブランドを提供することで，技術だけではなく，それぞれのブランド・エクイティを利用することができる。また，メーカー同士の共同ブランドだけではなく，メーカーと流通業者による共同ブランドも存在している。これはとくにダブル・チョップとよばれ，共同開発の方式をとることも多い。

P&G では，柔軟剤であるレノアの香りを用いたファブリーズ with レノアハピネスという同一企業内の共同ブランドがある。これは，消臭剤であるファブリーズに，芳香剤成分を含む柔軟剤であるレノアというブランドを表示させ，ファブリーズの価値をいっそう大きくしようとしている。類似した共同ブランドとしては，個別のパソコン・メーカーのパソコンに表記されるIntelブランドを挙げることもできる。Intelは，パソコンに組み込まれるCPUなどのチップを生産しているメーカーである。

さらにいえば，資生堂とTSUBAKIや，ユニクロとヒートテックといったコーポレート・ブランドとプロダクト・ブランドの併記も，共同ブランドと同じ効果をもつと考えられる。この場合，コーポレート・ブランドとプロダクト・ブランドの併記は必ず行われるというわけではなく，その組合せについては，一方のみを強調するという方法も採用される。

ノーブランドとプライベート・ブランド

いずれのブランディングもメリットだけというわけではない。たとえば，ブランド拡張を行うことによって新しい製品・サービスにブランドが付与された結果，もともとのブランド・エクイティが毀損されるかもしれない。同様の可能性は，共同ブランドにおいても変わらない。むしろ，複数の企業のブランドを利用するという場合には，よりリスクが高まる可能性が高い。

ブランディングには一定のデメリットがともなう以上，ブランディングしない**ノーブランド**という選択肢もまたありうる。ブランディングしないという場合には，ブランディングされている製品に比べて低い価格で販売できることが多い。低コストのラベリングやパッケージング，広告費などについても抑制することが可能だからである。したがって，頻繁に購入され価格の影響力が強い日用品などでは，積極的にノーブランドでマーケティングを行うことが有効である。

さらに，とくに製品・サービスそれ自体が優れている場合も，ブランディングを行う必要はあまりない。多くのメーカーでは，ブランディングと称しながら製品・サービスそれ自体の技術特性や質の高さが強調されている。そうした活動でもブランディングは可能だろうが，それは，本来的にブランディングというよりはプロモーション活動として理解されるべきだろう。

ノーブランドに近い選択肢として，**unit 16** でもみた，小売業者による**プラ**

イベート・ブランド（PB）が考えられる。プライベート・ブランドの場合，通常のメーカーによるナショナル・ブランド（NB）は使わず，小売業者の側でブランディングが行われる。大きなプロモーション投資を行わないことが多く，ナショナル・ブランドに比べれば価格を下げることができる。無印良品のように，当初は西武百貨店のプライベート・ブランドであったブランドが，優れたブランディングを通じて，ナショナル・ブランドに匹敵する強いブランド・エクイティを獲得することもある。なお，先にみたダブル・チョップは，ちょうどナショナル・ブランドとプライベート・ブランドの中間に位置している。

マネジメントの指針としてのブランド

ブランドは，企業側にとっても，消費者側にとっても，重要な価値を提供する。しかし，問題は，ブランドは実体をもたない見えざる資産ということである。それゆえ，現在自社のブランドがいかなる価値を有し，どのように機能しているのかについての測定が重要になる。先にブランドの3つの機能を細かく紹介したのは，測定の問題に関わっている。

まず，他ブランドと比較することによって，自らの**ブランド・パワー**を把握することができる。あるいは，同一の企業内であっても複数の製品・サービスが存在し，それぞれにブランドが付与されているのならば，これらを比較することでもブランド・パワーを捉えることができる。そしてなによりも，ブランドは長期的な資産である以上，同一ブランドの過去と現在を比較することができる。

さらに具体的には，ブランド・パワーは，これまで確認してきたブランドの機能を指標とする総合値として算定することができる。たとえば，消費者がそのブランドの名前を聞いて思い出せるかどうか（再認率）は大事な指標となる。同様に，競合ブランドのなかで一番に思い出してもらえるかどうか（再生率）も重要である。これらの指標は，消費者へのマーケティング・リサーチを通じて測定される。

ブランド・パワーが以前に比べて落ちているとしよう。その原因が，再認率や再生率の下落にあるのならば，再認率や再生率を改善すべくコミュニケーションに投資すべきだろう。満足度の下落にあるなら，品質の改良に力を注ぐ必

図22-3　ブランド・パワーの測定

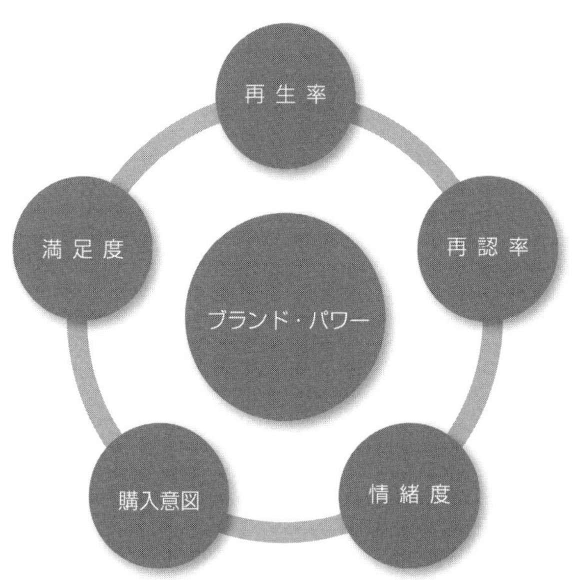

要がある。感情的な評価をともなう情緒度に問題があるなら，ブランドを新鮮にするために何か技術開発上の工夫が必要になる。要するに，ブランド・パワーの概念をもってブランドを測定するということは，マネジメントを可能にする。

さらに，これらの指標はブランド・パワーを測定するための方法にとどまらない。それらは，企業が，どのブランドにどのように投資をすべきなのかといった投資戦略も示す。複数のブランドを統一的に管理できるようになるわけである。

考えてみよう

- □　同一カテゴリーの複数のブランドを取り上げ，ブランド連想の違いを確認し，その原因を考えてみよう。
- □　ブランド・パワーが向上したと考えられるブランドを取り上げ，その原因を考えてみよう。

読んでみよう

☐　山井太［2014］『スノーピーク「好きなことだけ！」を仕事にする経営』日経 BP

＊ブランドの価値がどのように形成されているのかに注目して読んでみよう。

☐　サラ・ゲイ・フォーデン（実川元子訳）［2021］『ハウス・オブ・グッチ（上・下）』ハヤカワ文庫

＊殺人さえ起きるブランドの意味を考えよう。

やってみよう

☐『ティファニー　ニューヨーク五番街の秘密』（映画，ファインフィルムズ）を観てみよう。

＊ドキュメンタリー映画を通じてティファニーを知ろう。

unit 23

関係性マーケティング

Case テイルケープ社：ポイント・プログラムの導入

長距離鉄道サービスを提供するテイルケープ社は，ポイント・プログラムの導入を検討していた。すでに，同一区間で類似したサービスを提供する航空会社は，マイレージ・サービスを導入し，顧客の囲い込みを進めている。大きな競合は他にはなく，利便性を考えると，本数やアクセスの容易さという点では長距離鉄道サービスに分があると考えられていたが，航空会社のマイレージ・サービスの向上を受け，いよいよ対抗手段をとるべきではないかと社内での検討が始まった。

長距離鉄道サービスを利用する主な人々は，ビジネスパーソンである。また，休日やお盆休みなど長期休暇の際には，家族連れの利用が多くなる。航空会社も同様と思われるが，長距離鉄道よりもビジネスパーソンの利用が多いという。

現状，航空会社は，マイレージ・サービスを通じて，①マイレージ・ポイントを利用した無料搭乗券，②マイレージ・ポイントを利用したアップグレード，③マイレージ・ポイントに応じた接客方法，④マイレージ・ポイントに応じたプロモーション活動などを行っている。これらは，いずれも長距離鉄道サービスでも利用できそうだと考えられた。

＊　＊　＊

ポイント・プログラムのメリットとデメリットをまとめ，テイルケープ社がポイント・プログラムを採用すべきかどうか，採用すべきであれば具体的にどういうプログラムがよいかを考えよう。

Keywords
交換パラダイム　関係性パラダイム　顧客生涯価値　優良顧客　ポイント・プログラム　スイッチング・コスト　顧客満足　期待ギャップ・モデル　ACSI　JCSI

関係性パラダイムの台頭

1980年代以降，マーケティング戦略の短期的な視点を改善し，より長期的な観点からマーケティング活動を捉えていこうという議論がなされるようになっている。こうした議論は，これまでのマーケティング・マネジメントを**交換パラダイム**（交換を中心とした考え方）にもとづく活動として捉える。交換パラダイムでは，そのつど顧客のニーズにマーケティングが応えることによって，顧客と企業双方が満足できるウィン－ウィンの関係が成立すると考えるのである。顧客は，交換を通じて，自身の課題を解決することができる。企業は，交換を通じて，対価を得ることができる。まさに，顧客のニーズに応えることがマーケティング活動であることをよく示した考え方である。

これに対して，新しい視点では，交換が成立するそもそもの前提を重視し，**関係性パラダイム**（関係性を中心とした考え方）が提示される。関係性パラダイムでは，ニーズを有する顧客とそのニーズに応える企業という一方向的で固定的な関係が見直され，ウィン－ウィンの交換が生まれるためには，その前提として，両者の間によい関係が構築されているであろうという点に注目する。そして，そのつどの交換を支える関係性を資源として捉えるのである。

ひとたびよい関係が生まれれば，継続的な交換を見込むことができるようになる。理想的には，親子や家族を考えてみればいいだろう。ケンカをすることも仲たがいをすることもあるが，そうした本音のぶつかり合いができるのは，親子や家族という関係が構築されているからである。また，そうした関係があればこそ，ケンカや仲たがいを一緒に乗り越えていこうという気持ちも生まれる。

関係性の構築を重視する考え方は，もともと，生産財やサービス財を対象とするマーケティング活動において注目されてきた。たとえば，生産財を対象とするマーケティング活動では，トヨタやホンダといった自動車組立メーカーと，

図 23-1　交換パラダイムと関係性パラダイム

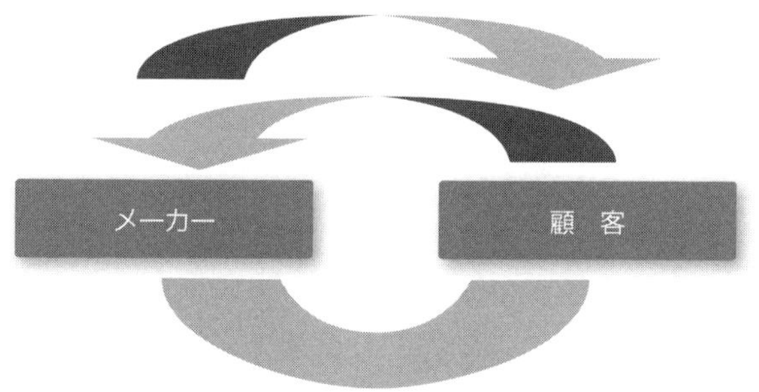

彼らに部品を供給する部品メーカーに焦点が当てられる。部品メーカーがトヨタに自動車の部品を販売するという関係は，トヨタが最終消費者に自動車を販売するという関係とは異なっている。最終消費者は自動車を1台買うだけだが，部品メーカーはそうではない。自動車に必要となる鉄板を生産する鉄鋼メーカーを考えてみれば，その規模はトヨタよりも大きいかもしれない。それゆえに，生産財における取引関係は，大規模かつ継続的とならざるをえず，1回1回の交換にだけ焦点を当てるわけにはいかない。

また，サービス財では，その価値を事前に評価することが難しく，取引終了後においても，その価値を評価することが難しい。病気の治療を考えた場合，どの病院にかかればよいのかはなかなか判断しづらく，治療を受けた後も，本当にそれでよかったのかどうかはわからないことがある（unit 9 参照)。こういった場合にも，1回1回の交換に注目するよりも，そうした交換を維持する関係性に注目したほうが見通しがよくなるというわけである。

関係性パラダイム台頭の背景

こうした特定分野のマーケティング活動として注目されてきた関係性パラダイムは，一般の消費財に対するマーケティング活動でも重要視されるようになっている。その背景には，やはり環境の変化がある。

第1に，国内外を含めて市場の成熟化が進み，新しい市場や顧客を開拓することが困難になっている。そのため，既存顧客との継続的な関係構築が求められることになった。たとえば，パソコンを考えてみればわかりやすい。誰もパソコンを所有していなかった時代ならば，1回めの購入に向けて，一度きりの販売を実現するために注力することが重要であった。そのために，さまざまな販促活動が行われ，場合によっては大きく値引きをするといった販売にも意味があった。しかし，パソコンの所有が当たり前になった今日では，1回めの購入に焦点を当てることよりも，買替えの需要や，さらには同じ製品の継続的な使用に焦点を合わせたほうがよい。インターネット接続やウイルス・チェック機能といった付加サービスの追加は，かつて求められたマーケティング活動とは異なっている。

関係性パラダイムが一般の消費財においても重視されるようになった第2の理由として，アフター・マーケットの拡大を指摘することができる。第1の点にも関連して，既存顧客に目を向ける必要があるということは，彼らが製品・サービスを購入したまさにその後から，新たに生じるニーズに注目する必要があるということを示している。携帯電話にしても，端末を購入して取引が終わるのではなく，むしろ端末購入を始まりとして，通話やインターネットといった新たなサービスが求められるようになる。こうした傾向は，自動車や住宅を購入した後に必要となるメンテナンスなどにも同様にみてとることができる。さらにいえば，このことは，今日では多くの製品がサービス化しているということも意味している。

それから最後に第3の理由として，情報技術の発展を欠かすことはできない。POSはもちろんのこと，会員登録データなどをデータベース化することによって，企業は顧客の動向をより詳細に把握することができるようになった。これまでは，生産財のように顧客の数がきわめて限られている場合でなければコストの観点から困難であった作業が，情報技術の発展によって，容易に実現することができるようになったわけである。

顧客生涯価値

交換パラダイムのもとでは，たとえば，自動車メーカーは自動車の販売実現に焦点を当てる。この場合には，顧客の自動車購入に結びついているニーズをもとにしながら，マーケティング戦略が組まれることになる。これに対して，関係性パラダイムのもとでは，自動車の販売実現のみならず，より長期的な視点から顧客のニーズを捉える。自動車のメンテナンスの必要性や，あるいはその後の顧客のニーズの変化を想定しながら，マーケティング活動が実施されなければならない。ブリヂストンがタイヤ以外のサービスも提供する，あるいはディーラーがガソリンスタンドも運営するといった場合も，ただ企業として多角化を進めているというのではなく，顧客との接点を構築し，関係を継続させる試みなのだと考えることができよう。

長期的な視点から顧客のニーズを捉えようとした場合には，**顧客生涯価値**の推定が必要になる。顧客生涯価値は，特定の顧客と長期間継続的に取引を行うと考えた場合に，その期間に必要となるコストと，得られるであろう収益から推定される。未来の予測である以上，厳密に顧客生涯価値を計算することは難しいが，顧客生涯価値を念頭にマーケティング活動を実施することで，新たな方向性がみえてくる。

たとえば，少し前には，スマホは1円や0円で販売されることがあった。こうした1円や0円のスマホは，その後の通信接続に関する月額料金によって収益が回収される仕組みになっている。スマホを単体で考える限り，このような販売を考えることはできない。スマホを購入した後の継続的な取引を見据えることによって，イニシャル・コストを引き下げるという選択肢が生まれる。

友人を紹介した場合には何かしらの特典がつくといったプロモーションもまた，顧客生涯価値の観点からうまく捉えることができる。1人目の顧客だけに注力するのではなく，そこから派生し広がっていくであろう市場にまで目を向けるということは，当然，マーケティング活動に影響を与える。ネットやスマホでときどき実施される期間限定のアプリ無料配布も同様である。最初の顧客からは利益を得ない代わりに，彼らの紹介や口コミによって長期的には収益が得られることを期待する。こうした試みは，たんなるプロモーションの方法というよりは，顧客生涯価値を前提とした長期的なマーケティング活動の一環として理解する必要がある。

顧客の選別と維持

顧客と長期的な関係を構築するということは，その顧客のことをよりよく理解するということでもある。このとき，交換パラダイムのもとでは生じにくかった新しい問題に直面することになる。それは，顧客の選別と維持のための活動である。

1回1回の交換に焦点を当てている限り，実際に購入した顧客がどれほど自社の製品・サービスを受け入れているのかを知る必要はあまりない。あるとしても，それはセグメンテーションの切り口の1つという程度である。しかし，長期的な関係を構築するために顧客の理解を深めれば深めるほど，顧客生涯価値の見込みの高い顧客と低い顧客が目につくようになってくる。すなわち，**優良顧客**と一般顧客が明確に分かれてくる。

この区分は，セグメントの違いという以上に，関係性パラダイムの観点からは重要な意味をもっている。なぜならば，関係性の構築をめざすのならば，優良顧客との関係を深めるとともに，一般顧客がやがて優良顧客へと変わることができるように，育成という視点からもマーケティング活動を実施する必要があるからである。

このことは，優良顧客と一般顧客に対して，異なるサービス・プログラムを提供するということを意味している。しかし，異なるサービス・プログラムの提供は，優良顧客にとっては魅力である一方で，他の一般顧客から反発が生じる可能性がある。そこで，一般顧客にも納得のできる形で，優良顧客を優遇する方法が選択されなくてはならない。

典型的な方法は，家電量販店や航空会社で実施されている**ポイント・プログラム**である。ポイント・プログラムでは，購入額に対応してポイントが加算されていく。ポイントは，購入代金の割引や特典景品との交換としての利用や，一定数のポイントを超えるとメンバーシップの資格が変わるといった付加価値がつけられている。航空会社のマイレージ・サービスの場合には，年間何万マイルという条件に到達すると，ゴールドやプラチナといった会員資格が与えられ，優先搭乗やラウンジの使用といった特典が得られるようになる。

あるいは，インターネットの普及にともない，コミュニティ・サイトの運営もまた，優良顧客と一般顧客の効果的な区分とサービス提供を可能にしている。

顧客の自由意思によって登録が行われることで，登録した顧客にだけ優先的なサービスを提供してもそれほど反発は生じない。さらに，コミュニティへ頻繁に訪れるユーザーや，たくさん購入してくれるユーザー，あるいは積極的に情報発信を行うユーザーに対して，積極的な支援策をとることもできる。

これらの方法は，同時に顧客の自社への囲い込みも期待することができる。当然のことながら，関係性の構築にあたっては，よい関係性を構築するのみならず，離脱や他社への流出を防ぐ**スイッチング・コスト**という観点も考慮しなくてはならない。ポイント・プログラムはもとより，会員制度や長期割引制度の導入によって，スイッチング・コストを高め，継続的な製品・サービスの利用を促すことができる。

顧客満足

関係性パラダイムのもとで重視される関係性の構築は，長期的な志向を有している。そのため，顧客生涯価値の算定が必要になるのだが，先に述べたとおり，その算定は厳密には困難である。このことは，1回1回の交換実現を目的とするマーケティング活動に比べて，関係性の構築のためのマーケティング活動が明確な目的をもちにくいということにもつながっている。当然，関係性の構築のためのマーケティング活動が，具体的にいくらの売上や利益に結びついているのかという点は，長期というものを具体的にどの程度の期間と考えるのかによって変化する。さらに，長期となれば，さまざまな他の要因が入り込んできてしまうことは想像に難くない。

そこで関係性パラダイムにおいては，1つの指標として，**顧客満足**が重視されることになる。もちろん，交換パラダイムにおいても，顧客満足の向上は重要な課題である。だがそれ以上に，顧客満足は，長期的に，顧客の反復購買や口コミに影響を与えることによって，売上や利益に貢献するものであると想定される。

顧客満足は，製品・サービスに対する知覚水準はもとより，製品・サービスに対する期待水準によって変化する。このモデルは，**期待ギャップ・モデル**とよばれる。期待ギャップ・モデルによれば，期待水準と知覚水準が満足に影響を与えるというのみならず，期待水準と知覚水準の不一致度の大きさが重要な

図 23-2　顧客満足のギャップ・モデル

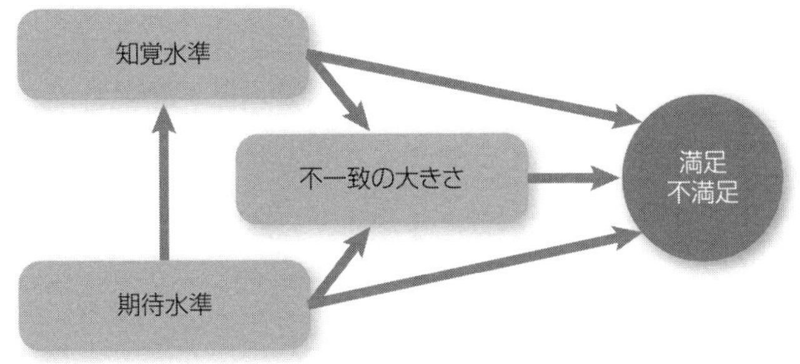

（出所）　小野［2010］，81 頁。

意味をもつことになる。たとえば，事前の期待水準がきわめて高い場合には，品質がそれなりに優れたものであったとしても，低い評価しか与えられず，高い満足を得られないかもしれない。逆に，期待水準が低ければ，簡単に満足してしまう可能性がある。関係性の観点からいえば，継続性が重要になる以上，常に期待を上回るように努力しなければならないということになるだろう。

顧客満足は，最終的に企業の収益に貢献すると考えられている。その方向性は，大きく 2 つある。1 つは，当の顧客のロイヤルティを高め継続販売を促すことができる。もう 1 つは，高い満足は口コミを通じて他の顧客に伝播され，結果，他の顧客の購買をもたらすことができる。たとえば，ACSI（American Customer Satisfaction Index）や JCSI（Japanese Customer Satisfaction Index）では，多くの製品・サービスについて調査が行われ，上記の 2 つの効果が示されている。すなわち，高い顧客満足を得るためには，知覚品質や事前期待を考慮に入れる必要があるとともに，高い顧客満足は顧客ロイヤルティの向上や口コミの促進につながるというわけである。

考えてみよう

- □　特定の企業を取り上げ，顧客生涯価値を向上させるためにどのような活動をしているかを考えてみよう。
- □　顧客満足の高いと思われる企業を探し，その理由を期待ギャップ・モデルから考えてみよう。

読んでみよう

- □ 高野登［2017］『リッツ・カールトンで学んだ マンガでわかる超一流のおもてなし』SBクリエイティブ
  ＊関係性の構築に注目して読んでみよう。
- □ 小川孔輔［2014］『CS（顧客満足）は女子力で決まる！』生産性出版
  ＊顧客満足の重要性に注目しながら読んでみよう。

やってみよう

- □ 『マイレージ，マイライフ』（映画，パラマウント ホーム エンタテインメント ジャパン）を観てみよう。
  ＊マイレージを貯めることと長期的な関係性の構築について考えてみよう。

第10章

マーケティングの拡張

（Sipa USA/時事通信フォト提供）

◆スウェーデン人ユーチューバーのピューディパイ（PewDiePie）は，世界有数のチャンネル登録者数を誇っている。

Introduction 10

この章の位置づけ

unit 1 でみたとおり，マーケティングは歴史のなかで着実に進化を遂げている。本章では，新たなマーケティングのテーマを確認するとともに，マーケティングという考え方そのものの発展を学ぶ。

この章で学ぶこと

unit 24　サービス・マーケティング

産業のサービス化に合わせ，サービス財の特性を理解するとともに，より重要度を増すサービス財のマーケティングを学ぶ。

unit 25　生産財マーケティング

長期的な視点からの関係性の構築が必要となる生産財のマーケティングを学ぶ。とくに組織的な対応と営業の役割を確認する。

unit 26　グローバル・マーケティング

グローバル時代におけるマーケティングを学ぶ。海外へ進出する際のマーケティングの役割や，国や地域ごとの文化特性を確認する。

unit 27　ソーシャル・マーケティング

営利企業の社会的責任の重要性とともに，公共組織や非営利組織にも応用されるマーケティングを学ぶ。

unit 28　デジタル・マーケティング

デジタル化が進む世界におけるマーケティングを学ぶ。顧客とともに価値を作り出すことの重要性がいよいよ増していることを確認する。

unit 24

サービス・マーケティング

Case　コイヤ：事業コンセプト変更

コイヤは，家庭用の家具メーカーである。単身者用のカジュアルな家具を中心に製品をラインナップしている。すべての製品は，家具の小売店を通して販売していた。他社製品との差別化を意識して，特徴ある製品を提供してきたが，ここ数年，売上はほとんど伸びていない。小売店向けに値引きなどの販促活動に加え，消費者向けの広告など，いくつかのマーケティング活動は実施してきたが，効果はあまりなかった。

マーケティング部の高田部長は，この状況を打開するべく，20代の単身者を集めてグループ・インタビューを実施した。「あなたの理想の家具は？」「家具に求めるものは？」といった質問をしたが，参加者の反応は弱かった。むしろ，「休みの日の家での過ごし方は？」「友だちが来るときにはどんな準備をする？」といった家具とは少し離れた内容に関しては，参加者間で話が盛り上がった。「店舗で新しい生活を思い浮かべながら家具を見て回るのが楽しい」という意見もあった。高田は，消費者は家具が欲しいのではなく，快適な暮らしがしたいのだなあということを痛感した。

そこで高田は，これまでのように家具そのものを販売する「製造業」ではなく，家具を通して快適な暮らしを提供する「サービス業」であると，自社の事業を捉え直して，マーケティング活動を再構築しようと考えていた。

＊　＊　＊

あなたが高田部長の立場であれば，どのような施策を行うか。

Keywords
サービス　無形性　同時性　変動性　消滅性　7P　参加者　物的環境　プロセス　SERVQUAL　信頼性　反応性　確実性　共感性　有形要素　インターナル・マーケティング　エクスターナル・マーケティング　インタラクティブ・マーケティング　サービス・プロフィット・チェーン　サービス・ドミナント・ロジック

経済のサービス化

みなさんの今週の支出を思い浮かべてみてほしい。スマホの通信料金，交通系 IC カードのチャージ，美容室のカット料金など，ほとんどの支出がサービスに対するものだろう。高額である大学の授業料も教育サービスへの対価である。よく考えると，われわれは，形のある製品よりも**サービス**にかなりのお金を使っている。図 24-1 が示すように，家計支出に占める，サービスの割合は 40% もある。

このように経済がサービス化してくると，企業のマーケティング活動も変わってくる。なぜなら，サービスを売るときに，製品を前提としたマーケティング手法を活用しても効果が十分でないからである。サービスにはサービスに合ったマーケティング活動が必要なのである。

サービスの特性

サービスは，形のある製品とは何が違うのだろうか。製品との比較におけるサービスの特性は，無形性，同時性，変動性，消滅性の 4 つである。

第 1 の特性は，**無形性**である。サービスには形がない。たとえばクリーニングは，洋服を通して行われるので，有形であるように思うかもしれないが，提供されているのは洗ったりアイロンをかけたりする作業であり，それは無形である。サービスは無形であるため，見たり触ったりすることができない。したがって，購入前に品質を評価することが非常に難しいし，購入後であっても難しいことさえある。unit 9 で記した経験属性や信頼属性が高いのである。このため，消費者は製品を購入するときよりも慎重になりがちである。企業側は，無料の試用を提供している場合が多い。たとえば，フィットネス・クラブであれば，入会を検討している人に，無料で 1 日間施設を利用させて，使い心地を

図 24-1　家計支出に占めるサービスの比率

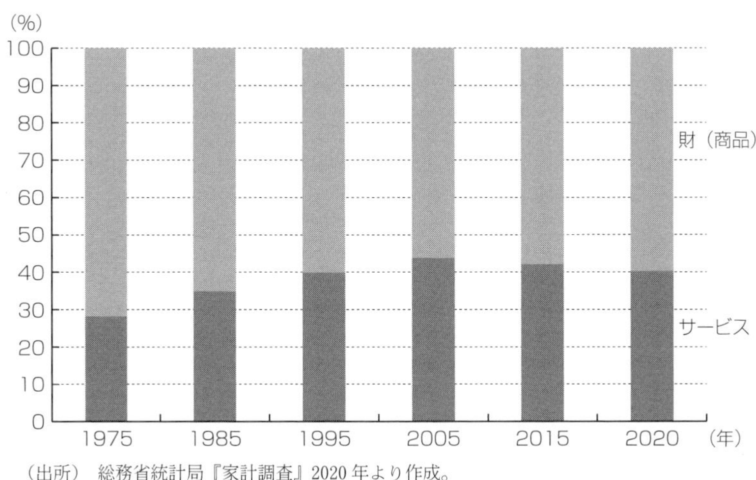

（出所）　総務省統計局『家計調査』2020 年より作成。

評価させる。大学が実施しているオープン・キャンパスも，入学前に大学の品質を評価してもらうための機会である。

第 2 の特性は，**同時性**である。サービスは生産と消費が同時に起こる。サービスの提供者と受益者が物理的に同じ場所にいなくてはならないのである。美容サービスを考えてみよう。消費者が美容室に出向いて，サービスの提供が始まる。どのようなヘアスタイルがよいかを話し，シャンプー台に移動する。シャンプーが終われば，またカットする場所へ戻る。これらのプロセスがすべて生産であり消費である。消費者は，サービスの共同生産者でもある。消費者が望みのヘアスタイルをうまく伝えれば，望みどおりになる可能性は高いが，うまく説明できなかった場合は納得のいくヘアスタイルで美容院をあとにすることはできないかもしれない。

第 3 の特性は，**変動性**である。サービスは，その時々で品質が変動しやすい。異なる人が作業をすれば，サービスの品質は大きく変動する。美容室の例でいえば，ベテランの美容師と新米の美容師では，髪を切る能力に差があるので，出来栄えはかなり違うだろう。マニュアルを整備したり，従業員を訓練したりして，サービスの品質を安定させようとするが，製品に比べて非常に難しい。

生産する側が同じ人であっても，共同生産者でもある消費者側が異なれば，異なった品質のサービスとなる可能性が高い。先の例のように，望むヘアスタイルを的確に美容師に伝えられる人は，望みのヘアスタイルとなり満足する可能性は高いだろうが，きちんと伝えられない人は思ったとおりのヘアスタイルにならずに不満をもつだろう。

第4の特性は，**消滅性**である。サービスは生産されたと同時に消えてしまう。したがって，在庫をかかえることができない。製品のようにあらかじめ生産して在庫しておけないので，生産能力以上の需要があった場合は対応することができない。そこで企業は，生産能力と同等の需要が安定的にもたらされるように工夫する。予約制にして需要を確定させたり，ピーク時の価格を高くして需要を他の時間帯へ分散させたりする。

サービスのマーケティング・ミックス

このようなサービスの特性をふまえて，サービスに適したマーケティング・ミックスが提案されている。製品のマーケティング・ミックスは，製品・価格・プロモーション・流通のいわゆる4Pであったが，サービスはこれらに「参加者（Participants）」「物的環境（Physical evidence）」「プロセス（Process of service assembly）」の3要素を加えて7Pとしている。

参加者とは，生産を担う従業員のことである。サービスの特性である同時性や変動性の側面から，従業員への施策は非常に重要であり，マーケティング・ミックスの1つの要素として取り上げておくべきとされる。レストランにおける従業員の接客は，重要なマーケティング活動であろう。

また，参加者には，従業員だけでなく顧客も含まれる。顧客とは自分自身のことだけではない。他の顧客も考慮しなければならない。レストランでたまたま隣に座った客の態度が悪ければ，レストランでのサービス全体が不快なものに感じられてしまうだろう。

物的環境とは，サービスを提供する設備環境である。サービスそのものは無形であるが，それを提供するために必要な有形物すべてを指す。ホテルであれば，建物やインテリア，従業員の制服などがそれにあたる。サービスの無形性の特性から，消費者はサービスの品質を事前に判断できないが，有形物を頼りにサービスの品質を類推する傾向がある。立派な建物のホテルは，すばらしいサービスをするだろうと考え，みすぼらしい構えのホテルではお粗末なサービスしか提供しないだろうと推測する。

最後の**プロセス**とは，サービスを提供するプロセスを指す。効果的なサービスを提供するには，どのような順序ややり方がよいのか，あらかじめ設計しておく必要がある。これがしっかり設計されていないと，手際が悪く，的外れなことをしたりして，顧客に不満をもたせる原因となる。

サービス品質

われわれは日頃「すばらしいサービス」とか「ひどいサービス」などと，企業のサービスを評価しているが，どのような要因を捉えてサービスの品質を判断しているのだろうか。サービスの品質を測定する一般的な方法に**SERVQUAL**がある。SERVQUALとは，サービス（Service）と品質（Quality）を組み合わせた造語で，5つの次元でサービス品質を測定する。それらは，信頼性（Reliability），反応性（Responsiveness），確実性（Assurance），共感性（Empathy），有形要素（Tangibility）である。

まず，**信頼性**とは，顧客に約束したサービスをいつも正確に提供しているかである。ヤマト運輸の宅急便は，荷物を約束した時間帯に正確に届けており，信頼性が高いサービスである。

反応性とは，自ら進んで顧客を支援し，サービスを提供しているかである。スタッフの少ないファミリー・レストランでは，スタッフをよんでもなかなか来ないが，これは反応性の低いサービスの例である。

確実性とは，顧客の信頼を得るほどの知識や礼儀，能力である。弁護士や医者といったプロフェッショナル・サービスでは重要な次元である。

共感性とは，顧客を個別に扱うかどうかである。すべての顧客に対して，状況にかかわらず同じサービスを提供するのではなく，顧客個別の事情を勘案して，それに合ったサービスを提供することである。

最後に，**有形要素**とは，施設やサービス提供の際に使う道具，コミュニケーション・ツールなどの外観である。とくに新規の顧客は，有形要素を手掛かりにサービスの品質を判断する傾向がある。このため，サービスのマーケティング・ミックスで物的環境が取り上げられているのである。

インターナル・マーケティング

サービスのマーケティング・ミックスに「参加者」が挙げられているが，とりわけ，顧客との接点にいる従業員の役割は重要である。彼らは，サービス品質に大きな影響を与える。SERVQUAL の5次元をみても，その重要性を再確認できる。

顧客との接点にいる従業員は，さまざまな役割を担っている。サービス提供者というだけでなく，顧客からみると企業の代表であるし，ブランドの体現者でなくてはならない。さらに，顧客に関連商品を提案したりするマーケターでもある。

その一方で，いくつかのコンフリクトにも晒されている。企業と顧客の主張の対立を調整しなければならない。一般的に，企業は生産性を重視し，顧客は品質を重視するので，両者の主張を調整しなければならない。また，顧客と顧客との間の調整を考えなければならないことも多い。顧客とのフレンドリーな会話をしようとしても，他の顧客がサービスを受けるために並んでいる場合は，ほどほどにしておかなければならないだろう。

このように，難しい状況のなかでさまざまな役割をこなさなければならないストレスフルな職務であり，かつ品質に大きな影響を与えるため，彼らに気持ちよく働いてもらう工夫が必要である。そのためには，彼らの職務に対するニーズを理解し，満足させなければならない。これはあたかも顧客を満足させる

図 24-2　サービス・トライアングル

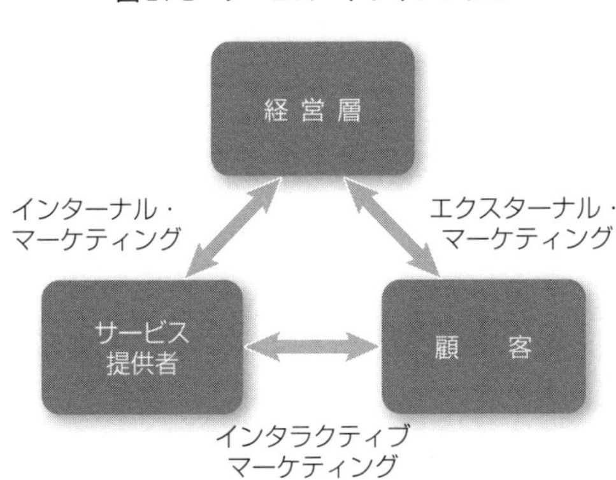

（出所）　Bitner［1995］，p. 247 より作成。

図 24-3　サービス・プロフィット・チェーン

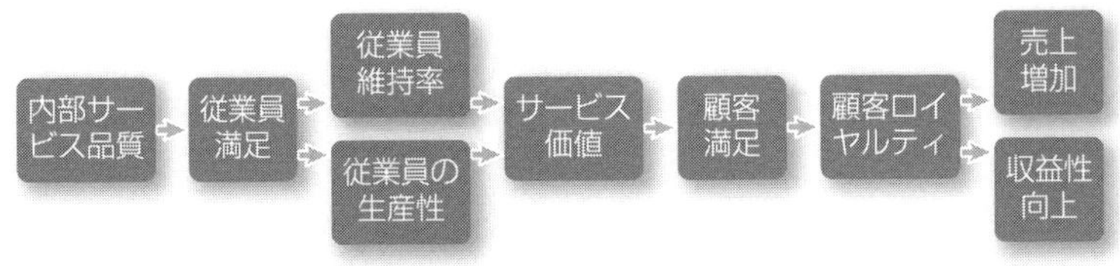

（出所）　Heskett et al. [1997]，邦訳 24〜25 頁に加筆修正。

のと同様である。したがって，経営層が，従業員（とくにサービス提供者）を企業内部にいる顧客と捉え，彼・彼女らへの施策を**インターナル・マーケティング**とよんでいる。一方，顧客へのマーケティングを**エクスターナル・マーケティング**，従業員（とくにサービス提供者）が行う顧客へのマーケティング活動を**インタラクティブ・マーケティング**とよび，区別している（図 24-2）。

インターナル・マーケティングは，具体的には大きく 4 つの手段が有効である。第 1 に，適切な人材の採用である。サービスの提供能力が高く，サービスの提供に喜びを感じるような人材を集めることである。第 2 に，人材の開発である。サービス能力を向上させるための研修を行ったり，権限を委譲したりといった政策が有効である。第 3 に，サポート・システムである。従業員の支援を行う設備や仕組みを備えることである。最後に，人材の維持である。具体的には，理念の共有や評価や報酬制度が含まれる。

このような手段をうまく組み合わせると，従業員満足が向上する。従業員満足が高まれば，従業員の維持率が高まる。また，従業員の生産性も上昇する。これによって，サービスの価値が高まり，顧客は満足する。顧客は，製品・サービスに満足すると，また同じ製品を購入する確率が高い。顧客の再購買率（顧客ロイヤルティ）が高まれば，売上も利益も向上する。このような連鎖関係を**サービス・プロフィット・チェーン**（図 24-3）とよんでいる。

需給のマネジメント

居酒屋で「ハッピーアワー」という表示を見たことがあるだろうか。「18:00 までにご入店のお客さまには，お通し無料」といった内容だ。安さにつられて，少し早めに飲みに行きたくなる。これは，顧客が少ない時間帯に顧客を増やそうとする施策である。

一方，同じ居酒屋へ金曜日の夜に行くと，「本日，2時間制」と書いてあり，2時間経つとお会計となってしまう。これは，顧客の多い時間帯に，効率的に売上を伸ばす施策である。これらはいずれも，限られた席数の居酒屋が，売上を最大限に上げるための工夫である。

サービスの特性で述べたように，サービスには消滅性がある。つまり，サービスは，財のように在庫することができない。もし在庫ができれば，需要が多くても，あらかじめ生産しておけば対応できるが，サービスは在庫ができないため，限られた供給能力で有効に利益を稼ぐために，需要と供給をバランスさせるさまざまな工夫が試みられている。

供給能力の上限は，業種や状況によって異なる。レストランならば席数，ホテルの場合は部屋数，フィットネス・クラブであればマシンの数，病院であれば医者の数だろう。ただし，レストランでもアルバイトの採用が難しい時期は，アルバイトの数になることもある。

需要と供給をバランスさせるには，2つのアプローチがある。1つは，供給能力に需要を合わせること，もう1つは需要に供給能力を合わせることである。

前者では，価格を変動させる方法がある。ピーク時には価格を高く，オフピークには価格を下げて，需要を変動させるのである。また，顧客にピーク時がいつかを伝えたり，オフピークのメリットを伝えたりして，コミュニケーションで需要を変動させることもできる。

一方，需要に供給能力を合わせるアプローチでは，たとえば，人が供給能力の上限を決めている場合であれば，アルバイトを増やしたり，社員の生産性を高めるための研修を行ったり，一部の仕事を機械化したりして，供給能力を高める。

サービス・ドミナント・ロジック

これまでのマーケティングは，基本的に有形のものを想定して考えられてきた。しかし，近年，製品とサービスを分けることなく共通に適用できる**サービス・ドミナント・ロジック**という考え方が提示されるようになってきた。サービス・ドミナント・ロジックは，それまでの製品を中心とした考え方（グッズ・ドミナント・ロジック）ではなく，製品もサービスもどちらも企業のもつスキルおよび知識を提供していると捉える。製品は最終提供物ではなく，スキルや知識を伝える媒介にすぎない。

たとえば，スポーツ用品メーカーであれば，グッズ・ドミナント・ロジックではシューズやウェアを販売することに焦点を当てるが，サービス・ドミナント・ロジックではランニングを楽しむためのスキルや知識を提供物と考える。シューズやウェアは，そのための媒介，脇役にすぎない。したがって，シューズやウェアの提供にとどまらず，シューズ選びの情報を提供したり，快適なランニング・コースの提案をしたりして，顧客のランニングを支援していくことに重きを置くのである。

また，サービス・ドミナント・ロジックでは，顧客は価値の受益者ではなく，企業とともに価値を創造する共創者とみなされる。これはたんに，製品開発に顧客が意見を言うといった意味ではない。企業と顧客が相互にサービス提供することによって価値が創造されると考える。前述の美容室の例のように，顧客が自分の好みのヘアスタイルを伝えることは価値を生むときの重要な要素になっている。

これまでグッズ・ドミナント・ロジックでマーケティング戦略を考えていた企業も，サービス・ドミナント・ロジックで再検討し始めているようだ。フェンダー・ミュージカル・インストゥルメンツは，ギターやベースなどの楽器メーカーであるが，たんに楽器を売ることだけに注力するのではなく，初心者がすぐに弾けるようになるためのガイド付きのオンライン学習プログラム「フェンダープレイ」を月額払いで提供している。弾きたい曲を選ぶと，タブ譜（指の位置を示した譜面）が表示され，講師が指の使い方や弦の弾き方を説明してくれる。楽器演奏スキルを提供することによって，楽器を購入したにもかかわらず，うまく弾けないと諦めてしまう人を減らしている。こうした傾向は，多くの製造業で生じている。

考えてみよう

□ 特定の企業を取り上げ，そのマーケティング活動を 7P で整理し，整合性が高いかどうかを考えてみよう。

□　特定の企業を取り上げ，SERVQUAL の 5 つの次元で評価し，改善点を考えてみよう。

読んでみよう

□　ヴァージニア二等兵・蟬川夏哉［2015］『異世界居酒屋のぶ』KADOKAWA

＊居酒屋でのサービスに注目して読んでみよう。

□　レナード・L. ベリー＝ケント・D. セルトマン（近藤隆文訳）［2018］『全米No. 1 クリニックが教える最強のマネジメント』アチーブメント出版

＊米国最優秀病院からサービス経営を学ぼう。

やってみよう

□　『ファウンダー　ハンバーガー帝国のヒミツ』（映画，KADOKAWA）を観てみよう。

＊マクドナルドの創業期を知ろう。

unit 25

生産財マーケティング

Case 観音株式会社：コピー機販売のための営業活動

コピー機を製造販売している観音株式会社の営業部の岩崎氏は，公立大学である大江戸大学への営業活動を行っていた。大江戸大学の窓口となっていたのは大学事務の松平氏であったが，もともとコピー機を要望していたのは図書館で必要書籍をコピーしたい学生であった。

大学事務の松平氏としては，図書館へコピー機を設置することによって，学生はもちろん，教員の利便性も向上すると考えており，購入には前向きであった。ただ，上司で決裁者である徳川氏に確認すると，設置代が気になるということであった。

現在，図書館には他社製の2台のモノクロ・コピー機が設置されており，その管理は図書館専従の職員の紀州さんが行っている。図書館のコピー機は教員もよく使っているが，新井先生に確認したところ，もし設置してもらえるのであれば，カラーの高速コピー機がよいということだった。

＊　＊　＊

あなたが岩崎氏の立場であれば，大江戸大学にどのような提案をするか。

Keywords
生産財　取引の継続性　組織購買行動　購買センター　機会主義
特殊資産　営業

生産財取引の特徴

製品・サービスを購買するのは消費者だけではない。メーカーも，生産に必要な財を購入しなければならない。メーカーなどの企業が必要とする財を，消費者が実際に利用する財である消費財と区別して，**生産財**とよぶ。具体的には，製品の部品，原材料，生産機械や設備などである。

生産財のマーケティングは，消費財のマーケティングと変わらない部分が多いが，特有の部分もある。なぜなら，生産財の取引は，消費財の取引とは異なる特徴をもつからである。なお，生産財のマーケティングは，「産業財マーケティング」「BtoB マーケティング」「インダストリアル・マーケティング」とよばれることもある。それぞれに微妙な違いがあるが，本書では「生産財マーケティング」とよぶことにする。

生産財の取引の特徴の第1は，合理性である。消費財の購買では，衝動買いや広告に影響されて情緒的に購入することがあるが，生産財の場合は，特定の目的のために購入するので，情報を入手して慎重に選択する傾向がある。顧客企業は，企業内で選択理由を説明する必要があるため，他者が納得しやすい合理的な判断をしようとする。

第2の特徴は，継続性である。消費財の場合には，たとえば，昨日はサントリーの「伊右衛門」を飲んだから，今日はキリンの「生茶」にしよう，明日は伊藤園の「お〜いお茶」か新製品を買おう，というバラエティー・シーキングが起こりやすい。しかし，生産財の場合，昨日は日本製鉄から鉄鋼材を1億円買ったから，今日は JFE スチールから購入しようという判断にはならない。取引は継続的に行い，一度構築した取引関係を変更するには，それなりの理由と労力が必要になる。

なぜ，生産財取引は継続的になりやすいのか。その理由として，主に取引相手の数，取引相手の事業規模，取引相手の専門的知識，取引の額という4つの点を指摘することができる。鉄鋼会社と自動車会社の取引を考えてみればわかりやすい。世界に目を向けてみても，それぞれの分野での主要な会社は簡単に数え上げることができるくらいしかない。その一方で，これらの企業は，いずれも大規模である。また，どちらも取引される財について専門的な知識を有しており，詳細なデータや取引の方法が問われることになる。取引の額も当然大きくなる。こうした理由があるため，時間をかけ，じっくりと相手と話し合いながら取引関係を構築していくことになりやすい。

もちろん，**取引の継続性**は，あくまで程度問題である。市場原理のもとで，できるだけ効率的に取引相手を切り替えていく企業もある。日本の企業は長期的取引を行う傾向が強いのに対し，アメリカや韓国の企業は，短期的取引をうまく組み合わせる傾向が強いともいわれている。あるいは，製品の特性がはっきりとして，生産の分業体制が明確な場合にも，短期的に取引相手を切り替えていくことができる。

第3の特徴は，相互依存性である。製品開発や生産，サービス活動に，顧客企業が関与することが多い。顧客企業の呼びかけで研究開発を開始したり，顧客企業の要望で設計を変更したり，情報交換を多頻度に行って取引が進む。顧客企業が技術供与をしたり，品質管理の指導をすることさえある。

第4の特徴は，組織性である。顧客企業は，個人ではなく組織で購買行動を行う。これを**組織購買行動**という。購買担当者は決まっているが，1人ですべての意思決定を行うわけにはいかない。とくに，既存取引関係の見直しや，新規取引の検討といった大きな意思決定をともなう購買行動の場合には，他部門のメンバーも重要な役割を担うことになる。

一方，販売側も営業担当者1人で顧客企業に対応するわけではない。技術的な事項は，営業担当者ではわからない部分もあるため，専門の技術者が同行して説明することがある。営業部門に開発部門や生産部門，サービス部門などが協力して取引活動が実施されるのである。

購買センター

顧客企業は個人ではなく組織で購買行動を行うが，組織購買行動に関わる意思決定単位のことを**購買センター**とよぶ。購買センターの人々は，大きく7つに分けられた購買行動のいずれかを担っている。まず，最初に購買を要求する発案者がいる。同時に，購買が要求されている以上，その財を利用する使用者もいるということになる。発案者がただちに使用者とは限らない。さらに，彼らの発案に対して影響を与える影響者が存在する。そして，決定を行う決定責任者や，その決定を承認する承認者がいる。多くの場合は，上司ということになるだろう。実際に購買を取り仕切り，購入先の選定を行う者を購買担当者という。また，売り手の営業活動といった外部からのアプローチを取りしきる窓口という役割もある。

これらの役割は重複することもあるが，複数の人々が携わる。その際には，それぞれの関心や動機が異なるため，調整が重要となる。たとえば，影響者として技術部門と生産部門の人間が介在するという場合には，技術部門は技術の観点からもっと最適な財の購入を求めるであろうし，生産部門は生産のしやすさから財の購入を決めようとするだろう。さらに財務部門であれば，コストという観点からの意思決定を求めるかもしれない。

逆にいえば，販売に際しては，売り手は相手の購買センターを理解しておく必要がある。窓口や購買担当者だけではなく，その背後にいる主要な人々を把握し，彼らが求めるものを考えておかなくてはならない。優れた営業担当者は，顧客との会話のなかで，購買センターのうちの誰が最も購買意思決定に強い影響力をもっているかを把握したり，その人はどのような点を重視するのかを理解したり，その人と直接会う機会を設定しようとしたりするのである。

購買プロセスの諸段階

組織購買行動で必要になる手順は，表25-1のように大きく8段階から構成される。問題認識の確認から始まり，実際に発注が行われて性能の検討が行われる。これらは，最終消費者の購買意思決定プロセスにも似通っているが，より時間をかけ，分析的に検討されていくことが通常である。また，書類を介した手続きが必要になることが多いという点でも，最終消費者の購買意思決定プロセスとは少し異なっている。

第1段階の問題認識は，使用者によって問題が認められ，発案者によって提示されることで組織購買行動の起点となる。そのきっかけはさまざまに考えられる。新製品開発に際して，新しい設備や材料が必要になったり，あるいは，販売側の営業活動を通じて，より安価な機材や，より高性能な機材の存在に気づいたりすることもあるだろう。

問題認識が生まれれば，問題の解決に向けて，総合的なニーズを明確化するとともに，製品仕様書を作成していく。とくに組織購買行動にあたっては，総

表 25-1　組織購買プロセス

購買プロセスの段階	新規購買	修正再購買	反復購買
問題認識	あ　る	どちらともいえない	な　い
総合的ニーズの明確化	あ　る	どちらともいえない	な　い
製品仕様の指定	あ　る	あ　る	あ　る
供給業者の探索	あ　る	どちらともいえない	な　い
提案の請求	あ　る	どちらともいえない	な　い
供給業者の選択	あ　る	どちらともいえない	な　い
発注手続きの設定	あ　る	どちらともいえない	な　い
成果の評価	あ　る	あ　る	あ　る

（出所） Kotler and Keller［2006］，邦訳 273 頁。

合的なニーズを製品仕様書の形で詳細な文書に起こしていくことが重要である。これは，組織購買行動には多くの人間が介在するので，誰でもいつでも確認することができるようにするためである。

製品仕様書ができあがれば，供給業者の探索が可能になる。もちろん，これらは同時並行的に進むことも多く，とくに継続的な取引相手を前提とした組織購買の場合には，相互に問題の確認と解決に向けて議論を進めていくことになる。供給業者の探索にあたっては，近年であればインターネットを利用することもできる。そして，供給業者を数社に絞り込むことができれば，改めて提案書の提出を求め，その検討を行うとともに，プレゼンテーションを実施するなどして選定作業を進める。選定基準はさまざまに考えられるが，価格，製品の価値，評判，信頼性，対応の柔軟性などが考慮されることになるだろう。

選定が終われば，改めて最終的な注文内容を取り決め，発注手続きを進める。製品の購入だけではなく，メンテナンスや修理，あるいは想定しうるリスクも含め，包括契約が必要になるかもしれない。そして，無事に納入が終われば，以後は定期的に性能の検討を行うことになり，それは今後の取引に関する指標となる。

セグメンテーション

生産財市場においても，セグメンテーションを行い，ターゲットを絞ること

表 25-2　生産財市場の細分化変数

人口動態的変数	業種，企業規模，所在地など
オペレーティング変数	使用頻度，顧客の能力など
購買アプローチ変数	購買部門の有無，現在の関係性の性質，購買方針，購買決定基準など
状況要因変数	緊急性，受注量など
組織特性変数	ロイヤルティなど

で効率的なマーケティング活動ができる（unit 7 参照）。消費財と同様，生産財市場にもさまざまな細分化変数がある。それらには，企業の特性などの人口動態的変数や立地などの地理的変数といった消費者市場と同じものもある。アスクルは，創業当初，企業規模に注目し，従業員 30 人以下の事業所に絞って事業を行った。大きな事業所は，大手文具店が外商サービスを行っていたが，それ以下の小さな事業所は，不便を感じながらも小売店で購入していたからである。

生産財市場特有の細分化変数もある。緊急性や，受注量といった状況要因変数や，リース契約かシステム購買かといった購買アプローチ要因などがある。物流支援設備のトップ・メーカーであるダイフクは，FA & DA 事業（ファクトリー・オートメーション&ディストリビューション・オートメーション）で，顧客企業を規模に加えてサービス提供に必要とされるスキル・レベルでセグメンテーションを行い，それぞれのセグメントで営業方法を変えている。一方では，直販を行っており，他方では代理店経由でのサービスを行っている。

機会主義と関係性の構築

組織購買行動では，組織として合理的な購買意思決定が進められるため，機会主義的行動を生み出しやすい。**機会主義**とは，相手との情報格差を利用しつつ，相手を出し抜いたり，自らにだけ優位な立場を作り出そうとしたりする傾向を意味している。機会主義には，積極的に相手を出し抜くといった行動だけではなく，たとえば契約不履行といったような消極的な行動も含まれる。

機会主義を抑制するためには，相手が指示どおりに取引を行っているのかどうかを監視する必要があり，当然，購買行動とは別にコストがかかることになる。そこで，こうしたコストを削減するという点から，企業間の信頼関係や，信頼関係を含む関係性全般の構築が求められる。生産財の取引に継続的な取引が多いのは，機会主義にともなう関係性構築の重要性が影響しているともいえる。信頼や関係性の向上を通じて，機会主義の抑制以外にも，特定設備・技術への投資促進が可能になり，開発リスクを下げることができる。何が必要とされているのかがよくみえるようになり，より継続的で安定的な取引が可能になると期待されるからである。

こうした関係性の構築は，購買センターの個々人の努力によっても構築されていくとともに，組織全体の活動によっても構築されていく。さらに，売り手と買い手という二者関係の取引を想定するのではなく，より広いネットワークのなかで取引が実現されているということに注目するのならば，組織購買行動はそのネットワークのなかでどのような関係が構築可能であり，また特定の関係構築が他の関係にどのように影響を与えることになるのかを捉えていく必要があるということになる。

なお，いうまでもなく，強い関係性の構築はネガティブな側面も有している。特定設備・技術への投資促進は，裏返せば**特殊資産**として他の取引への代替の可能性を阻害することになるからである。たとえば，トヨタの部品メーカーは，トヨタ車に合わせて開発した機械を，他の自動車メーカーの車には利用できないかもしれない。このとき，そうした特殊資産の存在が，他の自動車メーカーと取引する可能性を制限する。こうして他の自動車メーカーとの取引が制約されるようになれば，再び機会主義の問題が顕在化することになる。トヨタから少しぐらい無理難題をいわれても，もはや断ることはできない。取引を打ち切れば，売上が大幅に減少してしまうからである。

営　業

生産財の販売は，インターネットやカタログで行われることもあるが，多くは unit **14** で触れた人的販売で行われることが多い。相互依存性が高い生産財取引では，複雑な情報処理が求められるため人が介したほうが効果的だからである。

生産財取引で行われる人的販売は，消費者向けの人的販売と異なる特徴をもつ。**営業**とよばれる業務がそれである。営業は，たんに製品・サービスを販売するだけでなく，もっと広範囲の業務を担っている。それらは，対外的な活動と対内的な活動に分かれる。

対外的活動には，主に2つの活動がある。ソリューション活動とリレーションシップ活動である。ソリューション活動とは，顧客の抱える問題を解決する案を提案することである。一般的には，顧客が抱える問題を解決するための最善の案は自社の製品・サービスを購入することであると説得することが多いが，場合によっては，自社の製品・サービスを顧客が利用しやすいようにカスタマイズすることもある。また，自社と他社の製品・サービスを組み合わせて提案することもある。

一方，リレーションシップ活動とは，顧客との信頼関係を構築したり維持したりするために行う活動である。典型例は，いわゆる「接待」である。顧客とともに食事をしたり，ゴルフに行ったりすることで，お互いのことをよく理解することができ，その後のコミュニケーションがスムーズになる。顧客との信頼関係があると，さまざまなメリットが生ずる。顧客の抱える問題の本質がわかりやすくなったり，顧客が競合企業の製品・サービスを検討せずに，優先して自社の製品・サービスを購入したりすることもある。

一方，対内的な活動は，主に社内の各部門の調整である。たとえば，顧客からの注文に対して，生産部門や調達部門，物流部門などをまとめ上げ，注文に応えられる体制を整えていく。また，製品開発に顧客の声を反映させる活動をすることもある。

このように，営業は，市場と企業の境界で両者をつなぐ境界連結者の役割を担っているのである。言い換えれば，営業はマーケティング・ミックスの1つの要素というよりは，マーケティング・ミックスを統合する司令塔となりうるのである。

考えてみよう

- □ 企業向けの広告を探し，その狙いを考えてみよう。
- □ 日本の自動車部品の取引を調べ，機会主義的行動の抑制にどのような工夫がなされてきたかを考えてみよう。

読んでみよう

□ 百田尚樹・須本壮一［2014］『海賊とよばれた男』講談社

＊出光興産の成長のプロセスを知ろう。

□ 新井英樹［2015］『宮本から君へ［完全版］』CoMax

＊文具メーカーの営業の仕事を知ろう。

やってみよう

□ 『土曜ドラマ トップセールス』（TV ドラマ，NHK）を観てみよう。

＊自動車の営業の仕事に注目して観てみよう。

unit 26

グローバル・マーケティング

Case　シェア・ビーアンドビー：日本進出

シェア・ビーアンドビー（SBB）は，宿泊施設をネットやスマホ，タブレットで探索・発見・予約できるサイトである。アパートや家，別荘などの宿泊可能な空きスペースを貸したい人と，それらを借りたい人をつなげるサービスである。

貸し手は，自宅を出張中の数日間だけ貸すこともできるし，別荘を長期間にわたって貸すこともできる。借り手は，旅行日程と訪問先を入力すれば，すでに登録してある宿泊先候補から気に入った物件を予約できる。ホテルよりも格段に安いのが魅力である。借り手にとっては，サイトの写真よりも部屋が汚かったり，設備が整っていなかったりする心配があるが，それを防ぐために，宿泊者の満足度評価がサイトに表示されるようにしている。一方，貸し手も，借り手が部屋を汚していくという心配があるが，借り手も貸し手から評価されているので，悪い評価だと次に借りることが難しくなる。

SBB は，取引金額の約 10% を手数料として得ている。創業から 3 年しか経たないが，すでにアメリカやカナダなどの北米では，登録者数が急増し利益も出始めている。また，フランスやイギリス，ドイツなどのヨーロッパにも進出済みで，次は日本市場を皮切りにアジアへ進出しようとしていた。

3 カ月前に旅行会社から SBB ジャパンに転職した城氏は，日本市場の責任者として，日本市場をいかに攻略するかを検討していた。

＊　＊　＊

SBB の日本市場進出にあたり，日本市場の特性から，どのような課題が発生しそうか。あなたが城氏の立場であれば，それらの課題に対して，どのような工夫をするか。

Keywords
グローバル化　国内マーケティング　輸出マーケティング　間接輸出　直接輸出　インターナショナル・マーケティング　多国籍マーケティング　グローバル・マーケティング　標準化　適応化　新興国市場　ベース・オブ・ピラミッド（BOP）　リバース・イノベーション

市場のグローバル化

みなさんは，たくさんの外国企業の製品に囲まれている。また，外国企業のサービスをたくさん使っているだろう。スマホはアップル製，家具はイケア製かもしれない。本を買うときはアマゾン・ドットコムを使い，Instagram に写真を投稿している人もいるだろう。一方，海外旅行をすると，多くの日本企業が海外に進出していることもわかる。空港からバスに乗ると，ソニーやパナソニックの看板を見かけたり，ショッピング街に出るとユニクロや無印良品，吉野家の店舗に出くわしたりすることもあるだろう。日本企業も外国企業も自国の市場だけでなく，広く他国の市場も対象にしてビジネスをしているのである。このように，国や地域などの境界を越えて，市場が地球規模に拡大することを市場の**グローバル化**という。

こんにち，市場がグローバル化しているのは，多くの先進国の市場が飽和してきたからだろう。とくに日本は，人口が減少し始めており，市場が広がる余地が少ない。一方，インドなどの開発途上国は人口や購買力が増加傾向にある。したがって，先進国の企業は，拡大する開発途上国の市場に誘引され，進出していくのである。とくに中国は，多くの人口を抱える成長市場であるため，世界中の企業が進出し，しのぎを削っている。

インターネットの影響も大きいだろう。グーグルなどの検索サービスや楽天などの e コマース，Facebook といった SNS サービス，Uber に代表されるシェア・サービスなどは，国境を越えて世界中の人々が低コストで利用することができる。これらの動きも市場のグローバル化に拍車をかけている。

グローバル・マーケティング

ソニーもパナソニックもユニクロも無印良品も，創業当時から世界に向けて製品を販売していたわけではない。最初は，日本市場のみで製品を販売し，段階を追って今の状態になっているのである。多くの企業は，国内市場からマーケティング活動を始め，海外市場に進出し，進出国を増やしていく。もちろん，創業当時から海外市場のみを対象にしたり，複数の市場を同時に狙ったりする企業もあるだろう。しかし，ここでは典型的なマーケティングのグローバル化のパターンをみていこう。

表 26-1 のように，マーケティングのグローバル化には 5 つの段階がある。第 1 段階は，**国内マーケティング**である。この段階でのマーケティング戦略は，自国の消費者のニーズ，競争状況，政治や経済などの動向に合わせて計画される。したがって，自国では効果的なマーケティング活動ができる。ただし，海外の市場には関心が向きにくいので，海外でのライフスタイルの変化や新たなビジネスモデルの発生などには敏感ではない。突然，海外企業が自国の市場に参入してくると，対応に苦労する傾向がある。

第 2 の段階は，**輸出マーケティング**である。国内で生産した製品を，海外に輸出して販売するのである。初期段階では，輸出業務を商社などの輸出代行企業に任せる「**間接輸出**」から始めることが多いが，販売量が増えてくると，自ら輸出業務を行う「**直接輸出**」に進む。直接輸出を行うには，輸出業務に関する知識や経験のある人材が必要になる。そのための投資も必要になってくる。いったん，直接輸出を始めれば，輸出業務に関する知識や経験だけでなく，輸出先国の競争状況や技術変化などが蓄積されていく。ただし，輸出先市場は，国内市場の延長線として捉えられているので，輸出先市場のニーズに合わせた製品を開発することはせずに，国内市場用とほとんど変わらない製品を販売することが多い。

第 3 段階は，**インターナショナル・マーケティング**である。全売上に占める輸出での売上の割合が高くなってくると，輸出先市場での成長を模索するようになる。具体的には，輸出先市場のニーズに適合した製品を開発したり，輸出先市場での競争に勝つためのプロモーションをしたりするようになる。人材の確保や教育にも力を入れ，工場を輸出国に設置する場合も出てくる。この段階では，国ごとに独立した拠点が設立され，本社の影響を受けずに行える意思決定の範囲も広がる。こうなると，本社を含めた各国拠点の連携がとりにくくな

表 26-1　グローバル・マーケティングの発展

	国内マーケティング	輸出マーケティング	インターナショナル・マーケティング	多国籍マーケティング	グローバル・マーケティング
マーケティングの類型	国内にフォーカス	輸出国の選択。輸出のタイミングと参入国の順序。	国単位でのマーケティング戦略の修正。国単位でのナショナル・ブランドの開発と買収。国単位での広告コスト，プロモーション・コスト，流通コストの共有。	地域単位でのマーケティング戦略の修正。地域単位でのナショナル・ブランドの開発と買収。地域単位での広告コスト，プロモーション・コスト，流通コストの共有。	国・地域を越えたマーケティング・ミックスの調整。調達・生産とマーケティングの統合。ポートフォリオ・バランスと成長をめざした資源配分。
志　向	自民族中心主義	自民族中心主義	多中心主義	地域中心主義	地球中心主義
製品計画	自国の顧客を対象にした製品開発	自国の顧客のニーズを優先した製品開発	各地のニーズを対象にした各地での製品開発	地域内での標準化	各地でのバリエーションをもったグローバル製品
マーケティング・ミックスに関する意思決定	本　社	本　社	各　国	地　域	相互協議を通じた意思決定

（出所）　Kotabe and Helsen［2008］，邦訳 24 頁より作成。

り，規模の経済（unit 11 参照）も効きにくくなる。各国でブランドが異なったり，同じブランドでもポジショニングが異なったりする場合も出てくる。

第 4 段階は，**多国籍マーケティング**である。多くの国々で製品を販売するようになると，それぞれの国々でばらばらに製品開発や生産，マーケティングを行っていることの非効率を感じ，数カ国をまとめて経営しようとする。そのまとめられた地域内で，共通の製品を生産し，広告やプロモーションなども共通のやり方をして，規模の経済を享受するのである。経営の意思決定は，国ごとではなく，地域が 1 つの単位となって行われる。

第 5 段階は，**グローバル・マーケティング**である。この段階では，国や地域という単位も取り払い，あたかも世界中が 1 つの市場であるかのように捉える。製品をはじめ，価格やプロモーション，流通もできる限り標準化して，より大きな規模の経済を狙う。もちろん，国や地域ごとにニーズが異なるため，完全な標準化をしても受け入れられない場合がある。したがって，最終製品は国や地域ごとに異なるものの，その部品は世界共通にしたり，広告メッセージの表現は異なるものの，映像は共通にしたりして対応するのである。

異文化比較

日本人にとって，壊れる車は品質が悪い車の典型だが，イタリア人にとって，壊れる車は愛情をかけられるかわいい車だそうである。国が違えば文化が違う。文化が違えば，消費者のニーズや行動が違う。したがって，他国の市場でマーケティング活動をしていくためには，文化の理解が必須になる。

文化は，さまざまな構成要素で成り立っているので，ある国の文化を理解するためには，その個々を知る必要がある。たとえば，言語や宗教，教育，美的感覚，人間関係の様式など，多岐にわたっており，またそれぞれが密接に関係している。グローバルに事業を行う企業は，それぞれの文化をすべて深く理解することが理想だが，そう簡単ではない。そこで有用になるのが文化の分類である。類似する文化をもつ国をひとまとめにすることで，マーケティングの効率も上がるわけである。

文化の分類方法の1つめは，高コンテクスト文化と低コンテクスト文化の分類である。高コンテクスト文化では，メッセージの解釈にあたって文脈（コンテクスト）の役割が大きい。同じ言葉でも，文脈が違えば異なる意味になりうる。人間関係や社会習慣など，言語メッセージ以外が強く影響を与えており，詳しく説明しなくてもお互いにわかりあえる文化である。日本は，高コンテクスト文化の典型とされている。よく外国人に「日本人は明確に意思表示をしない」と言われるが，言葉にしなくても日本人同士では意思を確認できているのである。

一方，低コンテクスト文化では，何事も言葉にしてコミュニケーションをとり，文脈の違いで意味が変わることはない。言語以外のものの影響は少ないのである。低コンテクスト文化の典型はドイツである。ドイツの映画は，一般的に，登場人物が状況を言語で説明する時間が長い。日本映画が，背景や音などで状況を理解させようとするのとは対照的である。

この分類は，マーケティング活動にも大きく影響する。たとえば，高コンテクスト文化では，顧客との信頼関係を築き顧客が言わなくても察してサービス

図 26-1　文化の比較

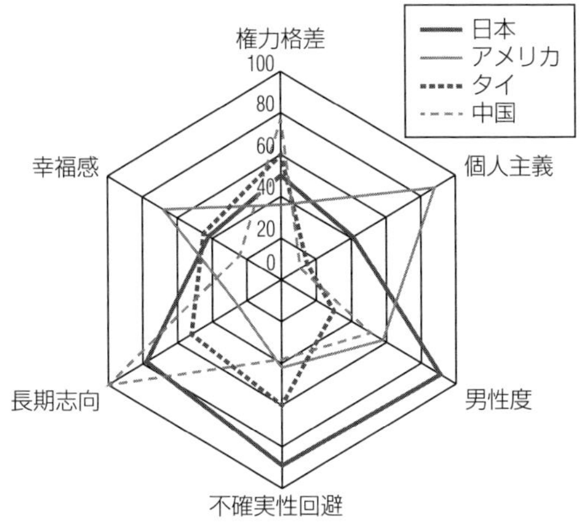

（出所）Hofstede Insights（https://www.hofstede-insights.com/country-comparison/）より作成。

を提供することが重要なので，セールスパーソンの異動を頻繁に行わないほうがよいだろう。また，高コンテクスト文化に合わせて制作した広告制作物が，低コンテクスト文化では，まったくメッセージが伝わらないということが起こる。

2つめの分類方法は，世界中のIBM社の社員に調査して開発した枠組みである（図26-1）。6つの特性を使って分類する。第1の特性は，権力格差の許容範囲である。不平等への寛容度が高く，収入や権力の配分の格差を受け入れるマレーシアやフィリピンなどに対して，平等主義で権力格差は悪と考えるアメリカやドイツなどがある。

第2の特性は，不確実性への選好である。不確実性を回避する文化では，不確実性をできるだけ取り除こうとし，たとえば生活を律するルールや型へのこだわりが強い。日本は，不確実性を回避する文化に分類されている。不確実性を好む文化では，革新的で，起業家精神に富む傾向があり，インドや香港などが挙げられている。

第3の特性は，個人主義か集団主義かである。個人主義の文化では，個人として行動することを好み，個人の利害が重視される。子どもは早い時期に自立の必要性を認識する。一方，集団主義の文化では，集団で行動し，集団の利益が重視される。集団内の構成員とそれ以外の者とを区別して扱う。集団に忠誠心をもち，集団による庇護を期待する。個人主義の文化の強い国としては，アメリカやオーストラリアが，集団主義の強い文化として台湾やインドネシアが挙げられている。

第4の特性は，男性的価値の文化か女性的価値の文化かである。男性的価値の文化では，自己主張や地位，成功，競争，達成といった価値を尊ぶのに対し，女性的価値の文化では，団結や環境保護，生活の質といった価値を好む。日本は男性的価値の文化の1つであり，他にはオーストリアやイタリアがある。女性的価値の文化を代表するのは，タイやチリである。

第5の特性は，長期志向か短期志向かである。長期志向の文化では，忍耐や倹約といった将来に中心を置いた価値観をもっているのに対し，短期志向の文化では，伝統の尊重といった過去と現在に中心を置いた価値観をもつ。中国や日本は長期志向の文化に分類され，アメリカやイギリスは短期志向の文化に分類される。

第6の特性は，人生を楽しむことに抑制的か，充足的かである。抑制的な国では，幸福と感じることが少なく，悲観主義的である。自分に起こることは自分ではどうしようもできないと無力感を感じている。職場では，謹直で厳格な態度が求められ，余暇を重要とは思っていない。一方，充足的な国では，幸福と感じることが多く，楽観主義的である。人生は自分でコントロールできると考えている。職場では，前向きな態度を求められ，余暇を重視する。抑制的な国には，パキスタン，ロシア，中国などがあり，充足的な国には，ベネズエラ，メキシコ，コロンビアなどがある。

マーケティング活動と文化の分類とを結びつけるとすると，たとえば，男性的価値の文化では，成功を重視するために，それを表現するために高価な商品を身につけることがある。したがって，高価な時計や宝石などの所有が，女性的価値観の文化よりも多い。また，集団主義の文化である日本では，「みんなが持っている」という理由でモノが売れる傾向がある。個人主義の文化では，「みんなが持っていないから」という理由でモノが売れるのとは対照的である。

標準化と適応化

グローバル・マーケティングにおいて重要な意思決定の1つが，マーケティング活動，とくに製品を標準化するか，個々の国や地域に合わせて適応化するかである。複数の国で同じ製品を販売することを**標準化**という。もちろん，国ごとに法律や市場状況も異なるので，微調整は行われるものの，十分に規模の経済が享受できるようにするのである。たとえば，アップルは，世界中で基本的に同じ iPhone を販売している。一方，それぞれの国に合った製品を開発して販売することを**適応化**という。顧客満足を重視するのである。たとえば，ハウス食品は，中国市場では日本よりも黄色いカレー・ルーを販売している。中国人は，カレーを見たときに黄色いほうがおいしさを感じるからである。

標準化のメリットは，コスト面に加え，品質の改善スピードが速いこと，グローバル組織間の連携が容易であること，グローバルなブランド育成が可能であることである。逆に，適応化のメリットは，標的セグメントのニーズ充足に加え，個別の競争環境に対応できること，各国の組織が独自の工夫を行うこと，である。

標準化と適応化の選択は，二者択一というわけではない。両方のメリットを享受するため，企業はさまざまな工夫をしている。たとえば，最終製品は適応化しているが，主要な部品は標準化する，いわゆるモジュール方式をとる企業もある。自動車メーカーは，1つの車体フレームを複数の車種で利用している。つまり，車体フレームは標準化，それ以外は適応化しているのである。また，多国籍マーケティングのように，ニーズの似ている国を一括りにして，地域内では標準化する企業もある。

新興国市場

先進国の市場が飽和している現在，企業が成長するには，**新興国市場**で製品を販売していくことが有効な手段である。インドやブラジルなど，経済発展の途上段階にあって経済成長率が高い国の市場を新興国市場とよぶ。新興国は多くの人口を抱え，かつ増加している。ただ，そのほとんどは所得が低く購買力は弱い。このような人々（年間所得が3000ドル以下）を人口ピラミッドの底辺にいるという意味で**ベース・オブ・ピラミッド**（BOP）とよんでいる。世界人口の約70%，すなわち約40億人がBOPであるといわれている。

日本企業の多くは，企業の成長を求めて新興国市場へ参入しているが，製品の品質を強みにしている場合は，価格が高く，ごく一部の裕福な人たちへしか製品を売ることができないでいる。BOPを対象にしてビジネスができれば，販売量を急激に増加させることができるが，BOPが購入可能な価格にするためには，大幅なコストダウンを可能にするイノベーションが必要である。たとえば，ゼネラル・エレクトリックは，インドの農村地帯で販売することを前提に設計や生産を工夫し，小型・軽量で低価格の携帯用心電計の開発に成功した。

新興国市場で起こしたイノベーションは，新興国市場だけで利用されるわけではない。大幅なコストダウンに成功すると，先進国市場でもコスト競争力の高い製品を販売することができる。前述のゼネラル・エレクトリックの携帯用心電計は，先進国でも販売されている。このように，新興国で発生し，先進国でも活かしているイノベーションを**リバース・イノベーション**とよんでいる。先進国で発生したイノベーションを新興国で活用するのではなく，順序が逆方向なので，リバースという修飾語がついているのである。

考えてみよう

- □ 複数の国で製品・サービスを販売している企業のグローバル化の変遷を調べ，なぜそのような変遷をたどってきたのかを考えてみよう。
- □ グローバル企業の特定の製品・サービスを取り上げ，本国市場と進出先市場でのマーケティング活動を比較し，その違いの理由を考えてみよう。

読んでみよう

- □ 久慈浩介［2022］『日本酒で “KANPAI”——岩手から海外進出を果たした『南部美人』革新の軌跡』幻冬舎
  - ＊日本酒「南部美人」がグローバル・ブランドになるプロセスを知ろう。
- □ 松井剛［2019］『アメリカに日本のマンガを輸出する——ポップカルチャーのグローバル・マーケティング』有斐閣
  - ＊日本のマンガがアメリカで売れる理由を知ろう。

やってみよう

- □ 『パワーレンジャー』（映画，東映）を観てみよう。
  - ＊日本のスーパー戦隊が米国ではどう変わっているかに注目して観てみよう。

unit 27

ソーシャル・マーケティング

Case　オーベルニュ社：10 ℓ for 1 ℓプログラム

オーベルニュ社は，富士山麓で取れる良質なナチュラル・ミネラルウォーターを製造・販売している。今回，社会的な活動として，自社のミネラルウォーターが 10 ℓ購入されるごとに，開発途上国の人々に 1 ℓの清潔で安全な水を供給するプログラムを開始することになった。開発途上国の人々に 1 ℓを提供するための費用は，自社のミネラルウォーターの利益を用いて行う。したがって，このプログラムでは，購入者の支払った金額の一部が社会貢献のために役立てられる。

社会的に意義のある活動として評判になったが，一方で，その試みに対してはいくつかの苦情も寄せられた。最も多かったのは，購入の有無にかかわらず，開発途上国への支援は行うべきなのではないかということであった。また，まずはオーベルニュ社のミネラルウォーターを買わなければならないことから，結局は，商品を売りたいだけの販促ではないのかという批判もあった。

市場からだけではなく，社内においても批判があった。その社会的な意義は認めるが，販促として考えるのならば，値下げや販促グッズの提供など，もっと効果的な方法があるのではないかというのである。このプログラム自体，さまざまな場所で告知されていたが，詳細を知らないという人々もまだまだ多かった。

本プログラムを担当している芳賀氏は，こうした批判にどのように答えるべきかを考えていた。売上が大きく向上し，また企業としての社会的評価が目に見えて高まっていけばいいのだが，そこまでの成果がみえるわけではないようだった。

＊　＊　＊

芳賀氏の立場になって，批判への対応を考えるとともに，プログラムの発展を考えてみよう。

Keywords
企業の社会的責任（CSR）　ステークホルダー　CSV　コーズリレーテッド・マーケティング　ソーシャル・マーケティング・ミックス　社会変革

マーケティング概念の拡張

マーケティングへの社会的な期待はますます大きくなっている。マーケティングは，石鹸を売るためだけではなく，禁煙，ダイエット，あるいは，友愛を広めるためにも用いることができる。

マーケティングで重要なことは，これまでも述べてきたとおり，顧客の必要に応えるということである。この顧客とは，今日では，商品やサービスの購買者のことだけではない。営利組織はもちろん，非営利組織を取り巻くさまざまなステークホルダーが含まれており，社会の必要に応えることこそが，マーケティングの重要な目標となる。

ソーシャル・マーケティングとよばれるマーケティングの発展的な考え方は，大きく2つの流れからなっている。1つは，unit 1でも説明したとおり，当時のアメリカでは消費者運動が盛んとなり，企業の社会的責任が重視される風潮が高まりつつあったということである。いかに利益を求める営利組織であっても，その活動は社会にとって意味のあるものでなければならないと考えられるようになってきた。もう1つは，営利組織だけではなく，公共・非営利組織でもマーケティングの考え方を応用できるのではないかということである。1960年代には，公共組織はもちろんのこと，NGOやNPOといった新しい組織が増え始め，これらの組織にとっても，顧客の必要を考え，自分たちの事業のあり方を明確に定めることが重要になってきた。

2つのソーシャル・マーケティングは，それぞれに特徴的な課題をもっている。公共・非営利組織のマーケティングでは，既存のマーケティングがどこまで応用できるかが重要になる。一方の企業の社会的責任をともなうマーケティングでは，そうした活動が企業の売上や利益にどのように結びつくのかが重要になる。

表 27-1　SDGs が目標とする 17 のゴール

企業の社会的責任

まずは，前者の営利組織におけるソーシャル・マーケティングを考えよう。マーケティングにかかわらず，**企業の社会的責任**は**CSR**（Corporate Social Responsibility）として無視することができなくなっている。日本でも，公害問題をはじめとして，企業活動が環境に与える悪影響は昔から懸念されてきた。しかしその一方で，こうした問題は企業自身の問題というよりは，あくまで経済成長をめざす結果として生じる「負の外部性」という程度の認識であった。CSR は，こうした「負の外部性」を，いま一度企業自身の問題や課題として捉え直すことを求める。

企業の取組みとして，近年では SDGs（持続可能な開発目標）が注目されている。SDGs は，2015 年の国連サミットにおいて掲げられ，2030 年を達成年度として，17 のゴールと 169 のターゲットから構成されている。多様な目標が含まれるが，気候変動への対応や，持続可能な消費と生産の実現など，多くの企業に関連のある項目も多く含まれる。

CSR や SDGs を考えるに際しては，企業が相手にしているのは顧客だけではなく，より広く**ステークホルダー**であることを理解する必要がある。ステークホルダーには，従業員や取引先，株主はもちろん，企業や工場が立地している地域の人々や企業を取り巻くすべての人々が含まれる。

コーズリレーテッド・マーケティング

企業の社会的責任は，企業は自社の利益を追求すればいいだけではなく，社会の一員として自覚ある行動をとることを求める。こうした行動は，しばしば自社の利益とは結びつかないものと考えられてきたが，今日では，むしろこうした社会的活動を自社の利益や強みにも結びつけ，その両立をめざす試みが増えている。こうした活動は，CSR に代わって **CSV**（Creating Shared Value）とよばれる。マーケティング領域では，**コーズリレーテッド・マーケティング**に典型的である。コーズリレーテッドとは，主義主張と結びつけられた活動を意味する。

1980 年代，アメリカン・エキスプレスは，自由の女神修復キャンペーンを実施した。このキャンペーンでは，自社のカード利用の額に応じて，自由の女神を修復するための寄付を行うとしたのである。結果，自由の女神を修復するための寄付が集まったことはもちろん，アメリカン・エキスプレスのカード利用も大幅に増加した。

コーズリレーテッド・マーケティングを考えるうえで，企業は，社会的な利益と自社の利益を自由に結びつけられるわけではない。第 1 に，その結びつけが強引であったり露骨であれば，むしろ企業の評判を落とすことになりかねない。たとえば，タバコ関連企業がどんなに健康や環境保全のために寄付をしようとも，そもそもタバコの販売を止めることが健康や環境保全につながるとすれば，偽善的であるという批判を免れることは難しいだろう。

第 2 に，コーズリレーテッド・マーケティングでは，当の社会的な利益の追求が，多くの顧客にとって重要で価値のあるものでなければならない。自由の女神の修復は，多くの人々にとって重要で価値のあるものだったからこそ，多くの協力を集めることができたのである。

最後に第 3 に，コーズリレーテッド・マーケティングは，通常のマーケティング戦略と整合的でなければならない。社会的な利益を追求することはもちろん重要だが，その活動を他のマーケティング活動よりも優先すべきかどうかについては，社内での調整が必要となる。先にみたように，タバコ・メーカーであれば，支援や寄付を行うというよりも，健康や環境に害の少ない新製品開発のほうが重要になるかもしれない。フィリップ・モリスは，電子たばこの導入にともない，紙のたばこを売らなくなる未来を見据えているという。

公共・非営利組織のマーケティング

今度は，公共・非営利組織のマーケティングを考えよう。具体的に対象となるのは，行政はもちろん，病院，大学，教会，NGO や NPO である。これらの組織は，場合によっては営利組織として活動していることもある。ここで重要なことは，営利か非営利かを厳密に分けることではなく，公共性や非営利性が高いと思われる組織やその組織の活動について，マーケティングがどのように応用できるのかという点と，特徴的な点は何かということである。

営利組織のマーケティングと公共・非営利組織のマーケティングで最も異なる点は，顧客の存在についてである。営利組織のマーケティングでは，顧客とは，製品・サービスを利用する人々や購入する人々のことである。一方で，公共・非営利組織のマーケティングの場合には，製品・サービスを必要としている人々はもちろんのこと，彼らに手を差し伸べるようなボランティアであったり，さらに異なる組織の協力者であったり，あるいはメディアが重要な顧客となる。たとえば，貧困に悩む人々は公共・非営利組織のマーケティングが対象とすべき重要な顧客には違いないが，だからといって，彼らに向かってマーケティング活動が行われるとは限らない。行政支援や寄付の獲得など，これらはいずれも別の顧客に対して行われることになる。

さらに，ターゲットとなる顧客は，必ずしも製品・サービスの提供を望んでいるとは限らない。無関心である場合や，ネガティブな場合もある。たとえば，肥満予防キャンペーンを考えてみればわかりやすい。肥満者に向けて行われるマーケティング活動では，もっとたくさん食べたいと考えている人々に対して，その態度を変えることを迫ることになるのである。公共・非営利組織のマーケティングでは，それゆえに，目標も売上や利益の獲得ではなく，個人の行動変革であると考えられる。

個人の行動変革は，当の個人にとってベネフィットを感じにくいものかもしれない。営利組織のマーケティングであれば，顧客は製品・サービスの提供を受けることで満足を感じるはずである。だが，公共・非営利組織のマーケティングでは，そうした満足が訪れるかどうかは定かではない。タバコをやめてよ

表27-2 営利組織のマーケティングと公共・非営利組織のマーケティングの違い

特 徴	営利組織のマーケティング	公共・非営利組織のマーケティング
目 的	売上や利益の向上	社会変革や行動変革
第一のターゲット顧客 第二のターゲット顧客	顧客 サプライチェーンのメンバー メディア	問題行動を抱えた下位の人々 上位の協力者 メディア ボランティア，寄付者，企業パートナー
期 待	控えめ	大きい
予 算	大きい	最小
戦術的な自由度	ほぼ制約なし	厳正な公共的監視を受ける
顧客の行動の特徴	しばしば関与度は低い 顧客は無関心かポジティブ	しばしば関与度は高い 顧客は無関心かネガティブ
提供物の制限	あまりない	かなりある
ターゲット顧客のベネフィット	明らか 即時的または短期的	明らかではない 遠い未来

（出所） Andreasen［2012］，p. 39 をもとに作成。

かったと満足することがあるとすれば，それは実際にタバコをやめてから，しばらく経ったときであろう。その際にも，時間の経過とともに他の要因が入り込んでしまうため，本当にタバコをやめたことに意味があったのかどうかを見出すことは難しいことが多い。

ソーシャル・マーケティング・ミックス

個人の行動変革をめざして，公共・非営利組織のマーケティングにおいても，すでにみてきたマーケティング・ミックスを組み合わせることができる。ただし，その組合せについても，営利組織のマーケティングとは異なった理解や解釈が必要になる。

製品は，具体的な形をとることよりもサービスの一種とみなされることが多く，行動変革をめざす提案として捉えられる。禁煙をしましょう，税金を納めましょう，節電・節水をしましょうという提案は，いずれも公共・非営利組織のマーケティングで典型的な製品であり，サービスである。

価格もまた，実際に値付けが行われるとは限らない。製品が抽象的であるため，価格も抽象的になりがちであり，心理的なコストなどが対象とみなされる。時間や努力もまた，価格の指標となる。

流通では，製品やサービスが提供される場所が該当するとともに，アクセスシビリティが重要になる。顧客が使いやすい場所であるかどうか，あるいは逆に，顧客が使いにくい場所を絞り込むことによって，顧客の行動変革を迫ることもできる。

最後にプロモーションについては，最も営利組織のマーケティングと同じ形で理解できるであろう。ただし，売上を目的とはしないこともあり，多くの場合プロモーションにかけられる費用は限られており，マス広告などを提供することはできないことが多い。

これらはあくまで一般的な傾向であり，誰に何を提供しようとするのかによって，**ソーシャル・マーケティング・ミックス**の活用の程度は異なってくる。禁煙キャンペーンを例にとれば，商品のパッケージを地味にしたり健康被害の写真を載せることや，課税して価格を上げること，流通販路を制限して安易な購入ができないようにすること，そしてさまざまな公共の場所はもちろん，家族や友人仲間といったコミュニティを通じて禁煙の重要性を訴えるなど，この枠組みのなかでうまくマーケティング戦略を立案することができる。

社会変革のマーケティング

こうして個人の行動変革をめざしてきた公共・非営利組織のマーケティングは，近年になり，個人だけではなく社会そのものの変革までを見据えるようになりつつある。この背景には，**社会変革**をめざすことにより，結果として個人の行動変革が容易になることや，そもそもの問題に陥ることを防ぐことができるようになるという期待がある。

たとえば，薬物中毒の解消をめざすという場合には，個々の薬物中毒者に働きかけ，彼らの行動変革をめざすこともできる。だがその一方で，より重要になると思われるのは，社会全体として薬物中毒の問題を認識し，そもそもそうした問題が少しでも生じないような仕組みを作り上げていくことである。同様に，貧困の問題を解決しようとする場合には，貧困者のために寄付を集め，自立を促せばいいのではなく，そうした貧困の生まれる構造的な問題に注目し，社会として問題解決をめざさなくてはならない。このとき，個人の行動変革をめざしてきた公共・非営利組織のマーケティングは，社会変革のマーケティング活動として位置づけ直されることになる。よりよい社会の実現をめざすためにマーケティングが用いられるというとき，考えられているのはこうした社会変革のマーケティングなのである。

社会変革に際しては，当然のことながら多くの人々を巻き込み，合意を取り付けていく必要がある。もはや，営利組織の社会的責任か，それとも公共・非営利組織の活動かということよりも，ソーシャル・マーケティングとして，多くのステークホルダーを巻き込みながら，社会変革という目標の共有とその実現のほうが重要になる。その過程は，もはや 1 つの製品やサービスを提供するというこれまでのマーケティングよりも困難なものとなるであろう。ソーシャル・マーケティングは，営利組織のマーケティングの応用として発展しつつ，今や，営利組織のマーケティングよりも困難な問題に取り組みつつあるといえる。冒頭の unit 1 でマーケティング 3.0 を紹介したとおり，マーケティングは着実に進化し，社会にとって重要な役割を担うようになっている。

考えてみよう

- □ 特定の公共・非営利組織の活動を取り上げ，マーケティングの観点から整理し，整合性が高いかどうかを考えてみよう。
- □ 特定の営利企業の社会的活動を取り上げ，その狙いをビジネスとのつながりという点から考えてみよう。

読んでみよう

- □ イヴォン・シュイナード＝ヴィンセント・スタンリー（井口耕二訳）[2012]『レスポンシブル・カンパニー』ダイヤモンド社
  ＊パタゴニア創業者の考えを知ろう。
- □ ジョン・マッキー＝ラジェンドラ・シソーディア（野田稔解説，鈴木立哉訳）[2014]『世界でいちばん大切にしたい会社 コンシャス・カンパニー』翔泳社　＊ホールフーズをはじめとした「意識の高い企業」の取り組みを学ぼう。

やってみよう

□ 『県庁おもてなし課』（映画，東宝）を観てみよう。
　＊公共組織のマーケティングを観てみよう。

unit 28

デジタル・マーケティング

Case　スカッシュ（B）：再結成？

スカッシュは，女性3人が大学時代に結成したロック・グループである。ギターとボーカルは真緒が担当し，ベースは裕美が，ドラムはリーダーの友季が担当している。迫力のあるサウンドとボーカルのハスキー・ボイスが特徴で，学生時代はいくつかのコンテストで優勝し，その後コロラド・ミュージックからメジャー・デビューを果たした。しかし，デビュー・シングルの売行きはさっぱりで，まもなくバンドは解散し，3人はそれぞれ別の道を歩むことになった。

5年ほど経ったある日，真緒が何気なくYouTubeを見ていると，自分たちの過去の音楽PVがアップロードされたままになっていることに気づいた。それは，解散前に最後の期待を込めて無料公開したものの，あまり反応が得られなかった動画であった。驚いたことに，当時はほとんどコメントもなかったはずだが，今では解散を惜しむたくさんのコメントが最近になるまで書き込まれているとともに，「歌ってみた」と称して，自分たちの曲をまねて歌う動画まで，数件ではあるがアップロードされていた。

真緒はすぐにこの事実を他のメンバーにも伝えた。音楽関連の仕事を続けていた裕美はすぐに反応し，今こそバンドの再結成をするべきであると主張した。彼女のブログには，今でも再結成を望むコメントがときどき寄せられていたのだという。一方でリーダーだった友季は，音楽から離れていたこともあり，ネットの書き込みだけで判断するのは止めたほうがいいとして慎重な態度をとった。メンバーたちの話を聞いて，やはり音楽から離れていた真緒は迷ったが，昔の思いが蘇り始めてもいた。

＊　＊　＊

真緒の立場になって，バンドを再結成するべきかどうかを判断しよう。そして，もし再結成するのならば，今度こそ売れるために何をすればよいのか，マーケティング戦略を考えてみよう。

Keywords
ソーシャルメディア　消費者参加型製品開発　クラウド・ファンディング　フリーミアム　ライブコマース　UGC　プラットフォーム　マルチサイド（ツーサイド）・プラットフォーム　外部ネットワーク　モバイル

デジタルの発展

インターネットの広がりは，人々の生活を大きく変えるとともに，マーケティングのあり方にも大きな影響を与えている。**ソーシャルメディア**上には人々の声が溢れ，企業はそこから顧客の必要を知り，開発を進めることができる。人々の声は口コミでもあり，インターネットを通じて情報が広がっていく。今日では，インターネットを抜きにしたマーケティングや企業活動は考えにくい。図 28-1 にみるように，インターネットにつながるブロードバンド回線のトラフィック量は，近年になりますます増えている。

こうしたインターネットを中心にしたマーケティング活動を，デジタル時代のマーケティングとしてデジタル・マーケティングと総称する。ここでいうデジタルとは，それまでのマーケティングをアナログとして対比させた言葉であり，元来の離散量としての意味はそれほど含んではない。デジタル・マーケティングでは，インターネットを中心にして，さらにモバイルとよばれるスマホが重要な役割を果たす。

デジタル・マーケティングでは，もちろん旧来のマーケティングが不要になるというわけではない。しかし，デジタル時代では，マーケティングにとって最も重要であった顧客の位置づけが変わる。顧客は，企業のマーケティング活動の単なるターゲット，標的ではない。企業は顧客の必要に応えるだけではなく，顧客とともに，価値創造をめざさなくてはならないのである。これもまた，冒頭の unit **1** で紹介したマーケティング 3.0 時代以降の大きな特徴である。

図 28-1　国内ブロードバンド上のトラフィック量の変化

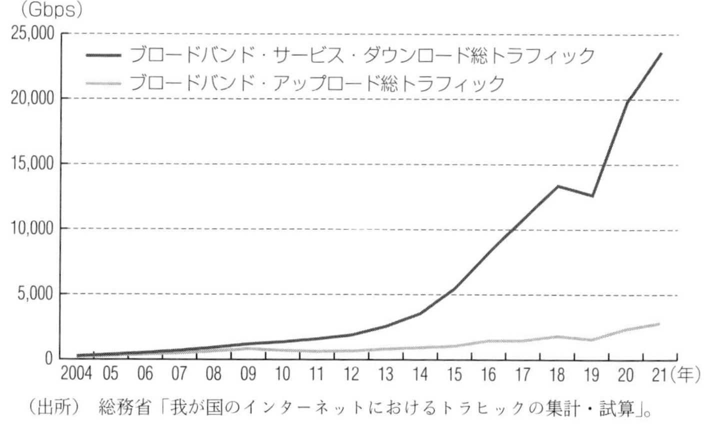

（出所）　総務省「我が国のインターネットにおけるトラヒックの集計・試算」。

デジタル時代のマーケティング

デジタル・マーケティングの特徴について，マーケティングの基本要素であるマーケティング・ミックスの観点から確認しよう。製品，価格，プロモーション，流通，これらすべてにおいて，デジタル時代では顧客とともに価値創造をめざすことが重要になる。

製品・サービスでは，企業が作り，消費者が使うという区分が不明確になる。最も典型的なのは，インターネットを利用して顧客と双方向にコミュニケーションしながら開発を進める**消費者参加型製品開発**や，さらにはユーザー自身が開発の起点となることを支援する**クラウド・ファンディング**の台頭である。たとえば，LEGO は顧客が考えた製品アイデアについて，他のユーザーからも一定の支持が得られれば実際に製品化して販売するという仕組みを整えている。また，キャンプファイヤーやレディーフォーといったクラウド・ファンディング・サイトでは，ユーザーが自身が必要だと考える製品やサービスを提案し，同じように一定数の支持や資金が集まると実際に開発を進めることができる。

価格に関しても，デジタル時代には企業が一方的に値付けすることは難しくなる。ネット上では原価に関する情報が広まっていることも多く，顧客が本当に納得できる価格付けが必要とされる。Yahoo！やイーベイによるネット・オークションは，デジタル時代に入りいよいよ一般に普及している。さらに，ネット上で提供されるサービスは，無料で配布されることも多くなっている。たとえば，オンライン・ゲームやスマホのアプリ・ゲームは，その多くが無料で遊ぶことができ，一部のヘビー・ユーザーだけが課金する。こうした仕組みは，unit 12 でもみたように**フリーミアム**とよばれ，プロモーションの方法としても広まっている。

プロモーションは，もちろん価格の問題だけにとどまらない。インターネットやモバイルを介した企業とユーザーのコミュニケーションは，プロモーションに大きな影響を与える。デジタル・マーケティングでは，主としてプロモーションのことを指すことも多い。Facebook や Twitter，さらには YouTube といったソーシャルメディアを用いることにより，企業はもちろん，これまでそうした術のなかった一般の個人もまた，情報を発信することができる。同時に，テレビ広告などとは異なり，企業はユーザーからの反応をリアルタイムに確認することができる。こうした反応の結果は，これまで以上に膨大な量で蓄積され，マーケティングの次の指針となる。

最後に，流通という点からも，デジタル時代にはこれまでにない経路が構築される。メーカーは，ネット上に自社店舗を構え，**ライブコマース**を通じて自社製品やサービスを販売する。実店舗をもたずとも，物流を介して製品やサービスを顧客に届けることができる。さらに，unit 16 でもみたアマゾン・ドットコムのような巨大なネット・モールへの出品も容易になった。ネット上での販売は，これまでみてきたネット上での製品開発や値付け，さらにはプロモーションとも親和性が高く，ほとんどネット上だけで完結するような企業活動さえ考えることができるようになっている。

顧客が作り出す価値

顧客とともに価値創造をめざすということは，マーケティングにとって元来重要な考え方であった。たとえばブランディングを考えた場合にも，ブランドの価値は企業の自由になるわけではない。かつてコカ・コーラが味を変更しようとしたとき，顧客はこぞって反対の意を示し，結果としてコカ・コーラ社はクラシック・コーラを発売せざるをえなくなった。GAP のロゴ変更に反対したのも顧客であり，顧客に受け入れられた優れたブランドであればあるほど，企業の手から離れていく。

インターネットの発展により，顧客自身が新しい価値を提供することも増えてきた。**UGC**（User Generated Contents）は，たとえばYouTube上で配信される映像が典型的である。カナダのポップ・ミュージシャンであるジャスティン・ビーバーは，13歳のときにYouTubeにアップロードした動画をきっかけにしてメジャー・デビューした。また，そのジャスティン・ビーバーが注目して世界的に人気となったのは，2016年にピコ太郎がアップロードしていたPPAPという短い音楽であった。

今日では，ユーチューバーとよばれる人々のように，YouTube上で製品・サービスを紹介し，収入を得る人々もいる。『フォーブス』誌によれば，スウェーデンのピューディパイ（PewDiePie）は2016年に1500万ドルを稼いだという。この収入には，動画の再生前に配信される広告やコンテンツ内で紹介する製品などのスポンサー，出版する書籍の収入などが含まれている。また，YouTubeだけではなく，たとえばLINEではスタンプを制作して販売することができる。企業がプロモーションの一環として行うことはもちろん，必ずしもデザイナーでなくとも，自作スタンプの販売を通じて収入を得ることができる。

UGCに対して，企業は素材を提供する。ヤマハが販売した音声合成技術ボーカロイドは，そのソフトや，そこから派生した初音ミクというキャラクターを用いて歌ってみる動画を配信するユーザーを数多く生み出した。こうしたボカロ文化の広がりは，今や新しい音楽シーンも作り出している。2020年にはAdoの「うっせぇわ」が大ヒットし，流行語大賞に選ばれた。

プラットフォーム・ビジネス

YouTubeをはじめとするソーシャルメディアは，企業はもちろん，顧客も含め多くのユーザーが集まる**プラットフォーム**である。このプラットフォームには，ボーカロイドのような素材も含めることができる。ボーカロイドを利用するユーザーはもちろん，それに関連したサービスもまたさまざまに生まれるからである。

プラットフォームとは，その名のとおり，多くの人々が行き交う駅などの場所を考えればわかりすい。プラットフォームとして考えることのできるビジネスは，デジタル時代になる前からたくさん存在している。たとえば，任天堂が発売したファミコンは，当初は1つの製品にすぎなかったが，瞬く間に，ゲームを遊ぶユーザーはもちろん，ファミコン・ソフトを開発するソフトウェア・メーカーがたくさん参入するプラットフォームとなった。さらに，ファミコンに多くのユーザーやソフトウェア・メーカーが関わるようになるなかで，ゲームに関連した機器や情報雑誌といった二次産業もまた成長していった。

ゲームを遊ぶユーザーと，ゲームを供給するソフトウェア・メーカーは，異なる目的をもっている。しかし，同じファミコンというプラットフォームを必要としている。この状態を，とくに**マルチサイド（ツーサイド）・プラットフォーム**とよぶ。ゲーム機に限らず，デジタル時代を代表するアマゾン・ドットコムやメルカリのような小売サイトや個人間売買サイト，さらにはFacebookやTwitterといったソーシャルメディアも同様である。一般のユーザーがソーシャルメディアを無料で利用できるのは，一方でソーシャルメディアを有料でも利用したいと考える企業や，あるいは一部のユーザーが存在していることによる。

マルチサイド・プラットフォームでは，プラットフォームとなる製品・サービスをベースにして，売り手であるサプライヤー・サイドと，買い手であるユーザー・サイドのそれぞれに**外部ネットワーク**が働く。外部ネットワークとは，同じ製品・サービスをたくさんの人々が利用することによって，その製品・サービスの有用性が大きくなることをいう。電話を使う人が増えれば，誰にでも電話をかけられるようになる。利用者の数に応じて，電話の有用性は大きくなる。マルチサイド・プラットフォームで重要なのは，一方のサイドの利用者が増えることで，別サイドの人々にとってのプラットフォーム利用の魅力も，大きくなるという点にある。

プラットフォームの形成は，長期的な関係構築の有用性を大きくするとともに，外部ネットワークにより，プラットフォームが一人勝ちしやすくなる傾向を生み出す。ただし，現実には，プラットフォームはしばしば複数のプラットフォームによるプラットフォーム間競争を引き起こす。FacebookとTwitterといったソーシャルメディア間の競争もまた，広告配信のプラットフォームをめぐる競争として捉えることができる。

モバイルと未来

少し前までは，インターネットやソーシャルメディアはパソコンを用いて利用されていた。しかし，unit 10 でみたように，スティーブ・ジョブズが「電話を再発明する」と述べて以降，iPhone をはじめスマホ機器が世界中に普及し，多くの人々は，**モバイル**を用いてインターネットやソーシャルメディアを利用するようになった。インターネットの利用量はますます増えているが，実は図 28-2 にみるように，パソコンを用いてインターネットを利用する時間はそれほど増えてはいない。増えているのは，モバイルを利用したインターネット利用である。今日のインターネット上の多くのサービスは，ソーシャルメディアを含め，モバイルでアクセスすることを前提に構築されている。

モバイルの最大の特徴は，文字どおり持ち運びができるという点にある。画面サイズやスペックという点ではパソコンに及ばないが，一方で軽く，どこにでも持ち運ぶことができる。結果として，パソコンとは異なり，モバイルでは場所に関する位置情報の重要度が大きくなる。たとえば，グーグルの検索は，パソコン上とモバイル上で異なった結果を返すことがある。モバイル上では，位置情報が加味されるからである。

持ち運ぶということは，空間的のみならず時間的にも重要な意味をもつ。モバイルでは，リアルタイムでの情報配信やコミュニケーションが可能である。パソコンを通じてインターネットを利用する場合は，情報を収集する場面と実際に製品・サービスを購入する場面が異なることもある。これに対して，モバイルの場合には，容易に，その場で調べてその場で購入することができる。ユニクロやマクドナルドでは，クーポンをモバイルに配信することで持ち運びを容易にしているとともに，ユーザーもその場でクーポンの有無を確認することができる。

さらに，モバイルは，通常は 1 人 1 台が利用する。パソコンの場合，個人の利用もあるが家族の利用なども多く，たとえばアマゾン・ドットコムで書籍を購入した際に，本当は誰が購入したのかを特定しにくい。これに対して，モバイルの場合は，基本的に携帯の利用者個人の利用情報が集積される。

図 28-2　主な機器によるインターネットの平均利用時間

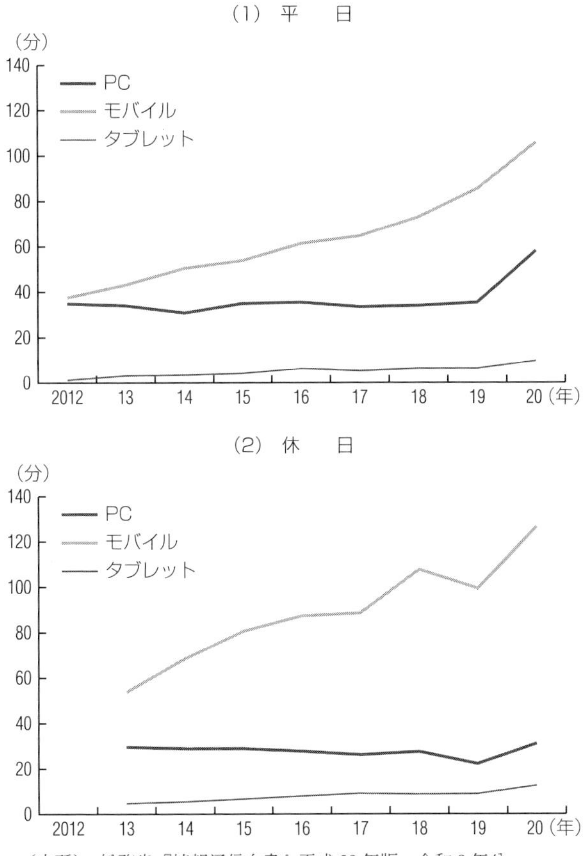

（出所）　総務省『情報通信白書』平成 28 年版，令和 3 年分。

モバイルの普及にとどまらず，さらなるデジタル・デバイスもまた，ウェアラブル・デバイスなどさまざまに開発が進められている。スマートウォッチやスマートグラスは，やがてモバイル以上に重要な存在となるかもしれない。コロナ禍にデジタルの利用や普及が改めて急速に進み，日常生活や仕事の現場が大きく変容している。デジタル・マーケティングは，こうした新しいデジタルの波をうまく捉えるとともに，何よりも，そうしたデジタル時代における人々や社会の必要に応えていかなくてはならない。

考えてみよう

□ インターネットやモバイルをうまく活用したマーケティング活動を探し，その効果を考えてみよう。

□ 企業がうまく UGC を活用した事例を探して，どのような工夫がなされていたかを考えてみよう。

読んでみよう

□ てつや［2020］『天才の根源』KADOKAWA
＊ユーチューバーの実際を読んでみよう。

□ バーチャル美少女ねむ［2022］『メタバース進化論――仮想現実の荒野に芽吹く「解放」と「創造」の新世界』技術評論社
＊バーチャル・リアリティの未来に注目しながら読んでみよう。

やってみよう

□ 『アバター』（映画，20 世紀フォックス映画）を観てみよう。
＊アバターが人生にとってどういう意味をもつのか観てみよう。

初版あとがき

本書の企画が動き出したのは，3年以上も前のことになる。2009年1月に有斐閣の柴田さんと尾崎さんが研究室に来られ，マーケティングのテキストを書かないかとお誘いいただいたことに始まる。企画内容を伺った直後は，かなり荷が重いと感じたので，お断りすることに心は傾いていた。マーケティング分野の諸先輩が優れたテキストを執筆されているなかで，それらに見劣りしないようなテキストを書く自信がなかったからである。

返事の猶予をいただいた2週間，大学生向けの既存のテキストを何冊か開いてみた。すると，大学生向けに特化したものはそう多くはなく，ほとんどが社会人や大学院生も対象読者としているものだった。実際，自分自身，大学の授業で利用していたテキストは，大学生には少し難しいと感じていた。読者を大学生だけに絞って，内容も「これだけは知っていてほしい」と思う基礎的な概念や理論だけにとどめれば，何とか書けるのではないかと思い直し，この仕事を引き受けることにした。

しかし，それからの3年あまり，引き受けなければよかったと思うことが幾度もあった。基礎的な内容とは得てして本質的な内容であり，記述するには深い理解が求められた。「基礎的な内容なら何とか書けるのではないか」と考えたのは浅はかだった。また，大学生が理解しやすいように，概念や理論を平易な文章で説明するのにも骨が折れた。大学生が知っている企業の事例を選び，大学生が知らない概念を使わずに表現しなければならない。毎月一度のペースで会合を重ねてきたのだが，会合のある週は数日半徹夜になることもしばしばだった。

一方で，執筆や会合を通して，自分の理解は表面的なものであったことに気づいたり，研究へのヒントを得たりと収穫も多かった。とくに，討論用のケースを記述するのはたいへん楽しく，筆が進んだ。一部のケースは，実際にゼミ生に集まってもらって討論を実施したうえで推敲している。

3年の間にかけた労力が本書に表れているかどうかわからないが，本書を読んだ大学生が「わかりやすかった」「マーケティングに興味が湧いた」と言ってくれれば，喜びはこの上ない。

＊　＊　＊

本書が完成するまでには，たくさんの方々のご指導，ご支援を賜った。まず，マーケティングという学問を築き上げてきたすべての先人たちに感謝したい。マーケティング論は，他の学問に比べて歴史は浅いが，多くの研究者や実務家の研鑽の上に成り立っている。このようなテキストが執筆できるのも，マーケティングという興味深い学問が存在するからである。とくに，参考文献や引用文献として挙げた文献の執筆者には，謝意を表したい。

恩師である嶋口充輝先生，石井淳蔵先生には，マーケティングの世界へ導いていただき，これまでずっと心温かいご指導をしていただいている。本書の執筆に関しても，直接的・間接的にご教示いただいた。実は，本書は，両先生が執筆した『現代マーケティング』（初版：1987 年，新版：1995 年，有斐閣）がお手本になっている。改めて，お礼を申し上げたい。

日本大学の横山斉理先生，山梨学院大学の日高優一郎先生には，初期の草稿を読んでいただいたうえで，貴重なコメントをいただいた。黒岩ゼミ・水越ゼミのゼミ生にも，大学生の視点で，わかりにくい部分を指摘してもらった。多忙ななか，時間を割いていただいた先生方，ゼミ生に感謝したい。

本書の執筆期間に，黒岩家には長男・真一郎が，水越家には長女・美晴が誕生した。子育てには参加しているつもりではあるが，執筆していた時間は子どもを任せきりにしてしまったわけで，妻の真由美，由利子には「ありがとう」と言いたい。

最後に，本書の構成からプロジェクト管理，内容へのコメントにいたるまで，細かいサポートしていただいた有斐閣の柴田守氏，尾崎大輔氏にお礼を申し上げたい。

2012 年 4 月

黒岩健一郎
水越　康介

第3版あとがき

本書の初版を出版したのは2012年5月，新版は2018年1月のことである。ビジネス環境の急速な変化もあり，事例の陳腐化が目立ってきたので，2021年11月から改訂作業に取り掛かった。

われわれ自身もマーケティングの基本に立ち戻って，「顧客の理解」から始めてみた。テキストの第1の顧客である大学教員，そして第2の顧客である大学生に，新版の感想を聞いた。おおむね使いやすい（読みやすい）という意見であったが，不足している内容があることや古い情報のアップデートが必要ということも指摘された。

新版に引き続き，第3版でも，こうした顧客の声を忠実に活かす形で改訂した。unitの数を増やし，それに伴ってケースも新たに作成した。また，事例はアップデートし，これまでのケースも微修正した。大学教員，大学生の両顧客の満足度が向上すれば幸いである。

＊　＊　＊

第3版の完成までに，たくさんの方々にご協力いただいた。

立正大学・浦野寛子先生，日本大学・石田大典先生，関西大学・徳山美津恵先生，岡山大学・日高優一郎先生，日本女子大学・小林富雄先生には，新版に対するコメントをいただいた。

なお，新版改訂時には（以下，所属は2018年1月当時），専修大学・橋田洋一郎先生，青山学院大学・川又啓子先生，武蔵野大学・渡部博志先生と積田淳史先生，帝京大学・石田大典先生，法政大学・横山斉理先生，岡山大学・日高優一郎先生，熊本県立大学・丸山泰先生，新潟大学・長尾雅信先生，和歌山大学・柳到亨先生にご協力いただいた。

ご多忙ななか，時間を割いていただいた先生方に感謝したい。

また，大学生の視点から旧版の感想を聞かせてくれた水越ゼミのメンバーにも感謝したい。

本書が完成するまでのプロジェクト管理から内容へのコメントまで，細かくサポートしていただいた有斐閣の柴田守さん，藤澤秀彰さんにもお礼を申し上げたい。

初版の執筆期間に生まれた黒岩家の長男・真一郎は小学校 5 年生，水越家の長女・美晴は中学 1 年生へと成長した。2 人の成長が，執筆の大きな糧になっている。最後に，いつも人生のパートナーとして歩んでくれている，妻の真由美，由利子にも感謝したい。

2023 年 1 月

黒岩健一郎
水越　康介

引用・参考文献一覧

◆外国語文献

Aaker, A. D. [1984] *Strategic Market Management*, John Wiley & Sons.（野中郁次郎・北洞忠宏・嶋口充輝・石井淳蔵訳［1986］『戦略市場経営――戦略をどう開発し評価し実行するか』ダイヤモンド社）

Abell, D. F. [1980] *Defining the Business: The Starting Point of Strategic Planning*, Prentice-Hall.（石井淳蔵訳［2012］『(新訳) 事業の定義――戦略計画策定の出発点』碩学舎）

Andreasen, A. R. [2012] "Rethinking the Relationship Between Social/Nonprofit Marketing and Commercial Marketing," *Journal of Public Policy & Marketing*, 31 (1), 36–41.

Ansoff, H. I. [1965] *Corporate Strategy*, McGraw-Hill.（広田寿亮訳［1969］『企業戦略論』産業能率短期大学出版部）

Bartels, R. [1988] *The History of Marketing Thought*, 3rd ed., Publishing Horizons.（山中豊国訳［1993］『マーケティング学説の発展』ミネルヴァ書房）

Bitner, M. J. [1995] "Building Service Relationships: It's All about Promises," *Journal of the Academy of Marketing Science*, 23 (4), 246–251.

Bourdieu, P. [1979] *La Distinction: Critique Sociale du Jugement*, Les Éditions de Minuit.（石井洋二郎訳［2000］『ディスタンクシオン〈Ⅰ〉社会的判断力批判』藤原書店）

Dolan, R. J. [1997] "Note on Marketing Strategy," Harvard Business School.（山岡三四郎訳［2013］『マーケティング戦略に関するノート』日本ケースセンター）

Godin, S. [2000] *Unleashing the Ideavirus*, Dearborn Trade.（大橋禅太郎訳［2001］『バイラルマーケティング――アイディアバイルスを解き放て！』翔泳社）

Heskett, J. L., W. E. Sasser and L. A. Sxhlesinger [1997] *The Service Profit Chain*, Free Press.（島田陽介訳［1998］『カスタマー・ロイヤルティの経営――企業の利益を高める CS 戦略』日本経済新聞社）

Keller, K. L. [1998] *Strategic Brand Management: Building, Measuring and Managing Brand Equity*, Prentice-Hall.（恩藏直人・亀井昭宏訳［2000］『戦略的ブランド・マネジメント』東急エージェンシー）

Kotabe, M. and K. Helsen [2008] *Global Marketing Management*, 4th ed., John Wiley & Sons.（栗木契監訳［2010］『国際マーケティング』碩学舎）

Kotler, P., H. Kartajaya, and I. Setiawan [2010] *Marketing 3.0: From Products to Customers to the Human Spirit*, Wiley.（恩藏直人監訳，藤井清美訳［2010］『コトラーのマーケティング 3.0――ソーシャル・メディア時代の新法則』朝日新聞出版）

Kotler, P. and K. L. Keller [2006] *Marketing Management*, 12th ed., Person Prentice Hall.（恩藏直人監修［2014］『コトラー＆ケラーのマーケティング・マネジメント（第 12 版)』丸善出版）

Lovelock, C. H. and L. Wright [1999] *Principles of Service Marketing and Management*, Prentice Hall.（小宮路雅博監訳［2002］『サービス・マーケティング原理』白桃書房）

Moore, G. A. [1999] *Crossing the Chasm: Marketing and Selling High-Tech Products to Mainstream Customers*, Revised, HarperBusiness.（川又政治訳［2002］『キャズム――ハイテクをブレイクさせる「超」マーケティング理論』翔泳社）

Peppers, D. and M. Rogers [1993] *The One to One Future: Building Relationships One Customer at a Time*, Doubleday.（井関利明監訳［1995］『ONE to ONE マーケティング――顧客リレーションシップ戦略』ダイヤモンド社）

Porter, M. E. [1980] *Competitive Strategy*, Havard Business School.（土岐坤・中辻萬治・服部照夫訳［1982］『競争の戦略』ダイヤモンド社）

Rogers, E. M. [1962] *Diffusion of Innovations*, Free Press of Glencoe.（三藤利雄訳［2007］『イノベーションの普及』翔泳社）

Zeithaml, V. A. [1981] "How Consumer Evaluation Processes Differ between Goods and Services," in J. H. Donnelly and W. R. George eds., *Marketing of Services*, American Marketing Association, 186–190.

Zeithaml, V. A., M. J. Bitner, and D. D. Gremler [2017] *Services Marketing: Integrating Customer Focus Across the Film*, 7th ed., McGraw-Hill.

◆日本語文献

浅川和宏［2003］『グローバル経営入門』日本経済新聞社。

淺羽茂・牛島辰男［2010］『経営戦略をつかむ』有斐閣。

石井淳蔵［1999］『ブランド――価値の創造』岩波書店。

石井淳蔵・奥村昭博・加護野忠男・野中郁次郎［1996］『経営戦略論（新版）』有斐閣。

石井淳蔵・嶋口充輝・栗木契・余田拓郎［2013］『ゼミナール マーケティング入門（第 2 版）』日本経済新聞出版社。

石原武政・竹村正明編著［2008］『1 からの流通論』碩学舎。

井上崇通・村松潤一編著［2010］『サービス・ドミナント・ロジック――マーケティング研究への新たな視座』同文舘出版。

上田隆穂・守口剛編［2004］『価格・プロモーション戦略』（現代のマーケティング戦略②）有斐閣。

大前研一［1985］『企業参謀』講談社。

大前研一（田口統吾・湯沢章伍訳）［1987］『ストラテジック・マインド――変革期の企業戦略』新潮社。

小川孔輔［2009］『マーケティング入門』日本経済新聞出版社。

小野譲司［2010］『顧客満足［CS］の知識』日本経済新聞出版社。

片平秀貴［1998］『パワー・ブランドの本質――企業とステークホルダーを結合させる「第五の経営資源」』ダイヤモンド社。

岸志津江・田中洋・嶋村和恵［2017］『現代広告論（第 3 版）』有斐閣。

木綿良行・懸田豊・三村優美子［1999］『テキストブック現代マーケティング論（新版）』有斐閣。

小林哲・南知惠子編［2004］『流通・営業戦略』（現代のマーケティング戦略③）有斐閣。

嶋口充輝［1984］『戦略的マーケティングの論理――需要・社会対応・競争対応の科学』誠文堂新光社。

嶋口充輝編［2004］『仕組み革新の時代――新しいマーケティング・パラダイムを求めて』有斐閣。

嶋口充輝・石井淳蔵［1995］『現代マーケティング（新版）』有斐閣。
嶋口充輝・内田和成編著［2004］『顧客ロイヤルティの時代』同文舘出版。
嶋口充輝・内田和成・黒岩健一郎編著［2016］『1からの戦略論（第2版）』碩学舎。
清水聰［1999］『新しい消費者行動』千倉書房。
白井美由里［2005］『消費者の価格判断のメカニズム――内的参照価格の役割』千倉書房。
高嶋克義・南知惠子［2006］『生産財マーケティング』有斐閣。
田中洋・清水聰編［2006］『消費者・コミュニケーション戦略』（現代のマーケティング戦略④）有斐閣。
沼上幹［2009］『経営戦略の思考法――時間展開・相互作用・ダイナミクス』日本経済新聞出版社。
藤川佳則［2011］「サービス研究の最前線から」『一橋ビジネスレビュー』第59巻第3号，178～189頁。
水越豊［2003］『BCG 戦略コンセプト』ダイヤモンド社。
矢作敏行［1996］『現代流通――理論とケースで学ぶ』有斐閣。
山田英夫［2014］『逆転の競争戦略――競合企業の強みを弱みに変えるフレームワーク（第5版）』生産性出版。
吉原英樹・佐久間昭光・伊丹敬之・加護野忠男［1981］『日本企業の多角化戦略――経営資源アプローチ』日本経済新聞社。
レビット，セオドア（有賀裕子，DIAMOND ハーバード・ビジネス・レビュー編集部訳）［2007］『T. レビット マーケティング論』ダイヤモンド社。
和田充夫・恩藏直人・三浦俊彦［2022］『マーケティング戦略（第6版）』有斐閣。
渡辺達朗・原頼利・遠藤明子・田村晃二［2008］『流通論をつかむ』有斐閣。

索　引

（太字数字は，各 unit で Keywords とされている語句の掲載頁を示しています）

【事項索引】

アルファベット

あ　行

か　行

さ　行

た　行

な　行

は　行

ま 行

や 行

ら 行

わ　行

【企業名索引】

アルファベット

あ　行

か　行

さ　行

【テキストブックス［つかむ］】

マーケティングをつかむ〔第3版〕

The Essentials of Marketing, 3rd edition

2012年5月10日 初版第1刷発行
2018年1月10日 新版第1刷発行
2023年3月10日 第3版第1刷発行
2024年5月10日 第3版第2刷発行

著　者　黒岩健一郎（くろいわけんいちろう），水越康介（みずこしこうすけ）
発行者　江草貞治
発行所　株式会社有斐閣
〒101-0051 東京都千代田区神田神保町2-17
https://www.yuhikaku.co.jp/
装　丁　デザイン集合ゼブラ＋坂井哲也
印　刷　株式会社理想社
製　本　大口製本印刷株式会社
装丁印刷　株式会社亨有堂印刷所

落丁・乱丁本はお取替えいたします。定価はカバーに表示してあります。

Printed in Japan ISBN 978-4-641-17732-1